경기도 근현대 생활문화 Ⅲ

경기그레이트북스 ⑳

www.ggcf.kr

경기그레이트북스 20

경기도 근현대 생활문화 Ⅲ

경기문화재단

이 책은 경기문화재단이

경기도의 고유성과 역사성을 밝히기 위한 목적으로 발간하였습니다.

경기학연구센터가 기획하였고 관련전문가가 집필하였습니다.

2008년 연말쯤 경기문화재단 관계자로부터 경기도사람들의 근현대 생활문화 공간을 조사해보지 않겠느냐는 제안을 받았다. 건축 전문가도 아니고, 한국 근현대사를 전공한 역사학자도 아니어서 살짝 망설였으나, 흥미에 이끌려 해보기로 작정했다. 기자 시절 지역사의 현장을 찾아 헤매던 향수 때문이었는지 모르겠다.

2009년 초에 두어 차례 예비 탐사를 갔다가 낭패감을 느꼈던 기억이 새롭다. 소략한 설명을 길잡이 삼아 찾아간 곳에서 어떤 의미 있는 취재도 하지 못했다. 돌아오는 차 안에서 프로젝트를 해낼 수 있을지 고민이 깊어졌다. 운전 못 하는 남편을 위해 직장에 휴가까지 내고 함께 나섰던 아내가 다른 방식을 고민해보라고 위로해 주었다.

누구를 먼저 찾아가고, 어떤 자료를 우선 검토할 것인지 궁리를 거듭한 끝에 일단 부딪쳐 보자고 마음먹었다. 운전과 사진 촬영은 동생(양훈철)에게 부탁했다. 마침 동생은 이직한 상태여서 시간을 낼 수 있었다. 2009년 2월부터 답사가 시작됐다. 거리가 먼 곳부터 주1회 2박3일 혹은 1박2일 일정을 잡았다.

운이 따랐다. 시 · 군 문화원, 향토사 연구자들, 지역 주민들은 기대 이상으로 협조해 주었다. 현장에 가지 않았다면 입수하기 어려운 증언과 옛 사진들을 상당히 확보해 돌아오기도 했다. 지금 생각해보면, 지역의 근현대사에 대한 관심이

막 시작되던 시절이라 그랬는지도 모르겠다. 물론, 순조롭게 취재가 이뤄지지 않은 곳도 많다. 10곳을 목표로 떠났다면, 보고서 작성이 가능할 만큼 성과를 얻어 온 장소는 3곳 정도에 불과했다.

2009년부터 2010년까지 경기도를 세 바퀴쯤 돌았다. 한여름과 한겨울만 피하고, 2년 동안 부지런히 돌아다녔다. 돌아보고 싶은 장소가 외져서, 내비게이션으로도 찾기 어려운 곳이 적지 않았다. 어찌어찌 찾아갔어도, 인터뷰를 거절당하거나 입증 자료가 없는 경우도 많았다. 사정이 생겨 2009년 10월부터는 운전과 사진을 후배(한영호)가 맡게 되었다. 그러나 다시 생각해도 운이 좋았다. 2년 사이 100편 가까운 보고서를 제출할 수 있었으니 말이다.

2011년 관련 예산이 삭감되어 부득이 작업은 중단되었다가 2018년에야 재개되었다. 다시 한 번 동생과 길을 나섰다. 10년 사이 경기도 사정이 꽤 달라져 있었다. 1차 작업 때만큼 운이 따르지 않기도 했다. 경기도를 최소한 한 바퀴는 더 돌아보고자 했으나 20여 곳 정도 취재를 마치는 선에서 마무리해야 했다.

보고서 양식이 정해져 있지는 않았다. 답사를 통해 파악한 내용과 자료를 검토하여 정리하면 되었다. 하지만 신문에 연재기획물을 쓰는 작업과 비슷하면서도 달랐다. 길이가 딱 정해져 있는 신문 기획물이라면 쓰지 않아도 좋았을 세세한 내용을 담고 싶다는 욕심이 생기기도 했고, 사실(史實)을 지루하게 나열해서는 안 되겠다 싶어 구성에 신경이 쓰이기도 했다.

책을 내기 위해 보고서를 다시 읽어보니 얼굴이 화끈거린다. 글맛도 밋밋하고, 충실한 역사 기록이라기에는 부족한 면이 많다. 사실, 2012년 『거기 삶이 있었네 – 경기 근현대 답사』(도서출판 글을읽다)라는 제목으로 1차 작업 보고서 가운데 35편을 엮어 펴냈다. 당시에도 비슷한 변명을 했던 기억이 난다. 다시 책을 내게 되면 원고를 모두 다시 써야겠다고 느꼈으나, 그로부터 7년이 지났는데도 손을 대지 못했다. 게으른 탓이다.

이번 책에는 그동안 작성한 보고서 120여 편 가운데 108편의 보고서를 골라 실렸다. 경기도 사람들이 살아 낸 근현대 삶의 자취를 더듬어볼 수 있다고 판단되는 장소를 최대한 찾아가 보고, 듣고, 조사한 내용을 정리했다. 보고서 수록 순서는 지역과 답사장소를 가나다순으로 실었다. 지난 10년 동안 경기도는 계속 변해왔다. 보고된 장소 가운데는 사라지거나 훼손된 곳이 꽤 된다. 지역 연구자들의 노력으로 새로운 내용이 밝혀지기도 했고, 일부 공간은 등록문화재로 지정되기도 했다.

처음에는 변화와 변동을 반영해 기록해두어야 하지 않을까 싶었다. 그러나 10년 전의 기록은 그것대로 가치가 있다는 경기문화재단 경기학연구센터의 조언을 받아들였다. 충실도와는 무관하게 보고서 자체가 이미 경기도 근현대 생활문화의 일부다. 일부 보고서 말미에 변화와 변동 상황을 짧게 기록했다가 최종 교열 단계에서 모두 삭제하고 말았다. 보고서에 쓰인 '현재', '오늘날', '지금' 따위 표현은 모두 답사 당시를 가리킨다.

보고서의 일관성과 사진에 관해서도 변명을 해 두어야겠다. 보고서가 그때그때 작성되다 보니 문체는 말할 것도 없고, 문장부호도 통일되지 않았다. 부호나마 마지막 교정에서 최대한 잡고자 했으나 놓친 부분이 많다. 사진의 경우 원 보고서에 첨부된 사진은 책에 수록된 사진보다 훨씬 많다. 선별 과정에서 부주의로 중요한 사진이 빠졌을 가능성이 있다. 독자들이 일관성과 사진 문제를 너그럽게 보아주시기를 바랄 뿐이다.

이제는 108편 보고서 가운데 일부라도 경기도 근현대에 대한 관심을 조금이나마 높이는데 기여하기를 바라는 일만 남았다. 역사적 사실과 해석 오류는 모두 견문 짧은 보고자의 책임이다.

경기문화재단 경기학연구센터 김성태 선생, 동생 양훈철과 후배 한영호에게 감사의 마음을 전한다. 불쑥 찾아온 사람에게 친절하게 좋은 정보를 알려주신 모든 분께 지면으로나마 인사를 올린다. 곁에 있다는 사실만으로도 힘을 주었던 아내, 더는 답사길 뒷얘기를 들어주지 못하게 된 아내에게는 어떻게 감사해야 좋을지 모르겠다.

2019년 12월 9일

집필자 양훈도 씀

21부 오산

22부 용인

23부 의왕

24부 의정부

25부 이천

26부 파주

27부 평택

28부 포천

29부 하남

30부 화성

※ 경기도 근현대 생활문화 1권과 2권의 차례는 판권 앞 페이지에 수록

21부

오산

경기그레이트북스 20

01
금성종묘사

답사일 : 2018년 8월 27일

70년대까지는 잘 나가던 종묘상

오산 금성종묘사는 오산시 성호대로에 있다. 수원에서 오산을 거쳐 평택으로 내려가는 옛 오산도심의 중심도로를 따라가다가 중원사거리 못미쳐서 오색시장 건너편 금성아파트로 들어가는 입구에 자리 잡았다. 예전 중심도로이므로 금성종묘사가 창업을 하던 1960년대 후반에는 오산에서 가장 노른자위 땅이었다고 하겠다. 현재도 오색시장은 오산의 중심 상권이다. 금성종묘사 자리는 오색시장 안은 아니고, 2차선 도로 하나만 건너면 되는 거리에 있다.

금성종묘사는 현재 대표 김형립 씨(1958년생)의 당숙이 문을 열었다. “원래 저희 작은할아버지가 일찍이 수원의 매산동에서 금성종묘사라는 종묘상을 운영하셨어요. 규모가 꽤 큰 종묘상이었다고 들었습니다. 충남 서천에도 종자를 받는 농장이 있었다고 하니까요. 매산동 금성종묘사는 흥농종묘, 농우종묘 등 종자회사들이 규모를 갖추기 전에 잘 나가던 종묘상이라고 하더군요.” 한국의 종묘회사들의 전성기는 1970~80년대다. 대부분의 종묘회사가 이 당시 회사의 형태를 갖추었다. 물론 1980년대 중반 수입자유화가 시행되면서 종묘회사들은 내리막길을 걷기 시작했다. 국내 굴지의 종묘회사들은 모두 세계적인 다국적

오산 금성종묘사 전경

종묘회사에 넘어가고 말았다. 이런 사정을 고려하면 김형립 대표의 작은 할아버지가 수원 매산동에서 운영한 금성종묘사는 1950~60년대에 전성기를 누렸고, 종묘회사들이 꼴을 갖춘 시기에도 제법 규모있는 종묘상으로 자리를 잡았던 것으로 보인다. 어쨌든 김 대표의 집안이 종묘와 관련이 있었던 셈이다.

김 대표네 작은할아버지의 자손인 당숙은 1960년대 후반 현재의 위치에 오산 금성종묘사를 세웠다. 종묘상이 들어선 점포는 원래 화교가 '보생당'이라는 한약방을 운영하던 건물의 한 칸이다. 건물은 3개의 점포로 나뉘어 있었다. 지물포, 종묘상, 한약방. "건물은 80년 전쯤에 세웠다고 합니다." 김 대표의 말대로라면 현재 금성종묘사 건물은 1940년대에 세워졌다는 얘기다. 화교가 지은 건물이므로 건물 자체가 중국식이다. 당시로서는 비록 단층짜리이기는 하나 엄연히 주상복합 건물에 해당한다. 건물의 구조는 중국식이다. 점포 쪽은 작고 좁지만 뒤편의 살림집은 널찍하다. 지금도 종묘사 뒤편 집에는 김 대표의 가족이 산다.

오산 금성종묘사는 1970년대 초반 김 대표의 당숙에게서 부친(김지오 씨·1938년생)에게로 넘어갔다. 사실, 금성종묘사의 실제 대표는 부친이다. 지금은 부친과 아들 공동명의로 되어 있다고 한다. 형립 씨의 부친도 원래 종묘상을 했다. 독자적인 가게를 낼 형편은 아니어서 부부가 손수 만든 봉투에 씨앗을 담아 농가를 돌며 파는 일을 했다. "저도 어릴 때 부모님을 도와서 씨앗 봉투 많이 만들었어요. 미군 부대에서 나오는 에이포 용지 크기만 한 종이를 잘라서 봉투를 가족이 둘러앉아 붙였지요. 그 봉투에 품종별로 씨앗을 담아서 날짜와 품종 등등을 적어넣을 스탬프를 찍어서 종자를 담았어요. 파종기 전에 아버지와 어머니가 그 봉투들을 농가로 돌아다니며 가져다 주고, 수금은 수확기에 하는 겁니다. 부모님은 오산 화성 평택 아산까지 다니면서 종자를 팔았지요." 형립 씨가 어렸을 때면 1960년대 후반에서 1970년대 중반 정도로 짐작된다.

씨앗도 로열티 무는 시대

조선시대에는 종묘상이라는 개념이 없었다. 곡식이건 채소건 농가가 농사짓는 작물은 자신의 밭에서 기른 작물에서 다음에 심을 씨앗을 받았다. 좋은 종자를 사다가 심는 경우도 있었을 터이나 내다 파는 농업이 주가 아니었으므로, 종묘상이 활성화되어야 할 조건 자체가 형성되지 않았다. 그러나 상업 목적의 농사가 보급되면서 상황이 변했다. 일제강점기인 1916년 일본인이 세운 종자회사인 부국원이 조선에 들어섰다. 잇따라 종자회사들이 설립되었다. 좀 더 좋은 종자를 심어 수확과 판매를 늘리려는 욕망이 커지면서 종자 거래를 기업화하는 시대가 열린 것이다. 그러나 이 무렵 종자 거래는 농가에서 소문난 종자를 사다가 다른 지역 농민들에게 파는 방식이었다. 육종을 통해 품종을 개량하고, 이로

금성종묘에서 파는 씨앗봉지(왼쪽 진열대)와 농약, 농구. 금성종묘는 씨앗만이 아니라 농민이 농사용으로 찾는 물건은 대부분 취급한다.

부터 우수한 종자를 받아 파는 시대는 1950년대에야 시작되었다. 씨 없는 수박으로 유명한 육종학자 우장춘禹長春(1896~1959) 박사는 채소 종자 개량의 새 시대를 연 인물이다. 우 박사의 연구로 잡종 교배를 통해 얻은 새 품종의 씨앗을 대량으로 생산하는 길이 열렸다.

형립 씨의 부친은 마침내 오산 금성종묘사를 인수하기에 이른다. 형립 씨는 안양공고 기계과를 졸업하고 중동에 다녀온 기술자의 길을 가고자 했다. 하지만 종묘 가게가 번창하면서 자연스럽게 부친을 돕는 일이 많아졌고, 결국 1980년대에 아버지와 함께 종묘상 운영하기에 이르렀다. 종묘상 운영이 잘 되었는지 외환위기(1997년) 이후 지물포, 종묘상, 한약방으로 나뉘어 있던 건물을 인수하기에 이르렀다. 금성종묘사는 지물포 자리와 한약방 자리를 다 터서 종묘와 농약만 취급하는 점포로 개조했다. "씨앗만 팔지는 않아요. 농민과 관련되는 물건은 뭐든지 취급한다고나 할까요. 여전히 오산 화성은 물론이고 용인 남사에서도 종자나 농약을 사러 오는 단골이 많습니다."

오산에는 1980년대 들어 4~5곳의 종묘 가게가 들어섰다. "오산의 종묘상은 우리 집 말고 화성농약이 가장 오래되었습니다." 형립 씨는 화성농약도 "우리 사돈네"라고 했다. "지금은 종자만 팔아서는 점포를 운영할 수 없어요. 종묘회사의 공급가가 비싸거든요. 게다가 유통구조도 예전에는 종묘상 공급이 70%였다면, 지금은 농협에서 공급하는 종자가 70% 예요." 금성종묘사 김형립 대표의 말이 아니더라도 종묘상이 처한 위치가 어떠하리라는 점은 짐작이 가고도 남는다. 이제는 거의 자취가 사라진 종묘상이라는 간판을 유지하고 있는 건 종묘 행상으로 시작해 한 세대 넘게 종묘에 청춘을 바친 부친의 뚝심 때문인지도 모르겠다. 형립 씨 이야기를 듣고 보니 80년 세월에 퇴락한 금성종묘사 건물이 그리 초라해 보이지 않았다.

오늘날 다국적 종자기업들은 한국의 토종

건물 한 귀퉁이에 작게 내걸린 금성종묘사 간판

점포와 붙은 사무실. 사무실을 지나면 살림집이다.

금성종묘사 내부 씨앗 진열대. 지금은 찾아보기 힘든 나무 선반이다.

금성종묘사 점포는 전면이 작고 좁은 데 비해 뒤편으로 넓은 주거시설이 마련돼 있다. 점포 건물을 짓고 한의원을 경영했던 옛 주인이 중국인이어서, 중국식으로 지어졌다.

종자마저 특허 사용료를 받고 공급한다. 10여 개 기업이 전 세계 종자 시장의 80~90%를 차지하고 있다. 대형 종자회사들이 판매하는 곡물이나 채소에서는 씨 종자를 결코 받을 수 없다는 사실은 너무나 잘 알려져 있다. '터미네이터 종자'라고 부르는 그러한 기술을 넘어 지금은 식물의 유전자를 통제해 특정한 살충제, 특정한 농약에만 반응하도록 하는 '트레이터 기술'까지 날로 발전하고 있다. 자기네 회사의 종자를 사면, 농약과 생장제, 살충제까지 세트로 사도록 하기 위해서다. 2018년 현재 한국 토종 농작물의 씨 종자는 4분의 3이 사라지고 없다. 허름해 보이는 오산 금성종묘사를 다시 돌아본 이유다.

| 도움말 주신 분 |

김형립 오산 금성종묘사 대표

| 참고자료 |

'한국 종자회사들의 변천사를 짚어보다', 다음 블로그 '@農德' http://m.blog.daum.net/stonehinge/8731816?tp_nil_a=1

'우리는 어떻게 '종자'를 잃어버린 나라가 되었나', 『오마이뉴스』 2014년 6월 8일자

02
오산교회

답사일 : 2018년 8월 27일

저자거리 한복판의 교회

기독교대한감리회 오산교회는 오산시 오색시장 한복판에 있다. 오색시장은 인구 22만 명인 오산시의 중심 상권이다. 오산시는 물론이고 가까운 화성시와 용

보전대책이 시급한 오산교회 돌예배당과 본당 종탑

인시 일부 주민들도 자주 찾는다. 오색시장은 상설시장이지만 닷새마다 열리는 장날은 5개의 긴 시장통이 인파로 넘쳐난다. 오산교회 주보에 찍혀 있는 주소는 오산시 시장길 38(오산동)이다.

엄밀히 말하면, 오산교회가 시장통에 자리 잡은 게 아니라 오색시장이 오산교회 주변으로 번성해 나갔다고 표현하는 쪽이 옳다. 오색시장의 연원은 1700년대 문헌에도 등장할 정도로 오래되었고, 상설화 된 역사도 1914년경이니 한 세기가 지났다. 하지만 본디 시장의 터는 현재의 위치가 아니라 북쪽 방향의 오산천변이었다. 쌀을 거래하는 시장과 소를 사고 파는 시장이 중심이었던 오산의 시장은 1970년대부터 현 위치 쪽으로 거래품목과 상권이 슬금슬금 확장되더니, 예전부터 있었던 교회를 빙 둘러싼 형국이 되었다.

오산교회는 공식적으로 1905년을 창립 기원으로 정해 두고 있다. 하지만 정확한 시점은 알 수 없다. "어떤 자료는 1901년에 교회가 시작됐다고 하기도 합니다. 자료에 따라 1901년부터 1906년까지 차이가 있습니다. 우리 교회에서도 여러 모로 고민하다가 1905년 창립으로 정리했습니다." 오산교회 김종만 장로와 이선묵 원로장로의 말이다. 1943년생인 이선묵 원로장로는 오산교회에서 유아세례를 받았고, 외조부 때부

오산교회 돌예배당 정면

터 오산교회에 다녔다고 한다.

〈오산시사〉에는 1892년 오산 지역이 감리교 선교사들의 선교 지역으로 결정되었고, 이에 따라 오산에 최초로 들어온 개신교회는 오뫼교회(현 오산교회)라고 기록돼 있다. "1905년 버딕 선교사의 보고에 의하면 "외뫼에는 24명의 신자들로 구성된 모임이 등록됐다"고 한다." 신자 모임 등록이 1905년이므로, 최초의 예배는 더 이전일 수도 있으나, 이 기록에 근거해 오산교회는 창립연도를 1905년으로 정한 듯하다. 오산교회는 2005년 창립 100주년 기념예배를 올렸다. 2018년 현재 오산교회는 창립 114주년을 맞았다.

오산교회 현 본당과 종탑 정면

화강암을 쌓아 지은 예배당

오산교회는 역사만큼이나 돌로 지어진 예배당이 가장 주목된다. 마감재로 화강석을 써서 지은 예배당이다. 시장통에서 교회 입구 너머로 가장 먼저 눈에 띄는 건물이기도 하다. 예배당 입구는 건물 전면에서 약간 돌출시켜 아치를 만들고 작은 맞배지붕 포치를 두었다. 포치의 윗부분과 예배당의 지붕 부분은 같은 형태다. 박공부를 따로 두지는 않았고, 포치와 지붕 사이에는 스테인리스 십자가가 설치되어 있다. 정면 상단은 3단으로 종탑을 올렸다. 가장 높은 단은 금속이고, 그 아래 두 단은 역시 화강암 쌓기다. 위로 갈수록 바닥 면적이 좁아져 상승감을 주었다. 물론 화강석은 마감재일 뿐 내벽은 벽돌로 되어 있다. 지붕은 기와를 얹었다.

오산교회 돌 예배당은 1954년 건립되었다고 알려져 있다. 한국전쟁이 끝난 직후 인근에 주둔한 미군이 교회 건축에 큰 도움을 주었다고 한다. 하지만 어느 부대에서 어떻게 도움을 주었는지 자세한 내막은 기록이 없어 확인할 수 없다. 수원에도 돌교회 혹은 돌집교회라 불리는 교회가 남아 있다. 한국기독교장로회 교단 소속인 수원장로교회다. 수원장로교회의 돌 예배당은 1956년 수원비행장의 미군 군목의 도움을 받아 지었다는 기록과 증언이 남아 있다.(수원장로교회 편 참조) 고양에도 돌로 지은 교회가 있다. 감리교단 소속인 신도제일교회다. 신도제일교회 역시 미군의 도움을 받아 지어졌다. 역시 1950년대에 지어진 신도제일교회 돌 예배당은 건축에 도움을 준 미군 중령의 이름(H. E. Beaty)까지 알려져 있다. 비티 중령은 고양고등학교의 돌 강당과 돌 교실을 짓는 데도 도움을 준 인물이다.(고양 고양종합고등학교 옛 강당 편과 신도제일교회를 예배당 편 참조) 그러나 오산교회 돌 예배당은 같은 1950년대에 지어졌고, 돌로 지었다는 공통점이 있지만, 관련 기록이나 증언을 찾을 수 없었다. 참고로, 돌이라는 건축 소재는 같으나 오산교회와 수원장로교회, 고양 신도제일교회는 건축 형태와 건축 방식이 다르다.

오산교회 돌 예배당은 현재 본당이 아니다. 돌 예배당은 1954년 지어져 본당으로 쓰이다가, 1985년 돌 예배당 뒤쪽으로 새로 본당이 지어졌다. 돌 예배당은 단층이지만, 새 본당은 4층 높이(건평 789평)다. 돌 예배당은 현재 어린이 예배와 어르신 예배 장로로 활용된다. 오산교회에서 돌 예배당 다음으로 눈길이 가는 부분은 1985년 새로 지은 본당의 종탑이다. 본당 상층부에 높이 올린 종탑은 기하학적 형상으로 되어 있다. 로마 시대 기독교인들의 상징이었던 물고기를 떠올리게 한다. 돌교회는 지상에서 본당 종탑은 하늘에서 오산교회의 역사와 신앙을 상징적으로 대표한다. 종탑은 시멘트 구조물이다. 원래는 스테인리스로 시공하려고 했으나 성사되지 못하고 시멘트로 결정되었다고 한다. 이선묵 장로의 기억에 따르면 종탑부는 신석구라는 건축업자가 시공했다고 한다. 종탑부의 종은 돌교회 정면의 옛 종탑에 있던 종을 옮겨 단 것이라고 한다. 이 장로는 "그러니까 종이 최소한 1954년 전부터 있었던 종이라는 얘기"라고 했다.

옛 사진 몇 장으로 더듬어 본 오산교회의 역사

오산교회가 1905년 창립되었고, 돌교회는 1954년에 건립되었다면 이전의 예배당은 어디에 있었을까? "최초의 예배당 자리는 정확히 알지 못합니다. 돌교회가 지어지기 전 예배당 자리는 압니다. 돌교회는 세 번째 예배당일 겁니다." 2005년 오산교회 100주년 기념 예배 안내 팸플릿을 보면, 최초의 교회는 1907년 초가로 지어졌고, 1934년 노블 감리사의 지원으로 30평의 적벽돌 교회가 건축되었다고 한다. 돌교회가 지어지기 전 오산교회 두 번째 예배당은 현재의 정문에서 한 블록가량 앞쪽에 있었다고 한다. 정문을 나서, 골목길을 지나면 도로가 나오는데, 도로변 '화남당 금은방'이 있는 상가 자리가 직전 예배당이 있던 위치다. 도로는 2차선에 불과하지만, 예전 오산의 메인 로드였다. 수원에서 오산을 거쳐 평택 쪽으로 내려가는 주요 도로였기에, 도로 주변으로 오산 시가지가 발달했다. 오산교회의 예전 예배당은 중심 도롯가에 있었던 셈이다. 예전 예배당 자리는 농협지점의 맞은편쯤 된다. 1950년대는 도로의 구조가 현재와는 조금 달라던 모양이다. 이 장로는 "저 도로 중앙선 부근까지가 예전 예배당 자리였다"고 했다. "거기 있던 예배당 말고 더 전에 있었다는 초가 교회가 같은 위치에 있었는지, 터를 옮겨 벽돌 예배당을 지은 것인지는 저로서는 잘 알지 못하겠습니다."

현재 본당 관리실에는 1938년 5월에 촬영된 사진이 한 장 관리실에 걸려 있다. '오산 구역/ 밀나 목사 송별 긔렴/ 1938. 5. 4.' 밀나 목사는 아마도 밀러 목사일 터이고, 긔렴은 기념을 그리 표기한 것일 터이다. 사진은 벽돌로 지어진 예배당을 배경으로 100명도 넘은 교인이 앉고 선 자세로 포즈를 취했다. 앞에서 둘째 줄 가운데에 외국인 두 사람 사이에 한인 교역자로 보이는 세 사람이 앉아 있다. 가장 가운데 자리는 여성이고, 한 자리 건너에 나비넥타이 차림의 서양인이 보인다. 사진 한복판 노년의 서양인 여성이 '밀나 목사'인 듯하다.

1985년 새 성전 봉헌식 당시 안내 팸플릿 뒷면에 정리된 교회의 설립자는 이렇게 되어 있다. "미스터 노블, 미스 밀러 미 선교사가 장지리교회 지 교회로 시작 순회하면서 설립." 팸플릿에는 설립연월일이 "1903~1910년 4월(미확인)"이라고 솔직히 밝혀 놓았다. 미스터 노블은 윌리엄 아서 노블 선교사이고, 미스 밀러는 룰라 아델리아 밀러 선교사다. 노블 선교사는 1892년 부인과 함께 선교사로 조선에 와서 아들 둘을 이질로 잃으면서도 선교 활동을 벌인 목사로 유명하다. 노블 목사는 수원지방 감리사를 세 차례나 역임했다. 밀러 선교사는 1907년 삼일여학교(현 매향여자정보고등학교)의 교장으로서 지역 교육 발전에 크게 공헌했다. 일제는 1940년부터 외국인 선교사들을 추방하는 조치를 강행한다. 사진은 바로 그 어간에 찍혔다. 이 사진은 오산교회의 역사를 증명해주는 가장 오래된 사진이다.

오산교회 입구 앞은 곧바로 오색시장 빨강 길이다

오산 교회 후문과 바로 연결된 오색시장 주황 길

사진에서 주목되는 부분은 사진의 배경으로 나오는 예배당 건물이다. 돌교회가 지어지기 전 예배 처소로 사용되었던 건물은 사진에 부분적으로만 보이지만 붉은 벽돌로 단정하게 지어진 건물이었다는 것을 짐작하게 해 준다. 바로 이 예배당이 지금의 돌교회와 본당이 있는 자리가 아니라 도로 쪽으로 있었다는 그 교회일 터이다. 같은 예배당 건물을 배경으로 한 사진이 한 장 더 남아 있다. 1946년 성탄절을 기념해 오산교회 주일 학교 학생들이 찍은 기념사진이다. 70여 명의 남녀 어린이들과 주일 학교 교사들이 7~8줄로 앉고 서서 포즈를 취했다. 뒤로는 성조기와 태극기가 나란히 걸려 있다. 두 장의 사진으로부터 오산교회의 교세가 상당했다는 사실을 짐작할 수 있다. 1938년에 기념촬영을 참여한 교인이 100명이 넘었고, 해방 직후 주일 학교 학생만 70명이 넘어 보이니 말이다. 오산 지역에서 오산교회 다음으로 세워진 교회는 오산장로교회다. 1905년부터 1949년까지 오산 44년간 오산교회는 오산의 유일한 교회였다. [행정구역상으로 오산교회는 수원군 성호면 오산리에 있던 교회다. 수원군 성호면은 1941년 수원군 오산면이 되었고, 1949년 수원군 수원읍이 수원시로 승진하면서 화성군 오산면으로 바뀌었다.]

앞의 두 사진이 돌교회 이전의 예배당 모습을 배경으로 한 사진이라면 돌교회를 배경으로 찍은 옛 사진도 한 장 있다. 1956년 3월에 부흥회를 기념해 찍은 사진이다. 배경으로 보이는 예배당이 바로 돌교회다. 돌교회를 짓고 나서 기념으로 부흥회를 개최한 듯하다. 사진에는 주일 학교 학생부터 성인 교인까지 150명이 넘는 인물이 보인다. 흥미로운 점은 돌교회 옆으로는 야산과 논밭만 보인다는 점이다. 1970년대 미시장米市場의 상권이 교회 주변으로 확장되기 전에는 들판에 돌교회만 우뚝 솟아 보였을 것이다. 돌교회가 지어진 경위도 앞에서 언급한 1985년 새 성전 봉헌식 팸플릿에 짧게 나온다. "조영행, 조광현, 이주찬, 황달용씨의 307-13의 대지 기증과 적산, 국유지, 분배농지, 그 외 매입 6필지 570평, 55평 8홉 8작 건축, 미 군사 AFK 물자와 복구비로 건립." 신광현 목사의 재임 시절에 신도들의 기증토지와 매입토지 등의 부지에 미군의 도움으로 지었다는 것이다. 이 소략한 설명이 돌교회 건축과 관련해 확인할 수 있는 유일한 기록이라 해도 과언이 아니다.

오산교회 돌예배당 내부

돌교회가 지어진 이유는 앞서 사용하던 벽돌로 지은 교회당이 한국전쟁의 와중에서 미군의 폭격으로 전파되고 말았기 때문이다. "교회를 미군이 폭격한 이유는 교회 지하실이 인민군 부대 본부로 사용되었기 때문이라고 들었습니다." (이선묵 장로) 미군이 죽미령을 넘어 오산 일대를 점령한 시점은 1950년 7월 초다. 인민군이 교인 수가 많았던 오산교회의 지하를 본부로 삼았다는 증언은 충분히 개연성이 있어 보인다. 다만 기록은 확인되지 않는다. 교회가 파괴된 시점도, 이후 돌교회가 지어지기까지 어디서 어떻게 예배를 드렸는지도 알려지지 않았다. 110년 역사를 가진 교회이지만, 교회의 역사를 정리한 자료는 애석하게도 몇몇 단편적인 자료가 고작인 실정이다. 시장 한복판에서 기독교의 가르침을 묵묵히 전파하고 실천하는 사명을 다하는 일이 훨씬 중요하지만, 공간이 간직한 근대의 역사를 탐사하는 입장에서는 아쉬움이 진하게 남는다.

돌교회와 종탑의 보전문제

오산교회는 현재 오산시 부산동에 새 부지를 마련하여 교회를 이전해 갈 계획이다. 하지만 돌교회를 이전할지, 보전할지는 아직 결정을 못 했다. "이축을 하려면 3억 원 정도가 든다고 해요. 교회 재정으로 감당하기 어렵죠." 이선묵 장로는 보존을 원하지만, 어찌 될 수 없어 안타깝다고 했다. 오산 출신 화가이자 조각인 김주원 작가는 이런 의견을 들려주었다. "오산교회가 이전해 가더라도 돌교회 등을 보전하고 오산감리교회를 리모델링해서 오산의 근현대 역사박물관이자 문화예술공간으로 활용하는 게 좋다고 봅니다. 오산의 근현대사를 기념하는 장소가 될 것이고, 오색시장의 활성화에도 크게 도움이 될 겁니다." 김주원 작가는 오산 시사편찬위원이기도 하다. 김 작가는 미 시장(싸전 거리) 출신이

오산교회가 소장한 가장 오래된 사진.
뒤로 보이는 예배당이 돌예배당을 짓기 전 예배당이다.

오산교회가 소장한 1946년 성탄절 기념 주일 학교 기념사진.
이 때까지도 오산교회는 벽돌교회를 본당으로 썼다.
이 본당은 한국전쟁 시기 폭격에 전파되었다.

어서, 시장과 교회의 어려서부터 지켜보고 자랐기에 누구보다도 동네에 대한 애정이 깊다. 그는 자신의 기억과 추억을 예술적으로 형상화하는 작업을 진행하고 있기도 하다. 물론 오산시 역시 돌교회를 보전하는 방안을 두고 고심을 거듭 중이라고 한다. 한때 오산시가 돌교회 보존예산을 세웠으나, 시의회가 반대

이선묵 오산교회 원로장로

오색시장 북동쪽 공영주차장 자리가 예전 미시장 터였다고 한다.

1956년 3월에 촬영된 오산교회 부흥회 기념사진.
돌예배당 주변으로 야산과 논밭이 보인다.
벌판에 서 있던 예배당은 1970년대부터
미 시장의 상권이 확장되면서 점차 시장으로 변해갔다.

해서 좌절되었다는 얘기도 주민들 사이에서는 떠돌아다닌다. 보전 계획이 조속히 마련되지 않으면, 교회 이전 과정에서 오산근현대사를 상징적으로 보여주는 오산교회 돌교회와 종탑은 사라질 가능성이 높아 보인다.

| 도움말 주신 분 |

이선묵 오산교회 원로장로
김종만 오산교회 장로
차병무 오산교회 장로
김주원 작가

| 참고 문헌 |

오산시사편찬위원회, 『오산시사』, 2009

03
은계동 미군호텔(현 동부건설 자료서고)

답사일 : 2010년 5월 11일

숨은 닭처럼 숨은 건물

오산시 은계동 필봉산 아래 묘하게 눈길을 끄는 건물이 있다. 필봉산 은계 약수터에서 내려다보면 큰 반원형으로 지은 벙커를 연상케 하고, 앞에서 보면 주변 주택가와 전혀 어울리지 않는 3층 건물이다. 닭이 숨어도 못 찾은 곳이라 하여

은계동 미군호텔 현관

객실부

은계동이라 한다더니, 그 동네에서도 마치 숨어있는 듯한 이 건물의 정체를 외부인은 단박 파악하기 어렵다. 도대체 뭘 하던 건물일까?

"1968년경 미군을 상대로 한 호텔로 건립되었으나, 부도로 인해 소유권이 동부건설로 넘어가 '동부건설 직업훈련원'으로 사용되어왔으며, 2000년경 직업훈련원은 문을 닫았음. 현재는 관리자 한 명이 숙식을 하고 있으나 거의 관리가 되지 않고 방치되고 있는 상황임. 일반 객실에는 화장실, 욕실이 없으며, 공중목욕탕, 화장실을 사용하도록 설계되어 있음. 미군부대가 주둔하고 있는 오산의 지역적 특성을 말해주고 있는 시설물이라 할 수 있으며 주한미군의 시설이 민간인 지역에 진출하여 있는 특성과 당시의 내부시설을 살펴볼 수 있는 좋은 근대건축 사료가 될 것으로 판단됨."

2004년 이곳을 조사한 건축학도들은 『경기도 근대문화유산 조사 및 목록

객실 앞 테니스장 자리

넓은 객실 내부

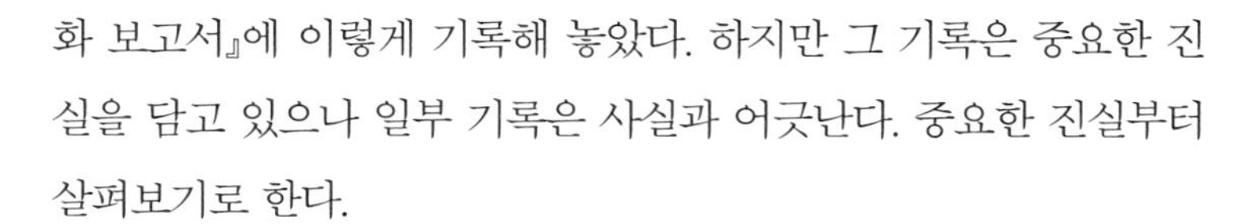

화 보고서』에 이렇게 기록해 놓았다. 하지만 그 기록은 중요한 진실을 담고 있으나 일부 기록은 사실과 어긋난다. 중요한 진실부터 살펴보기로 한다.

"맞아요, 미군 호텔. 정확히 말하면 미군 장교와 장성을 위한 위락시설이었다고 할 수 있지요. 숙박시설을 갖춰 놓은 카바레라고 보면 되지요. 여기서 오산비행장까지가 25리, 약 10㎞ 정도예요. 그래서 미군들이 짚차를 타고 와서 놀다 가곤 했대요. 사병들은 부대 앞에서 놀고, 장교들은 함께 놀 수 없으니까 한적한 곳에 와서 놀도록 한 거지." 이 건물 관리를 맡고 있는 권희창 씨(55)는 미군 관련 시설이 맞다고 했다.

그러나 설립연대 추정은 틀렸다고 했다. "58년에서 60년 사이에 이 동네 출신 유 모 사장이 지었다."는 것이다. 권 소장은 동네 토박이에게 전화를 걸어 다시 한번 확인해 주었다. 자유당 말기에 내국인이 미군을 위한 시설을 지었다

연회장. 후에 강의실로 개조되었다

1층 복도

는 것이다. "정부 고위층에서 뒤를 봐준다는 설이 파다했어요."

왜 하필이면 이곳이었을까? "여기 전망이 좋아요. 예전에는 객실에서 오산천이 훤히 보였지요. 게다가 오산에서 완전 변두리에요. 외진 곳이라 무슨 굿을 해도 괜찮지요. 그러니까 당시에는 서울에서 유명 연예인을 불러오고 기생들을 불러다가 파티를 대단하게 했다고 하더군요."

오산역사의 한 페이지

호텔 전체부지는 1만5,000평이라고 했다. 반원형 본관 건물과 넓은 마당, 부속 건물 말고도 소방도로 건너 땅도 모두 호텔 소유라고 했다. "본관이 3층인데, 방은 층당 30개 정도 있습니다. 다 해서 약 100개쯤 객실이었지요. 작은 방은 침대 하나 들어갈 정도로 좁은 것도 있고, 10평짜리, 15평짜리 등 다양해요." 일반 객실에는 화장실과 욕실이 없다는 앞서 기록이 잘못이라는 것이다. 10~15평짜리는 갖출 것이 다 갖추어져 있었다고 한다. 물론 본관 지하나 부속건물에는 공동샤워장으로 사용한 흔적이 남아 있기는 하다.

애초엔 수영장, 테니스코트, 배구장 등의 체육시설도 갖추어져 있었다. 지금은 밭으로 쓰는 소방도로 건너 땅이 수영장 자리라고 한다. "유 씨가 호텔 짓는다고 근처 땅을 반강제로 매입했다더군요. 근처에 그 유명한 박영효 고가도 있었는데 그것도 사들여서 부쉈구요. 그리고 나서 필봉산에서 오산천으로 흘러드는 계곡을 메우고 평탄작업을 해서 호텔을 세웠다고 들었습니다." 유 씨의 뒷배경이 든든했음을 짐작할 수 있다.

"당시로서는 최신식으로 지었어요. 그때 벌써 3.1빌딩보다 잘 지었다니까요. 현대식 공조 시설을 갖추어서 냉난방이 최고급이었어요. 그런데 지금은 내

호텔에서 바라본 앞 마을. 예전에는 높은 건물이 없어 전망이 탁 트여 있었다고 한다.

객실 지하. 공동샤워장으로 추정된다.

부 오감이 다 죽었지요." 전기와 수도만 겨우 살아있을 뿐, 당시의 시설은 이제 다 못쓰게 되었다는 것이다. 당시의 객실들도 형태와 벽체는 그대로지만, 동부건설의 자료 서가를 설치해 놓아서 예전 흔적을 찾기는 어렵다. 대형 댄스홀이 었던 자리는 후에 강의실로 바뀌었다고 했다.

현관도 지금은 퇴락해서 그렇지 제대로 멋을 낸 흔적이 역력하다. 규모가 좀 작을 뿐 일류 호텔의 로비 입구를 연상시킨다. 본관도 밋밋한 일자형이 아니라 좌우 날개를 약간 꺾어서 지었다. 어느 객실에서든지 유명 휴양지처럼 쾌적하게 바깥 경치를 즐길 수 있도록 한 배려다. 본관 뜰 앞에는 원형 테라스를 만들어 전천후로 작은 파티를 할 수 있도록 해 놓았다.

현재 소유권이 동부건설에 있다는 것도 맞다. 하지만 미군호텔에서 동부건설로 바로 넘어온 것은 아니다. "유 씨네 호텔이 처음에는 잘 됐대요. 그런데,

호텔 앞 예전 수영장 자리

뒤를 봐주던 고위급 인사가 물러나고 나서는 고전을 면치 못했나 봐요. 결국 부도가 났지요. 그래서 미릉건설에서 미군 호텔을 인수해서 사우디 현장 파견 노동자들을 교육하는 장소로 썼지요." 시설이 좋으니 당연히 활용 가치가 높았을 것이다. 동부건설로 소유권이 넘어온 것은 1995년경이라고 했다.

동부건설도 처음에는 직업훈련원으로 쓰다가 나중에는 그룹 자료를 보관하는 장소로 바꾸었다. "다 죽은 건물"이라는 것이 그 이유였다. 물론 50년대 말에 지어졌다면 50년이 넘었으니 과히 틀린 이야기는 아니다. 하지만 역시 건설회사답게 동부는 10년 전부터 꾸준히 이 자리에 아파트를 세우려고 노력해왔다. "작년에 이 일대가 뉴타운 예정지로 지정됐어요. 지금은 주민동의가 진행중이구요. 앞으로 우리 회사에서 여기에 60층 아파트를 계획하고 있지요."

유감스럽게도 오산의 한 시절을 담고 있는 동시에 주한미군 역사의 이면을 들여다볼 수 있는 이곳 은계동 미군 호텔에 관한 기록은 찾지 못하였다. 이를 정리한 향토사료도 없다. 다행히 건립 당시와 초기 운영 실태를 기억하고 있는 노년층이 아직 은계동 내에 생존해 있다. 이들의 증언을 제대로 수집, 정리하는 일이 시급하다고 판단된다. 미군호텔이 흔적도 없이 헐리고 60층 아파트가 들어서는 시간이 이미 카운트다운에 들어갔기 때문이다.

| 도움말 주신 분 |

권희창 동부건설 자료서고 관리소장

| 참고자료 |

경기도, 『경기도 근대문화유산 조사 및 목록화 보고서』, 2004.

04
죽미령전투 기념비

답사일 : 2010년 5월 10일

2010년 5월 10일 죽미령

죽미령 전투 기념비의 공식 명칭은 '유엔군초전기념비'다. 미국 지상군이 유엔군 깃발 아래 참가해서 치른 첫 전투를 기념한다는 의미를 담고 있다. 전투가 벌어진 날은 1950년 7월5일. 개전 후 정확히 11일 만이다. 전투 시간은 오전 8시부터 오후 2시를 조금 넘기기까지 불과 6시간 남짓이다. 초전기념비 안내판에는 6시간 15분이라고 분 단위까지 제시되어 있고, 전투상황도에는 08:00~14:30으로 기록되어 있다.

안내판에 따르면 이 짧은 시간에 "적 사살 127명, 전차 파괴 6대/ 유엔군 전사자 181명, 중화기 소실"이라는 양측 피해가 발생했다고 한다. 양측 합쳐 사망자만 308명이라는

죽미령 초전기념비 조각상

초전기념비 건립개요

것이다. 자료마다 조금씩 차이가 있긴 하지만 미군 측 스미스 부대원이 약 400명이었으므로, 절반이 6시간여 만에 숨진 셈이다.

1982년 4월 교통부와 경기도가 오산시 내삼미동 산 70-6에 이 기념비를 세웠다. 파죽지세 인민군과 일본에서 긴급 투입된 미군(유엔군) 간에 치열했던 전투가 벌어진 장소를 기억하자는 취지였다. 전투 발생으로부터 31년여 만이었다.

비는 19.5m 높이로 3기를 만들었다. 전투 당시 스미스 부대가 3개 진지를 죽미령에 구축했던 일을 상징하기 위해서다. 아울러 "적"을 향해 포효하는 군인들을 조형화한 동상 5기를 세웠다. '건립개요'에 따르면, 국방부가 후원했고, 제작자는 이일영, 글씨는 이수덕으로 되어 있다. 유엔 참전국 16개 나라 깃발이 펄럭이는 기념비 부지는 5,000평이다.

해마다 7월이면 이 기념비에서 기념식이 열린다. 국방부, 미국을 비롯한 참전국 관계자, 6 · 25의 의미가 잊혀가는 상황을 안타까워하는 지역 인사 등이 모여 당시 숨져간 젊은 용사들의 넋을 기린다. 특히 '자유 수호'를 위해 이국땅에서 고혼이 된 장병들의 원혼을 위로하기 위해 헌향하고 묵념을 올린다. 6 · 25 60주년을 맞은 2010년은 그 의미가 더욱 각별했을 터이다.

그러나 요즘 죽미령 전투가 벌어졌던 현장 일대에는 불도저와 중장비가 여러 대 작업 중이다. 외삼미동 일대를 개발하기 위해서다. 전투 시점으로부터

60년이나 시간이 흐른 현재 '전쟁의 기억'보다 '지역발전'이 죽미령을 넘어 다니는 사람 대부분의 관심사이기 때문이다. 6 · 25 전사에서 죽미령전투는 매우 중요한 전투로 기록되지만, 실제 그날 여기서 무슨 일이 벌어졌으며, 그 일이 한국 현대사에서 갖는 의미가 무엇인지 정확히 알려는 노력은 점점 드물어지고 있는 듯하다.

1950년 7월 5일 죽미령(남쪽의 기록)

일본 규슈에 주둔하던 스미스 특수임무 부대가 부산에 도착한 것은 7월 1일이다. 스미스 특수부대는 미 제24사단 제21연대 제1대대 B, C 중대와 제52 포병

뒷동산에서 내려다 본 초전기념비

죽미령 전투 조각상

대대 A 포대를 주축으로 편성된 부대였다. 지휘는 찰스 스미스(Charles B. Smith) 중령이 맡았고, 포병 지휘관은 밀러 페리(Miller O. Perry) 중령이었다. 스미스 특수부대의 임무는 인민군의 남진을 최대한 북쪽에서 막아 24사단 본대가 북진할 수 있는 시공간을 확보하는 것이었다.

스미스 부대는 어디에 최초의 진지를 구축할 것인가를 놓고 우왕좌왕하다가 7월 4일 야간에야 죽미령에 임시로 구축된 3개의 진지로 향했다. 수원이 7월 4일 오후 인민군 수중에 넘어간 이후였다. 비가 내리는 가운데 부대가 죽미령에 도착한 시간은 7월 5일 새벽 3시였다. 포병대대는 죽미령 진지 후방 1.8㎞ 지점에 자리 잡았다. 스미스 부대의 보병병력은 장교 17명, 사병 389명이었고,

장비는 75㎜ 무반동총 2정, 4.2인치 박격포 2문, 60㎜ 박격포 4문, 2.36인치 로켓포 6개였다. 포병대대는 장교 9명에 사병 125명, 105㎜ 야포 6문(M21A1)과 기관총, 로켓포 및 1,200발의 고폭탄 등을 갖추었다.

스미스 부대는 1번 국도와 철로를 통제하기 위하여 죽미령을 중심으로 동서 1,700m에 걸쳐 방어선을 구축하였다. 1번 국도 동쪽 117고지, 즉 현재 기념비가 있는 쪽에 1, 2소대가 배치되었고, 철로 쪽인 92고지 능선에 3개 소대가 배치되었다. 고지 앞쪽 평야엔 한국군 17연대의 일부 병력이 자리 잡았다. 그러나 비가 내렸기 때문에 개인호와 화기 엄폐호 구축이 곤란하였으므로, 날이 새기를 기다려 진지를 구축하기로 했다.

죽미령 기념비에 세워진 유엔 참전 국가 국기

불과 3시간 후인 7월5일 오전 7시경 인민군 전차 8대가 수원 방향에서 내려오는 것이 발견되었다. (당시 죽미령에서 반정리들까지는 육안으로도 관측이 가능한 평야였다.) 스미스 중령은 인민군 병력이 더 가까이 오기를 기다려 8시16분 포병사격을 요청했다. 그리고 고지의 부대가 집중사격을 가하였으나 적

전차는 꿈쩍도 하지 않고 전진했다. 75㎜ 무반동총으로 일제사격을 가하여 전차에 명중시켰으나 적 전차는 역시 꿈쩍도 하지 않았다. 로켓포로 전차의 측면과 후면에 22발을 퍼부었지만, 이 역시 효과가 없었다. 인민군 전차는 08:30에 죽미령을 넘어섰다.

이번에는 후방 포진지에서 105㎜ 포로 대전차 포탄을 발사하여 고개를 넘어 내려오는 2대의 전차를 파괴시켰다. "이때 파괴된 선두 전차는 뒤따라가는 전차대의 전진을 위함인 듯 도로변으로 비켜서면서 2명의 적병이 포탑 뚜껑을 열고 손을 들며 먼저 나왔다. 그러나 세 번째로 나오던 적병이 갑자기 따발총을 기관총 진지를 향해 난사하여 기관총 부사수가 전사하였다.……이 불의의 사격으로 전사한 기관총 부사수는 미 지상군 최초의 전사자가 되었다." (국방부 군사편찬연구소, 『6·25 전쟁사 3-한강선 방어와 초기 지연작전』, 350~351쪽.)

인민군 전차 33대가 죽미령을 통과하면서 사격을 가하여 미군 20여 명이 사상했다. 보병과 포병 간 전화선이 09시에 절단되었다. 지프차에 실렸던 무전기도 11시에는 불통되었다. 인민군 전차부대(제105기갑사단)는 다시 후미 2대가 파괴되어 모두 4대가 파괴되었으나 미군 포병 진지를 유린하고 유유히 남쪽으로 전진하였다. 전투의 와중에서 포병 지휘관 페리 중령도 부상을 입었다.

"적의 전차대가 보병 진지를 통과한 지 1시간 뒤인 10시경에 스미스 중령은 117고지로부터 전방에 나타난 전차와 차량에 탑승한 북한군의 보병부대를 목격하였는데 그 종대의 길이가 수 ㎞에 이를 것으로 추정되었다. 이는 지난밤에 수원에서 휴식과 정비를 마치고 남침을 시작한 적 제4사단 예하의 제16 및 제18연대 주력이었다.

그들 행군종대가 11:45에 아군진지 전방 900m에 이르자 스미스 중령은 곧 사격명령을 내렸다. 이에 4.2인치 박격포탄이 적의 트럭에 명중되고 기관총은 그들 보병의 행군종대를 향하여 맹렬한 사격을 퍼부었고, 포탄이 명중될 때마다 적병의 시체가 공중으로 비산되고 차량은 박살이 나버렸다.” (위의 책, 353)

이 기록에 따르면 정말 치열한 보병 전투가 벌어진 시간은 오전 10시부터 오후 2시까지 약 4시간가량이다. 피아 구분 없이 이 짧은 시간에 숨져갔다. 14시 무렵 인민군은 이미 죽미령 스미스 부대를 양 측방에서 완전히 포위해 버렸다. 결국 스미스 중령은 14:30에 철수 명령을 내리지 않을 수 없었다. 스미스 부대는 안성 쪽으로 퇴각하려다가 인민군을 만나는 바람에 좁은 우회로를 통해 안성으로 겨우 빠져나갈 수 있었다. 스미스 부대원 200명이 안성에 도착한 것은 5일 19시였다.

서두에서 죽미령 유엔군초전기념비 안내판이 밝힌 사상자 수와 국방부가 공식으로 펴낸 전사 기록은 다소 차이가 있다. 유엔군(미군) 전사자가 181명인 점은 일치한다. 하지만 국방부 공식 전사는 스미스 부대가 철수할 때 주요 무기들을 핵심 부품만 빼낸 채 왔다고 기록하고 있다. 또한 적 피해는 북한군의 발표를 그대로 인용해 제105 전차사단 문화부 사단장인 대좌 1명을 포함한 42명의 전사자와 85명의 부상자, 그리고 전차 4대 격파에 2대 반파라고 정리하였다.

죽미령 전투에서 중요한 점은 전과戰果가 아니다. 애초부터 미군에게 여기서부터 반격을 전개하겠다는 의지가 존재했던 것은 아니기 때문이다. 죽미령을 초전初戰의 전장으로 삼을 것인가를 놓고 미군 수뇌부 간에 이견이 존재했다는 사실이 이를 방증한다. 다만 인민군 진격속도를 최대한 늦추어 더 후방에서 본격적으로 북상하겠다는 계산은 분명했다.

그러나 181명의 사병을 희생하면서 6시간 남짓 죽미령을 지킨(엄밀히 말해 버

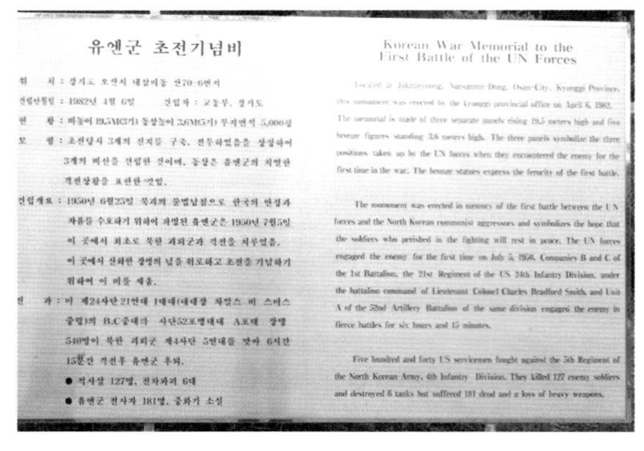

초전기념비 안내문

터낸) 전투는 무슨 의미가 있을까? 미군이 실패를 거듭하면서 낙동강까지 밀렸던 사실을 상기하면 죽미령 전투는 새삼 씁쓸하다. 이번에는 각도를 바꾸어 인민군의 시각에서 죽미령 전투를 어떻게 바라보는지 살펴보자.

1950년 7월 5일 죽미령(북쪽의 기록)

북한의 공식 역사기록인 『조선전사』 제 25권과 『조선인민의 정의의 조국해방전쟁사』 제 1권은 죽미령 전투를 비교적 상세히 기술하고 있다. 북의 관점에서는 미 지상군을 격파한 첫 전투이기 때문이다. 일단 그 기록을 간단히 살펴보자.

"수원을 해방한 인민군련합부대들은 계속 수원-평택사이 도로를 따라 도망쳐가는 적을 맹렬히 추격하였다. 인민군련합부대들의 진격으로 오산계선에 늘인 적들의 방어진도 삽시에 무너지기 시작하였다.

《스미스특공대》의 총알받이로서 죽미령의 전방에 진을 치고있던 괴뢰군 17련대 패잔병들은 인민군땅크서렬이 나타나자 혼이 나서 감히 대항할 엄두도 내지 못하고 도망치고 말았다.

적을 추격, 소멸하면서 전진하던 인민군전투원들은 오산북쪽계선에서 미

제침략군 지상부대와 처음으로 맞다들게 되었다.(중략)

인민군땅크들의 맹렬한 진격은 미제침략군으로 하여금 넋을 잃게 하고 놈들을 극도의 혼란속에 몰아넣었다. 우리 나라에 침략의 발을 들여놓으면서부터 제놈들이 전선에 나타나기만 하면 인민군대들이 겁을 먹고 달아날것이며 전선형편은 근본적으로 달라질것이라고 호언장담해오던 《스미스특공대》놈들은 인민군땅크들이 제놈들을 무자비하게 깔아뭉개면서 맹렬히 진격해오자 질겁하여 저항할 엄두도 내지 못하고 비명을 지르며 도망쳐버리였다. 그리하여 미제침략군 야포대대는 인민군대와 맞서보지도 못하고 와해되고 말았다. (중략)

오산계선전투에서의 조선인민군의 승리는 또한 이른바 세계 《최강》을 자랑해온 미제침략군의 거만한 코대를 꺾어버리고 놈들이 결코 《무적의 부대》가 아니라는 것을 실천적으로 확증하여주었다." (『조선전사 25』, 149~152쪽)

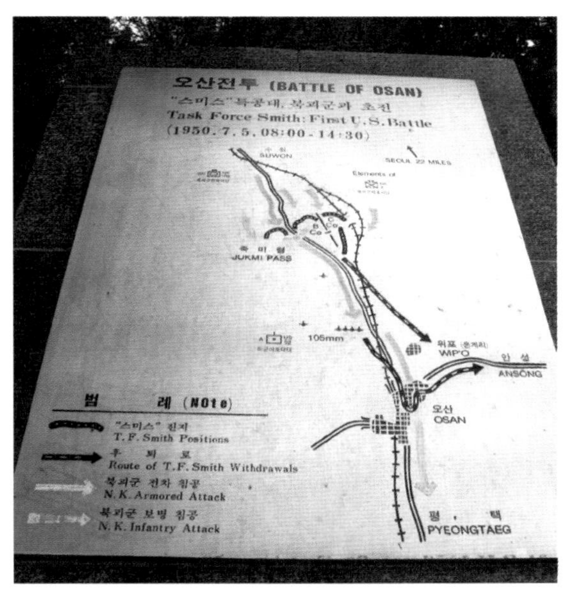

오산전투도

"선두땅크구분대의 뒤를 따라 진격하던 다른 땅크구분대와 보병구분대는 전진과정에 전투에 진입하여 서로 긴밀한 협동동작

1950년 7월5일 전투의 현장. 지금은 지역개발이 한창이다.

으로 미제침략군 보병들을 정면과 량측익으로부터 동시에 타격하였다. 인민군 보병들은 수류탄으로 적을 무리로 쓸어눕히면서 참호에 뛰여들어 발악하는 미제침략자들을 무자비하게 소탕하였다.(중략)

이때 익측으로 적을 우회하여 감쪽같이 고지동쪽릉선에 진출한 인민군 한 구분대의 전투원들은 수류탄으로 적중기관총을 까부시고 참호안의 미제침략자들을 무자비하게 소탕하였다. 고지의 적들은 점점 더 좁은 포위환에 들게 되였으며 구름이 낮게 떠돌고 비까지 내려 항공대의 지원도 받을 수 없게 되였다. 죽음을 눈앞에 둔 미제침략자들의 공포는 극도에 이르렀다." (『조선인민의 정의의 조국해방전쟁사 1』, 176)

앞의 인용문은 북이 바라보는 죽미령 전투의 의미를, 뒤 인용문은 치열했던 전투 상황을 보여준다. 특히 뒤 인용문은 앞에서 소개한 남측 전사戰史의 묘사와 대조를 이룬다. 남측의 묘사는 이렇다. "4.2인치 박격포탄이 적의 트럭에 명중되고 기관총은 그들 보병의 행군종대를 향하여 맹렬한 사격을 퍼부었고, 포탄이 명중될 때마다 적병의 시체가 공중으로 비산되고 차량은 박살이 나버렸다."

남측 전사든, 북측 전사든 몇 시간 만에 양측 합쳐 최소한 220명 이상 사망자가 발생한 '비극적 전투'를 자신들의 전과戰果를 부각할 수 있는 어휘와 표현을 동원하여 묘사하고 있다. 남과 북이 모두 이 전쟁과 전투를 이렇게 기억한다는 사실이 다시 한번 씁쓸하다.

전쟁을 누가, 왜, 어떻게 기억하는가

남한의 입장에서 6 · 25전쟁은 공산주의 침략군으로부터 '자유 대한'을 지켜낸 자랑스러운 전쟁이다. 북의 입장에서도 이 전쟁은 '미 제국주의'의 침략으로부터 '사회주의 조국'을 수호한 영광스러운 전쟁으로 기억된다. 비록 죽미령전투에서는 패했지만, 마침내 북진하여 서울을 수복하였고, 안타깝게도 중국의 참전으로 통일을 못 했다고 인식하는 남한도, 죽미령전투 승리를 비롯하여 '국토완정'을 목전에 두었지만, '미 제국주의자들' 때문에 종전에 합의할 수밖에 없었다고 믿는 북한도 여전히 6 · 25를 나름대로 해석하고 이용한다.

세계의 냉전은 끝났지만, 한반도의 냉전은 여전하다. 그 뿌리엔 전쟁의 기억이 있다. 경기도 곳곳에서 만나는 전쟁 관련 유적과 기념물들은 끊임없이 그 기억을 환기하는 장치로 활용된다. 북은 아예 '체제 보위'의 차원에서 거국적인 전쟁 기억 환기 장치들을 갖추고 있다. 전쟁의 기억을 거듭 되새김질하는 한 평화는 요원하다.

죽미령에 와서 죽어간 미군들 가운데 한반도의 현대사를 제대로 이해한 사병이 몇 명이나 되었을까? 그들의 진지에 수류탄을 던져 넣은 인민군 가운데 그들의 행위가 전쟁의 '광기'에 휩쓸린 행동일 뿐 '조국 통일'을 오히려 몇 십 년이나 지체시키는 일이라는 걸 어렴풋이나마 알아챈 병사가 있기는 했을까? 오늘날 보편적 상식이 된, '천하보다 귀한 생명'이라는 깨달음이 전투와 전쟁을 기념하는 장소에서는 왜 작동하지 못하는 걸까?

죽미령 전투로부터 60년 세월이 흘렀다. 수원에서 오산으로 넘어가는 고갯마루에 '유엔군초전기념비'를 세운 지도 27년이 지났다. 하지만 미-소 냉전이 한창이던 1982년 시점에서 기념비에 새겨진 투철한 반공-안보 의식이 이제는 평화와 생명을 향한 갈망으로 달리 해석될 때도 되지 않았을까?

| 도움말 주신 분 |

조용호 오산문화원 사무국장

| 참고자료 |

『오산시사』

국방부 군사편찬연구소, 『6 · 25 전쟁사 3-한강선 방어와 초기 지연작전』, 2006.

허종호, 『조선인민의 정의의 조국해방전쟁사 1』(평양: 사회과학출판사, 1983).

사회과학원 력사연구소, 『조선전사 25』(평양, 1981).

05
풍농 공장

답사일 : 2010년 5월 11일

비료창고가 된 70년대 첨단 공장

경부고속도로 오산톨게이트를 나서면 왼쪽으로 넓은 야적장과 공장 건물이 시야에 들어온다. 공장은 낡아 보이지만 공들여 설계하고 지은 건물이라는 걸 한눈에 알아볼 수 있다. 특히 곡면형 셸(Shell) 구조가 돋보인다. 하지만 공장은 더

풍농 공장 전경

공장동의 독특한 쉘 구조

사무동

이상 가동되지 않고, 주로 비료를 야적하는 창고 용도로 쓰인다. 행정구역 지번으로는 오산시 원동 119-6, 119-20인 이곳 공장 건물과 야적장은 현재 비료생산업체인 풍농엔피코 소유다.

"원래는 섬유를 생산하는 공장이었어요. 오성 무역이라는 회사에서 운영하던 공장이었지요. 주로 실 고무줄을 생산했는데, 양말목에 넣는 중간재였지요. 그러나 섬유산업 전체가 사양산업이 되고 값싼 실 고무줄이 수입되면서 문을 닫았지요. 공장 소유 기업은 풍농으로 넘어갔구요." 박진순 풍농 오산공장 공장장은 1997년 이 공장이 생산을 멈추었다고 했다. 이후 풍농 장항공장 등에서 생산하는 비료를 가져다가 쌓아두고, 경기 중부지역에 공급하는 기지 역할을 할 뿐이라 전해 주었다. 예전 공장 일부는 다른 업체에 임대한 상태다.

공장이 지어진 것은 1970년이다. 설계자는 독일인으로만 알려져 있다. 이는 이 공장이 독일과 합작기업이었기 때문에 설득력이 있다. 지상 2층인 공장

공장동 내부

건물은 연면적이 1,800평으로 꽤 넓은 편이다. 장방형인 건물은 원래 3개 구역으로 나뉘어 있었다. 정면에서 볼 때 왼쪽 셸 구조로 설계된 부분이 공장동, 오른쪽 RC라멘조 구조가 사무동, 뒤편이 창고동이다. 천장 부분이 조개껍데기를 이어붙인 형태인 셸 구조는 예사 공장과는 다른 분위기를 풍긴다.

"원래 여기서 생산하는 제품이 화학섬유라 빙초산, 황 등을 사용했습니다. 그러니까 생산과정에서 암모니아 가스가 발생하지요. 따라서 슬레이트 지붕으로는 감당이 안 되는 겁니다. 또 내부도 넓어야 하기 때문에 기둥이 없어야 합니다. 바로 그래서 쉘 구조를 쓴 겁니다." 박 공장장은 실 고무줄을 생산하던 시절에 이 공장에 들어와서 20년간 근무했다고 한다. 박 공장장의 말대로라면 쉘 구조는 70년대 초로서는 첨단 산업건축기술인 셈이다. 게다가 미관까지 살렸으니 일석이조의 효과다. 공장동의 높이는 7m다.

사무동의 경우도 2층은 400평 규모인데, 정면과 측면 2개 면을 통유리로

공장 마당과 인근 마을 전경

둘렀다. 2층도 공장 용도로 충분히 사용 가능해 보인다. 2층 바닥도 튼튼하고 기계 설비를 들여놓았던 흔적이 있다. 실제로 공장이 97년 문을 닫은 이후 메디코스화장품에서 연구소와 물류창고로 이곳을 사용했다고 한다. 공장 뒤편 창고동이었던 부분은 현재 몇몇 업체가 들어와 주로 철재 구조물을 생산하거나 재고를 보관하는 창고로 쓰고 있다. 공장 건물 오른쪽엔 예전 섬유공장 시절 보일러와 연결된 굴뚝이 우뚝 서 있다. 굴뚝은 현재 제 용도로 사용되지 못하지만 이 공장이 한때 첨단 산업시설이었다는 징표인 양 버티고 있다.

"이 터 전제 부지는 1만4,000평 정도 됩니다. 장항에서 겨울에 생산한 비료를 야적해 두었다가 경기, 강원, 충청 일원에 공급하지요." 공장 앞 빈터 곳곳에는 출하를 기다리는 비료가 쌓여 있다. "꽤 넓고 큰 공장이었지만 중간재 생산 공장이라 예전에는 주목을 받지 못한 듯합니다. 실고무줄을 생산할 당시인 90년대 초반 종업원이 30명쯤이었지요. 원래 이곳에서 편직물도 생산할 계획이었는데, 공장 가동이 중단되면서 예전 종업원들이 편직기계를 인수해 독립 공장들을 차렸지요."

산업박물관 터로 적격

풍농은 일단 이 공장 자리를 하치장으로 쓰면서 적당한 활용방안이 나오기를 기다리고 있는 듯하다. 한때 풍농과 오산시 간에 대형마트를 세우자는 논의가 오간 적이 있다. 시 외곽이고 부지도 넓어서 개발이 가속화되는 오산의 실정을 고려해 가능성을 검토했으나, 톨게이트 바로 옆이어서 교통 문제를 해결하기 어렵다는 판단에서 논의는 중단되었다고 한다. "자동차정비공장 얘기도 있었어요. 공장 건물 생긴 게 꼭 대형 정비업체를 연상시키잖아요. 톨게이트 옆이라 위치도 좋고. 하지만 이것도 채산성이 없다는 결론이 나서 없던 얘기로 되었지요."

굴뚝

공장 건물 자체는 튼튼하다. 좀 낡긴 했어도 셸 구조가 안정감을 주고 철근콘크리트 건물인 사무동도 약간 손을 보기만 하면 쓸 만하다고 판단된다. 마당도 넓고 시원하다. 오산 톨게이트에 붙어 있다는 점이 이 부지 활용에 있어서는 걸림돌일 수도 있고, 장점일 수도 있다. 예를 들어 이곳을 산업박물관으로 활용한다면 교통 접근성도 좋고 옛 공장건물과 부지를 그대로 활용할 수도 있다. 1970년대 이후 수원, 화성, 오산의 산업사를 제대로 정리, 전시할 수만 있다면 충분히 가능성이 있어 보인다. 물론 이 문제는 경기도를 비롯한 관련 지자체장의 의지가 있느냐와 풍농 측에서 이에 호응할 것인가가 관건일 것이다.

| 도움말 주신 분 |

박진순 풍농 오산공장 공장장

| 참고자료 |

경기도, 『경기도 근대문화유산 조사 및 목록화 보고서』, 2004.

22부

용인

경기그레이트북스 ⑳

01
옛 용인문화원(현 용인문화연구소)

답사일 : 2010년 6월 29일

반세기 용인문화원 역사를 지켜본 자리

용인시 처인구 김량장동 133-61 현 용인문화연구소 건물은 본디 용인문화원이었다. 2005년 10월 용인 행정타운 내 문화예술원 3층으로 옮겨가기 전까지 용

용인문화연구소 사무실. 사진 왼쪽 문이 출입구다.

인문화원이 사용했다. 1980년대 중반 잠시 본원이 이 자리를 떠났던 적도 있지만, 1950년대 중반 창립 당시부터 반세기 넘도록 용인문화원의 성장 과정을 지켜본 자리가 바로 이곳이다.

도로명 주소가 시장6길 5인 용인문화연구소는 용인중앙시장 초입에 있다. 구조는 다소 복잡하다. 3층짜리 본관 건물이 중앙에 있고, 정면에서 볼 때 오른쪽과 왼쪽에 부속건물이 자리 잡았다. 게다가 오른쪽 건물은 단층 슬래브 위에 임시건물을 올려 지었고, 임시건물은 시장통 방향으로 기역자 형태를 이루며 이어져 있다. 따라서 시장 쪽에서 보면 본관이 정면으로 보이지 않는다. 단순하게 설명하자면 본관과 임시건물, 창고가 미음자 형태를 이룬다. 이들 건물과 임시건물은 각각 나름의 역사를 가지고 있다.

용인문화연구소(구 용인문화원) 전경

용인문화원 설립은 1954년으로 거슬러 올라간다. 법인 설립 허가를 받은 해는 1957년이다. 당시 원사院舍는 대지 168평(555㎡)에 일본식 건축양식으로 지어진 목조 기와 건물이었다. 원래 주택이었던 집을 개조하여 사용

건물 뒷면

건물 뒤 계단

했다. 평면구조는 8평짜리 원장실과 창고 겸 숙직실로 쓰이던 두어 칸짜리 방이 있었고, 부엌이 한 칸 있었다. 부엌에 연하여 북서 방향으로 한일자 형태의 단층 건물이 달려 있었다. 이 건물에 회의실과 진료실, 도서실이 설치되었다.

현 용인문화연구소 본관 건물은 목조 기와 주택 자리를 헐고 1969년 신축된 것으로 추정된다. 1967년 착공된 이 건물은 철근콘크리트 슬래브 2층으로서 연면적이 약 90평이었다. 1969년 9월 낙성 준공한 건물은 사무실 14평, 영사실을 겸한 회의실 43평, 전시실 33평, 도서실 12평, 기타 50평 규모를 갖추었다. 본래 이 건물은 3층으로 올릴 계획이었으나 예산 문제로 일단 2층을 짓고 추후 1개 층을 증축하기로 결정되었다. 하지만 이 계획은 18년이 지난 1987년 12월에야 이루어져 비록 임시건물 형식에 가깝지만 3층이 완성되었다. 지금의 본관 건물 2층과 3층이 외관상으로도 확연히 달라 보이는 까닭은 이 때문이다.

이 본관은 현재 주변에 즐비하게 들어선 고층 건물에 가려 길을 모르는 사람은 찾아가기조차 어렵다. 그러나 1969년 신축 당시에는 김량장리 시장 일대에서 가장 높은 건물이자 최초의 현대식 건물이었다. 문화원 옥상은 전망대로 활용되기도 했고, 1970년대 민방위 훈련 때는 지휘통제소로 활용되기도 했다고 한다. 심지어 소방용 헬기나 농약 살포용 헬기가 이착륙하는 헬리포트 역할을 했다는 기록도 있다. 특히 김량장리 한가운데였기 때문에 용인군 공보실에서 문화원 옥상에 확성기를 설치하고 정오 사이렌이 울리면 각종 행정실적과 정부 홍보자료를 뉴스 형식으로 방송하는 장소로도 이용되었다.

1970년대 중반, 이 건물 2층이 예식장으로 쓰였다는 사실도 흥미롭다. 이 예식장은 용인 최초의 신식 결혼식장 구실을 하였다. 그전까지 용인에는 예식장이 없어서 신식 결혼식을 하려면 수원으로 가야 했다. 한 세대가 지난 오늘날 관점에서 보자면 건축미를 찾아보기 힘든 평범한 철근콘크리트 건물이지만 당시로서는 이처럼 다양한 용도로 활용되었던 다목적 최신 건물이었다. 현재 용인문화연구소는 1층을 소장실과 사무실로 사용하고 있고, 2~3층으로 통하는 계단 부분의 1층은 컴퓨터 동아리실, 2층은 노인대학과 강당, 3층은 수채화교실과 유화교실로 활용하고 있다.

임시건물 2층을 이고 있는 오른쪽 건물은 현재 물품보관소(창고)로 쓰인다.

이전에는 컴퓨터실로 활용되었다고 한다. 이 부속 건물은 초창기 주택 개조 원사院舍에 연해 있던 한일자 형태 단층 건물이 후일 신축된 것으로 추정된다. 이 건물은 1960~70년대에 원장실과 사무실로 쓰인 적도 있는 것으로 보인다. 지금은 2층 가건물에 눌려 있지만 최소한 본관 건물과 같은 시기 또는 더 이전부터 중요한 구실을 했던 용인문화원 원사의 일부라고 할 수 있다. 반면, 왼쪽 부속 건물은 초기부터 창고 용도로 활용되었던 것으로 추정된다.

용인문화원은 1975년 조구행 초대 원장이 별세한 후 일시 폐원되었다가 복원되는 우여곡절을 겪었다. 후임 원장은 이일영 씨였는데, 문화원 재정이 어려워 고민이 많았다고 한다. 이를 타개하기 위한 방안이 문화원 앞 공터에 가게를 짓고 임대료로 수입원을 삼자는 것이었다. 1980년경 문화원 회원이었던 이인영 씨(후일 문화원장 역임)의 이러한 아이디어는 실행에 옮겨졌다.

경량 철골구조 2층으로 지어진 가건물은 신용협동조합, 의류, 잡화사, 구둣가게, 소주방, 미장원, 로타리클럽 등에 임대되었다. 비영리 법인인 문화원이 영리사업을 해도 되느냐는 논란이 없지 않았으나 수익금을 영리 목적으로 사용하지 않으면 된다는 의견이 압도적이었다고 한다. 어쨌든 이 사업으로 자금 흐름이 호전되고 여유가 생긴 덕에 처음으로 사무국장을 둘 형편이 되었다. 또한 조명시설을 갖춘 전시실도 마련할 수 있었다.

정리하면 오른쪽 부속 건물 1층은 최소한 1969년 이전, 본관은 1969년(3층은 1987년 증축), 앞쪽 임시건물은 1980년대 초에 지어져 2005년 문화원 이전 때까지 각각의 구실을 해냈다. 김량장동 133-61번지 문화원 자리 자체는 1950년대 중반 문화원 설립 초기부터 건물이 세워지고 고쳐지고 헐리는 과정을 고스란히 지켜보았다고 할 수 있다. 다시 말해 용인문화원이 향토문화의 구심점으

물품 보관창고 내부

로 성장해 가는 반세기 역사의 증인인 셈이다.

창립 이야기와 발전 과정

문화원은 지방의 향토문화 창달을 위하여 일정한 시설을 갖추고 문화 및 사회 교육을 하는 비영리 특수법인이다. 하지만 문화원의 사명과 역할, 기능을 이렇게 규정한 것은 문화원이 전국적으로 설립되는 과정에서 이루어졌다. 초기 문화원의 태동 과정에서 자임한 역할은 좀 달랐다. 용인문화원의 창립취지문은 다음과 같다.

> "미국 켈리포니아 산쵸시에 있는 민간인 사회사업단인 House For Korea Inc(전 워싱턴 주립대학 프로이드 슈머박사 창설)가 우리 정부와 운크라(UNKRA : United Nations Korean Reconstruction Agency, -국제연합 한국부흥위원단)의 후원으로 단기 4287년(1954년) 2월 초순 용인군 용인면 김량장리에다 사업지를 정하고 구호주택 건설, 구호진료, 수리시설, 농촌계몽 등 공공복리에 많은 업적을 남기고 단기 4288년(1955년) 10월에 본국으로 철수함에 있어 그 사업체를 지방민에 이양하고 계속 이 사업을 유지, 육성하기 위하여 조구행 외 6인이 발

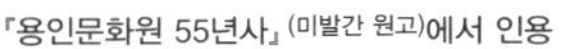

『용인문화원 55년사』(미발간 원고)에서 인용

용인문화원 도서실에서 책을 읽고 있는 고등학생들. 1970년대 후반에 촬영된 사진인 듯하다.

기인이 되고 사단법인 용인문화원을 창설, 단기 4290년(1957년) 4월 13일 보허保許 제189호로 주무장관의 허가를 얻어 요 구호, 결핵환자 진료와 도서관 운영, 계몽영화 상영, 농촌계몽위생, 계몽 등 지역사회에 봉사하고 있음"

미국의 민간사업단체와 운크라를 적시하고, 단기연호를 사용하여 구호사업과 농촌계몽, 결핵 환자 돌보기 등 위생사업, 도서대여 등 문화 활동을 창립 취지로 밝히고 있다는 점이 흥미롭다. 문화보다는 계몽적 사업에 방점이 찍혀 있는 것이다. 초기 용인문화원에 진료실이 있었던 것은 이 때문이다.

우리나라 문화원은 1950년대 초 미국 해외공보처(USIS United States Information Service) 소속 공보관들의 활동에 뿌리를 두고 있다. 이들이 용인을 비롯한 밀양, 대전, 온양 등 몇 지역에서 문화 활동과 농촌계몽을 하는 과정에서 사설 기관인 문화원이 자생적으로 설립되었다. 그 영향으로 초기에는 문화관,

「용인문화원 55년사」(미발간 원고)에서 인용

공보관, 유엔관 등 다양한 명칭이 혼용되었다.

어쨌든 문화원은 1960년에는 전국에 78개에 이르렀고, 1962년 1월에 이들 문화원을 회원단체로 한 '사단법인 한국문화원연합회'가 결성되면서 문화원은 보건사회부가 관장하는 정부 공인기관이라는 지위를 획득했다. 1965년에는 '지방문화사업조성법'에 따라 각 문화원이 특수 사단법인으로 등록되었고, 정부의 보조금과 정부 또는 자치단체의 시설을 무상으로 대여받을 수도 있게 되었다. 현재는 전국 시군 단위에 1개소의 문화원이 설치되어 있다.

문화원의 역할은 이 과정에서 문화 중심으로 바뀌었다. 생활 수준 향상에 따라 문화 향수의 욕구가 높아진 탓이다. 예를 들어 1960년대 문화원의 역할은 정부 시책의 홍보, 향토문화의 계발, 국제문화교류 정도였지만, 1980년대부터는 홍보, 문예 진흥, 전통문화선양, 도서관 사업, 사회교육, 문화복지증진, 국제문화교류, 향토사 등 향토문화 발굴 정리 등으로 다양화되었다. 용인문화원의 자체 기록은 이러한 역사를 그대로 보여준다.

> "지난 50여 년 동안의 용인문화원 발자취를 개관해 본다면 1950년대에는 의료시혜사업, 농촌계몽사업, 구호사업이 주요 골간을 이루었으며 1960년대에는 정부시책 홍보가 주요 업무 중의 하나로 문화영화를 상영하고 '자유의 벗' 등의 간행물을 배포하기도 하였다.
> 특히 용인문화원에서는 녹음기, 전축, 영사기, 발전기 등을 구입하여 청소년을 대상으로 영화감상, 음악감상, 합창단 창단 운영, 영어강좌, 요리강습 등의 사업을 실시하여 농촌 주민에게 문화욕구를 충족시키는 활동을 해왔다.
> 그러다가 1980년대에 들어와서부터는 홍보, 문예진흥, 전통문화선양, 도서관 운영, 사회사업, 향토문화 발굴, 서적 간행 등의 활동이 활발하게 전개되었고, 용구문화제를 주창하여 지역 문화행사로 자리를 잡기도 하였다. 또 정부나 지방자치단체의 시책 홍보, 홍보 간행물 배포, 각종 전시회, 영화, 비디오상영, 문화강좌, 풍물, 민요 등 국악강좌, 고전무용지도, 독서회 운영지원, 전통문화 발굴, 향토문화의 자료수집 정리, 각종 자료집 간행, 군지, 용인시사, 읍면지의 편찬, 동인지 발간지원, 향토학교 개설, 노인대학, 주부대학 운영 등 광범위하면서도 전문적인 분야까지 그 활동 영역이 확대되었다. 특히 향토문화연구소를 설치하고 우수한 전문인력을 참여케 하여 체계적이고 전문적인 연구 및 조사활동이 이루어지게 되었다.
> 특히 향토문화를 발굴 · 정리하고 향토사료집을 펴내는 등의 활동과 업적은 전국에서도 가장 모범적이어서 향토자료서적 품평회에서 우수상을 수상할 만큼 선도적이었다."

현 사무실 전경

이러한 서술은 앞서 살펴본 용인문화원 원사院舍의 변화와 일치한다. 한편 용인문화원은 1985년 5월 잠시 다른 곳으로 이전한다. 당시 용인군 김량장동 346번지에 '용인문예회관'이 개관되자 그 지하로 옮겨간 것이다. "문화원과 문예회관의 상호 이용관계의 연관성과 공간 활용에 이점이 있다"는 이유였다. 기존 문화원 원사는 '용인향토사학회'의 활동 공간으로 만들어 주었다.

그러나 문예회관의 지하공간은 통풍이 안 되고 습기가 많을 뿐 아니라 문화원 집기, 특히 복사기 등 습기에 예민한 기기 등의 잦은 고장과 부식은 물론 문화원 장서에 곰팡이가 나고 썩는 등 문제가 발생하였다. 여름에는 습기와 곰팡이 냄새가 심해 이를 참아가면서 근무한다는 것이 여간한 고역이 아니었다고 한다. 1987년 12월23일에 이르러 문화원 본 건물 3층을 신축하면서 원장실과 도서관을 확보하게 되었고 향토학교에 공간을 제공하여 근로자와 한글을 모르는 문맹자들에게 야학의 기회를 제공하기도 하였다. 그러다가 용인문화원은 1992년 다시 문화원 본 건물로 원대복귀 했다. 이 해 용인문화원은 문화부로부터 시범문화원으로 지정되기도 했다.

옛 용인문화원 건물은 그동안 컴프레서로 물을 퍼내야 할 정도로 물난리를 겪기도 했고, 건물이 낡아 누전 문제가 발생하기도 했다. 이 때문에 크고 작은 보수공사를 여러 차례 해야 했다. 하지만 지금도 누전은 큰 골칫거리다. 그럼에도 불구하고 이 건물은 용인의 현대사에서 상징적인 의미를 지닌다. 용인 최초의 현대식 건물, 용인에서 가장 높았던 건물일 뿐만 아니라 용인의 향토문화 창달을 주도한 건물이다. 특히 용인문화원이 향토사 분야에서 전국의 문화원 가운데 가장 앞장선 문화원으로 꼽히기까지 그 발전과정을 고스란히 담아낸 건물이다. 이제는 건물 자체를 향토 현대사의 한 부분으로 새롭게 자리매김하는 작업을 서둘러야 할 때가 되었다.

| 도움말 주신 분 |

양태인 용인문화원 부설 용인문화연구소 총무과장
김태근 용인 태성중학교 교사

| 참고 자료 |

용인문화원, 『용인문화원 55년사』, 2010년 10월 현재 미발간 원고.
한국문화원연합회 경기도지회, 『2009 경기도문화원을 만나다』, 2009.

02
원삼 양조장

답사일 : 2010년 6월 29일

일제 강점기 술도가의 흔적

원삼 막걸리는 일제 강점기부터 유명했다. 『원삼면지』에 따르면 원삼면 사암리 안골에 잘 나가는 사금광이 있었기 때문에 양조업이 크게 성행했다고 한다. 가

원삼양조장 전경

발효실 뒤 벽. 일제 강점기에 쌓은 담이라 한다.

항아리를 보관한 곳의 흙벽은 원삼양조장의 연륜을 웅변한다.

정에서 술 빚는 일이 금지됐던 1960~70년대에 원삼막걸리 하면 용인에서 알아 주었다는 것이다. 현재 원삼면 고당리 71-5 원삼양조장은 당시에 존재했던 양조장의 후신이다. 원삼양조장 건물은 1980년대 중반에 새로 지어졌으나 양조실 뒤편 벽은 일제강점기 것이 확실해 보인다. 또한 뒤란에 있는 술독 항아리엔 1963년 8월에 검정을 마쳤다는 글씨가 선명하게 남아 있다.

현재 원삼양조장의 대표는 김용진 씨다. 하지만 이 양조장을 세웠고, 지금도 관리하는 사람은 용진 씨의 부친 김충원 씨다. 1929년생인 김충원 씨는 올해 82세 노인이지만 요즘도 새벽 3시 반이면 일어나 술 빚을 준비를 하고, 아침 7시부터는 막걸리를 출하한다. 아들과 며느리가 차에 술통을 싣고 배달을 나가고 나면, 양조장을 지키면서 막걸리 받으러 오는 손님을 받는 사람도 김충원 씨다. 이젠 고령이라 보행이 마음 같지 않지만, 술을 받아주고 셈을 하는 데는 전혀 지장이 없을 만큼 정정하다. 김 씨는 기억력도 아직 총총이다.

"난 원래 과천 관문리 사람이오. 양조장 면허는 72년에 인수했지. 원래 우리 큰집이 저 남사면에서 양조장을 크게 했어. 그러다가 장손이 그걸 날려먹는 바람에 과천 땅 800평을 팔아서 도로 찾았지." 원래 과천에서 정미소, 목장을 경영하기도 하고 농사를 짓던 김 씨는 그로 인해 양조업에 손을 대게 됐다. 얼

1960~70년대에 쓰던 술 항아리

원삼막걸리가 출하되는 곳

마 후 조카가 "원삼에 양조장이 났으니 사라"고 권유하는 바람에 이곳 양조장도 인수했다.

"내가 직접 원삼양조장을 경영하기 시작한 건 1982년이야. 당시에 이 앞길은 형편없는 진탕길이었어요. 양조장은 다 허물어져 가고. 2~3년 경영을 하다가 1985년도에 지금처럼 새로 지었지." 김충원 옹이 지은 양조장에 들어서면 왼쪽으로 사무실이 있고, 오른쪽에 출하되는 막걸리를 받는 방이 있다. 그 뒤가 막걸리를 제조하는 공장에 해당한다. 공장 발효실 뒤 벽은 요즘 찾아보기 힘든 방식으로 건축되어 있다. "그게 일제시대 거요."

김 옹과 대화를 나누는 중에 한 말들이 플라스틱 통을 직접 들고 술을 받으러 온 손님이 들어섰다. "이 막걸리가 충북 영동까지 가요. 우리 어른들이 영동에 사시는데 시골 갈 때 꼭 한 말씩 사갑니다. 이거 한 말 가져다드리면 어른들이 그렇게 좋아하십니다." 손님이 묻지도 않는 원삼막걸리 홍보를 하자 김 옹은 이렇게 받았다. "막걸리는 하루 정도 두었다 마시면 맛이 더 좋아져."

"왜 일꾼을 두지 않느냐구? 마진이 박해서지 뭐. 일꾼 두면 손해야. 그러니까 가족끼리 하는 거지. 아들 며느리는 배달 전담이고, 아르바이트하는 애 한 명만 써. 우리 손자가 지금 대학 다니는데 졸업하면 이 양조장 하게 할 예정이야." 김 옹은 "다 쓰러져가던 양조장"을 제대로 일으켰을 뿐만 아니라 3대 경영을 꿈꾸고 있다.

최근 1~2년 새 막걸리가 새롭게 주목을 받으면서 원삼막걸리도 판매량이 늘었다고 한다. 하루 평균 20 *l* 들이 통 30개 정도, 즉 600 *l* 가량 생산하는데, 제법 인기가 좋다. 『원삼면지』는 그 까닭을 김 옹이 '20여 년 동안 원삼막걸리 맛을 잇기 위해 부단히 노력'했기 때문이라고 서술하고 있다.

작은 통에 막걸리를 받고 있다.

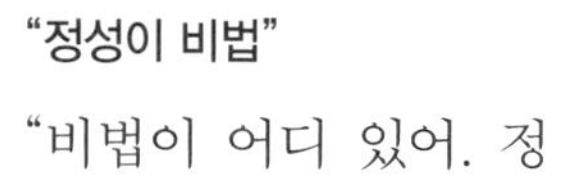

"정성이 비법"

"비법이 어디 있어. 정

성이지. 그냥 정성이야." 김 옹은 양조 과정이 꼭 다람쥐 쳇바퀴 도는 것 같다고 했다. 누룩을 빚고 분쇄해서 발효시키고, 온도와 날짜를 맞춰 제대로 익힌 다음에 출하를 하는데, 이 과정을 매일 새벽 3시 반부터 거르지 않고 해야 한다. 그래야 술 익는 기간을 맞추어서 그날그날 배달하고 팔 막걸리를 받아낼 수 있기 때문이다. 양조 과정이 어느 정도 기계화, 자동화 되어 있다고는 하나 일일이 손을 봐야 하기 때문에 정성이 들어가지 않으면 술을 버린다고 했다.

발효실에 들어가면 800 *l* 짜리 발효조가 10개 있다. 각 발효조에는 오늘 넣은 것, 어제 넣은 것, 그제 넣은 것 등 날짜별로 발효를 시키는 술이 들어 있다. 뒤란에 나란히 엎어져 있는 큰 술 항아리는 지금과 같은 금속 발효 탱크가 도입되기 전에 쓰던 것들이다. 발효조에 넣는 주정과 누룩도 수작업으로 빚어서 하루 반나절 이상 재웠다가 넣는다. 발효조 들어간 주정과 누룩은 2~3일 두어야 술이 된다. 이처럼 매일매일 주정을 빚고 발효를 시키는 일을 해야 하루 600리터 생산량을 만들어낼 수 있기 때문에 같은 작업이 매일 반복되는 것이다. 발효실에서 다 익은 술은 관管을 타고 앞방으로 보내져 출하된다. 이 방으로 넘어온 막걸리는 팔 때마다 한 번씩 휘저어서 수도꼭지 모양의 꼭지로 받아낸다.

통계청이 최근 발표한 자료에 따르면 막걸리 생산은 55%나 증가했다. 2008년 13만 t이던 생산량이 2009년엔 20만2,000t까지 늘어났다는 것이다. 수출량도 2008년 5,098t에서 2009년엔 7,215t으로 41%나 급증했다. 백화점에서도 막걸리 판매가 맥주를 앞질렀다는 보도가 심심찮게 들리기도 한다. 소비자들의 막걸리 예찬도 끝이 없고, 국내 각 지역 막걸리의 맛을 비교해 순위를 매기기도 한다.

발효조 안에서 익어가는 술

하지만 이러한 막걸리 열풍의 혜택은 대부분 소수 기업형 양조업체가 가져간다고 해도 과언이 아니다. 물론 오늘날 막걸리 열풍은 이들 업체가 막걸리의 유통기간을 늘리는 방법을 개발하는 등 적극적으로 마케팅에 나선 덕이라는 점을 부인하기 어렵다. 그렇다 하더라도 막걸리는 전통적으로 집집마다 고을마다 특색 있게 빚어 마시던 서민들의 술이었다. 이를 현대화하는 것은 좋지만, 막걸리 열풍이 한때의 유행으로 지나가 버리지 않도록 하려면 이와 함께 가양주家釀酒와 시골 양조장의 독특한 맛 또한 적극 살리려는 정책적 배려가 필요하다. 김 옹의 '정성' 또한 맥이 끊어지지 않아야 용인에서도 알아주던 원삼막걸리의 전통이 이어질 듯하다.

발효실 미닫이 문

| 도움말 주신 분 |

김충원 원삼양조장 대표
김태근 용인 태성중학교 교사

| 참고자료 |

용인문화원부설 향토문화연구소, 『원삼면지』, 2005.
http://yongin.grandculture.net 디지털 용인문화대전

03
친일매국노 송병준 영화지

답사일 : 2010년 6월 29일

치욕을 영화와 맞바꾼 연못

용인시 처인구 양지면 추계2리 239번지 '온누리세계선교센터' 자리는 원래 '친일 매국노 1호' 송병준宋秉畯(1857~1925)의 별저別邸 자리다. 별저는 2004년경 행랑채까지 모두 허물어졌다. 그러나 유일하게 남은 흔적이 있다. 별저 정원의 연못이었던 '영화지映華池'다. 영화지 역시 세월의 무상함을 이기지 못하여 이제는

송병준의 99칸 대저택이 있었던 자리. 현재는 온누리세계선교센터

영화지 석축

눈여겨보지 않는 한 한갓 볼품없는 웅덩이처럼 버려져 있다. 하지만 찬찬히 들여다볼수록 화려했던 옛 자취가 또렷하다.

'화려함을 비치는 못'을 정확히 언제 팠는지를 알려주는 기록은 찾지 못했다. 다만, 송병준이 이곳에 별장을 지은 시기가 1905년경으로 알려져 있으므로 '영화지' 역시 이 시기에 조성되었다고 추정된다. 송의 별저는 광주군 도척면 방도1리 되재마을에 있던 큰 한옥을 뜯어다 지어졌다. 99칸 규모인 이 집을 짓기 위해 우마가 바리바리 부재를 옮겨왔을 것이다. "조선총독부 총독이나 이완용 등 친일파들도 이곳을 자주 찾아와 공사를 지원하였다고 전해진다." (『발로 찾아가는 독립운동 유적지』, 26~27쪽.)

현재 영화지는 '온누리세계선교센터'로 들어가는 진입로 오른쪽에 있다. 진입로는 아름드리 가로수가 양옆으로 도열한 길이다. 이들 가로수 역시 별저의 일부였을 것으로 추정된다. 그 진입로 중간쯤에 '映華池'라 새겨진 작은 표석이 있다. 못물은 거의 말라 연못처럼 보이지 않고, 잡초 우거진 썩은 물웅덩이가 약간 남았다. 그러나 웅덩이 주변을 자세히 살펴보면 정교하게 쌓은 석축이 보인다. 석축을 따라 옛 별저 방향으로 올라가면 금박산(별저 뒷산)의 물을 끌어들이게 설계된 취수구까지 맨눈으로 식별할 수 있다.

또한 표석 반대편 숲에는 정자의 주추로 추정되는 팔각형 화강석이 둥글게 배치된 자리를 확인할 수 있다. 연못 안쪽으로는 인공섬의 흔적도 뚜렷하다. 이곳에 심어진 조경용 소나무는 여기가 연못의 섬이었다는 사실을 증명해 준다. 『발로 찾아가는 독립운동 유적지』 26쪽에는 이러한 추정을 뒷받침해 주는 옛 사진이 실려 있다. 사진에는 정자 쪽에서 섬으로 연결되는 아치형 다리가 놓여 있으나, 현재 그 다리의 흔적은 사라졌다.

연못 둘레는 걸어서 약 10분이 소요될 정도로 규모가 크다. "현재 선교센

온누리세계선교센터 주차장. 이 자리에 행랑채가 있었다고 한다.

터로 들어가는 입구 자리에 별저의 정문이 있었고, 현재의 주차장 자리가 안채 자리"라는 인근 주민의 증언대로라면 '영화지'는 10만 평 규모였다는 99칸 대저택의 위용을 한껏 높여주는 구실을 했을 터이다. 게다가 이 연못은 추계리 송의 별저가 사라지고 추계산장 쪽 송의 무덤이 파묘된 후에도 남아 친일거두의 영광과 오욕을 비춰주는 유일한 증거로 남았다.

노다 헤이지로와 양지

송병준이 이곳에 별저를 지은 연유는 그가 양지 현감을 지낸 사정과 관련이 있다. 함경남도 장진 태생인 송은 우연히 세도가 민태호閔泰鎬(고종의 외숙)와 인연을 맺게 되고, 그의 뒷배로 1871년 무과에 합격했다. 1876년 강화도조약 당시 수행원으로 따라간 송은 일본의 악명 높은 군납업자와 손을 잡았다. 부산에서 고

영화지

개울물을 끌어들이던 영화지 취수부

리대금업과 무역업을 하는 부산상관釜山商館을 열어 재산을 불리던 송은 임오군란으로 상관이 소실되고 신변의 위협을 느끼자 일본으로 도망친다. 유력인사 처세에 능했던 송은 박영효의 수행원으로 귀국하여 민 씨 세력의 줄을 잡고 중추원 도사, 사헌부 감찰을 거쳐 양지현감으로 부임했다. 그가 양지현감을 지낸 시기는 1889년 5월부터 1891년 4월까지다.

청일전쟁 이후 다시 일본으로 도피했던 송은 그곳에서 노다 헤이지로野田平次郎로 창씨개명하고, 양잠전습소 등을 하며 지낸다. "송은 일본을 흠모하여 신변의 의식주는 물론 노복에 이르기까지 모두 일본풍을 모방, 추호도 일본인과 다를 바가 없다." 일본 이름을 스스로 지어가진 자 가운데서 송보다 앞선 자가 있었는지는 알 수 없으나, 일본인들로부터 "일본인보다 더 일본인"이라는 평가를 받은 고관은 송이 처음이다.

인공섬 안의 정자 주추

1905년 통역관으로 조선에 돌아온 송은 예의 처세술과 뻔뻔함으로 출세가도를 달렸다. 송은 일본의 대한제국 병탄에 앞장선 일진회를 조직하였고, 1907년에는 농상공부 대신의 자리에까지 올랐다. 송은 일본 우익 흑룡회와 손을 잡고, 이완용--이토 히로부미 라인과 때로는 견제 · 대립하고 때로는 협력하면서 나라를 일본에 넘기는 데 앞장섰다. 1907년 강제 체결된 한일신협약(정미7조약) 조인에 앞장선 그는 '정미칠적'의 우두머리 격이었다. 어전회의御前會議에 칼을 차고 들어가 고종황제를 협박하여 양위케 한 자도 그였다.

송이 1905년경 양지에 별장을 짓기 시작했다는 점으로 미루어 그는 이미 양지현감 당시부터 이곳을 마음에 들어 한 듯하다. 송은 1910년 망국의 대가로 일왕으로부터 자작 작위와 은사금(하사금) 10만 원, 금시계 등을 받았다. 당시 10만 원을 현재 가치로 환산하면 10억 원 이상이다. 송은 또 1920년엔 백작 작위를 받았다.

송은 말년에 추계리 별장에 주로 머물렀다. 하지만 이전에도 이 별저를 무척 아꼈던 듯하다. "송병준이 일진회 고문의 직함을 갖고 이곳에 머물 당시, 일진회원 4백여 명과 일본 낭인 수십 명이 그를 에워싸고 있었다. 이들은 신작로 개설과 식료품 운반 등 각종 이권에 개입하면서 때론 저항하는 주민이나 항일지사를 잡아다 고문을 자행하며 폭력을 행사했다. 별저 부근에서는 일진회원들과 의병과의 교전이 자주 일어나 다수가 사상하였다. 일진회 회원 700~800여 명이 의병 활동에 위협을 느껴 이곳으로 피신하기도 했으며, 그 후 50명의 일본군이 상주하였다." (『발로 찾아가는 독립운동 유적지』, 27쪽.)

"양지면과 추계리 일대는 수원과 용인 읍내에서 이천-여주로 이어지는 신작로 공사가 대대적으로 벌어진 곳이므로 일제의 지대한 관심과 농민들의 민원이 집중된 곳이다." 당시 신문에 따르면 1907년 8월 의병들이 송병준의 집을 비롯해 우편소를 습격하는 한편 일진회 지회장인 심의혁을 타살할 정도였다고 한다. "일본군은 의병색출을 명분으로 인근 마을을 방화하는 등 초토화 작전을 펴 주민들의 많은 원성을 샀다." (김명섭, "용인 근현대 역사유적의 관리실태와 활용방안," 『한국독립운동사 속의 용인』, 172쪽.)

송은 말년에 추계리에 잠업을 가르치는 기관을 세우기도 했다. 아마도 일본 도피 시절 익힌 잠업기술을 써먹으려고 한 듯하다. 1917년 송이 추계리에 세운 강습소는 이듬해 조선총독부 경기도가 양지리에 설립한 잠사강습소의 모태가 되었다. 이 강습소의 정식 명칭은 천황이 내려주었다 하여 '은사수산잠업강습소恩賜授産蠶業講習所'라 하였다. 이 강습소는 1930년대에 연천으로 이전하였다.

송병준과 송종헌의 비석이 발견된 양지초등학교

아래 큰 돌이 송병준 선정비 기단석

악업의 역사와 '영화지'

송은 1925년 추계리 별저에서 사망했다. 강창일 배제대 교수가 쓴 『송병준』은 송의 친일이 얼마나 뿌리 깊은 것이었는지를 보여주기 위해 다음 일화를 소개하고 있다. 송이 죽고 난 후 일본의 패망이 다가오자 추계리에 있는 그의 집 마당에 심어 놓았던 벚나무와 그의 묘역에 있던 일본송日本松이 전부 말라죽어 있었다는 것이다. 이 에피소드가 사실인지는 알 수 없으나, 해방 후 추계산장 쪽 산에 있던 송의 무덤은 자손들에 의해 파묘되었다.

송의 아들 종헌種憲 역시 1910~1913년 양지군 참사를 지냈으며, 후에는 중추원 참의(1921~1933)라는 총독부 벼슬을 했다. 종헌은 광복 직후 추계리 99칸 대저택과 전답을 급히 처분한 것으로 알려져 있다. 부끄러움을 알기는 했던 모양이다. 그는 반민특위 조사를 받던 중 뇌졸중으로 사망했다. 그런데, 최근 송병준이 양지현감에서 장위영 영관으로 옮겨갈 당시인 1891년경 만들어진 '선정비'

와 아들 송종헌이 일제로부터 백작 작위를 받으며 만든 '기념비'가 양지초등학교 공사장에서 발견된 바 있다. 돌에 새긴 악업의 기록인 이들 비석은 현재 용인문화연구원 창고로 옮겨져 보관 중이다.

송병준의 손자 송재구는 일본 홋카이도목장을 경영했다고 한다. 또 한 사람 특기할 만한 인물은 송병준의 사위 구연수具然壽다. 구연수는 명성황후 시해사건 당시 사체 소각을 맡았던 경찰관으로서 그 공로로 이후 최고위 경찰직에 올랐다. 구연수의 아들이 구용서具鎔書다. 구용서는 일제강점기에 조선은행 오사카지점 서구 출장소 지배인이라는 자리에 있다가 해방이 되면서 일약 조선은행 부총재로 발탁되고, 후에 한국은행 초대총재를 거쳐 이승만 정권에서 상공부장관을 지냈다.

송병준의 증손 가운데는 "할아버지의 땅을 되찾겠다"며 소송에 매달리는 인물도 있다. 송돈호라는 이 사람은 1990년대 적극적인 활동에 나서, 2008년에는 친일재산환수특별법 위헌소송을 제기하기도 했다. 그와 관련된 토지사기 브로커만 100명이 넘는다는 보도도 있었고, 이 가운데 한 사건을 수임한 변호사가 의문의 죽음을 당한 사건도 발생했다. 양지면 일대에도 송병준의 숨겨둔 땅이 많다는 소문 때문에 지금도 브로커들이 은밀히 활동 중인 것으로 알려져 있다.

2010년 7월 1일자 연합뉴스에 따르면, 친일반민족행위자 재산조사위원회(이하 조사위)가 일제강점기 당시 토지조사사업(1910~1918년)과 임야조사사업(1916~1924년) 시점을 기준으로 밝혀낸 이완용과 송병준 두 명의 소유 토지가 여의도 면적의 약 3배에 가까운 2,430만㎡에 이른다고 한다. 송병준은 여의도 면적 크기인 570필지(857만㎡)를 소유한 것으로 나타났다. 조사위는 송이 특히 일본 홋카이도 땅 약 1,850만㎡를 일제로부터 하사받았다는 기록도 발견했다. 손자 송재구가 경영했다는 목장이 이 땅으로 추정된다.

이처럼 송은 엄청난 땅을 소유했지만 결국 국가로 귀속된 송의 땅은 공시지가 4,700만 원 상당의 9필지(2,911㎡)에 불과하다. 송병준 후손은 인천 부평 미군부대 일대의 땅 36만5,000㎡(공시지가 2,564억 원)를 돌려달라며 국가를 상대로 소송을 제기해 1, 2심에서 패했으며 지금은 상고심이 진행 중이다.

아쉽게도 친일재산 조사위원회의 활동은 끝이 났다. 공식적으로는 더 이상 송병준의 은닉재산을 찾아낼 기구가 사라진 것이다. 그의 대저택도 이제는 사라졌다. 묘소까지 없애버렸기에 정미칠적 송병준과 양지면의 관계는 이대로 망각 속으로 서서히 사라져갈 공산이 크다. 하지만 천만다행으로 '영화지'는 남았다. '영화지'에 얽힌 사연을 알면 알수록 현장에서 느끼는 소회는 남다르다. 자랑스러운 역사만 기록의 대상이 아닐진대 '영화지'마저 사라지기 전에 노다헤이지로의 행적을 후손에게 알려줄 방도를 강구해야 하지 않을까?

| 도움말 주신 분 |

김태근 용인 태성중학교 교사

| 참고자료 |

김명섭, "용인 근현대 역사유적의 관리실태와 활용방안," 용인항일독립운동기념사업회, 『한국독립운동사 속의 용인』, 2009.

용인항일독립운동기념사업회, 『발로 찾아가는 독립운동 유적지』, 2008. 『양지면지』

http://yongin.grandculture.net 디지털 용인문화 대전

http://bluecabin.com.ne.kr/split99/sbj.htlm 송병준-역사광복운동본부

23부

의왕

01
백운저수지

답사일 : 2009년 7월 17일

평촌 들판 젖줄이었던 저수지

의왕~과천 고속도로에서 언뜻언뜻 내려다보이는 백운호수는 아름답다. 여름에는 푸른 물살을 가르는 모터보트가 시원해 보이고, 겨울에는 호수 얼음을 지

의일 마을 쪽에서 바라본 백운 호수

제방에서 바라본 백운호수

치는 광경이 흐뭇해 보인다. 호수를 둘러싼 청계산과 백운산 줄기의 숲은 계절마다 달라지는 색감을 호수 수면 위에 드리운다. 이렇듯 의왕을 대표하는 랜드마크이자 가볼 만한 곳 첫손에 꼽히는 백운호수는 원래 농업용 저수지였다.

백운저수지 축조가 시작된 해는 1951년이다. 그해 9월 1일 서쪽 산자락에서 흙을 퍼다가 제방을 쌓는 공사가 시작되었다. 〈의왕시사〉 기록에 따르면 원래 이곳에 저수지를 만든다는 계획은 일제강점기부터 있었다. 근처 하천을 막아 고질적인 한해旱害를 막기 위해서였다고 한다. 아직 전쟁이 끝나지 않은 상황에서 공사가 강행된 점으로 미루어 사정이 꽤나 급박했던 듯하다.

헌데, 백운저수지 축조는 근동의 한해 방지와 농용수 공급을 목적으로 하지 않았다. 지금은 아파트 숲으로 변한 평촌 일대 드넓은 벌판에 물을 대기 위한 공사였다. 당시 학의리 일대에도 가뭄과 홍수가 번갈아 찾아들었지만, 증산이 최대 목표였던 시절이므로 평촌이 우선이었다. 오히려 학의리에 있던 옥답 일부는 새로이 생긴 저수지로 인해 수몰되어 버렸다. 이종훈 의왕문화원장은 당시를 이렇게 기억하고 있다.

제방 위에서 바라본 서울외곽 순환고속도로와 공영주차장

"내가 초등학교 들어가던 해에 저수지 공사가 시작됐어요. 우리 집은 저수지 남쪽 끝에 있었지. 거기서 포일동 덕장초등학교를 다녔는데, 처음에는 저수지 자리를

서쪽 끝에서 본 제방

가로질러 가는 길이 있었어요. 그런데, 저수지 공사가 시작되면서 빙 돌아다녀야 했단 말이야. 저수지가 완공된 게 1956년 12월 25일이거든. 그러니까 초등학교 다니는 내내 먼 길을 다니느라 고생을 했어. 그래서 공사기간을 잘 기억하고 있지요."

수문 조절밸브

이 원장이 살던 동네는 의일 마을(오린계 마을)이다. 의일 마을은 법정동으로는 학의2동에 속하고, 행정동으로는 청계동이다. 덕장초등학교 역시 행정동으로는 같은 청계동이지만 법정동으로는 포일동에 있다. 의일 마을에서 덕장초등학교까지는 3km가 넘는다. 현재 잘 닦인 호숫가 도로를 따라가면 금세 갈 수 있지만, 길이 험했던 당시 사정을 고려하면 험한 길을 돌아 십 리 가량 걸어 다녔던 셈이다.

제방 위 산책로

이 원장의 증언은 저수지의 완공 연도와 관련해서도 중요하다. '백운호수 홈페이지'(http://www.baekunhosu.co.kr, 검색일 2009년 7월20일)에 보면 "의왕시 학의동에 있는 백운호수는 1953년에 준공한 인공호수이며, 병풍처럼 둘러싸고 있는 북

백운저수지 설립기념비

동쪽의 청계산과 남동쪽의 백운산, 그리고 서쪽의 모락산이 만나는 지점"에 있다고 돼 있다. 뒤 설명은 맞으나 준공년도를 1953년이라고 잘못 적어 놓았다.

그 때문인지 일부 기록 역시 백운저수지 완공을 1953년이라고 전한다. 하지만 이 원장 증언이 맞다. 증거가 있다. 흥안농지개량조합이 1970년 8월 30일 건립한 '백운호수 설립기념비'를 보면, 준공연원일이 분명 1956년 12월 25일이다.

이 기념비는 저수지 제방 서쪽 끝부분에 세워져 있다. 이 기념비 뒷면에 새겨진 내용에 따르면 공사비는 492만5,650원이며, 만수면적 33.4*ha*, 평균수심 4.50M, 저수량 1,464.245M/T, 몽리 면적 350.0이다. 만수위가 되면 저수지 면적이 10만 평이 넘고, 몽리 면적이 1백만 평을 웃돈다. (하지만 아쉽게도 이 기념비의 전면은 제방 서쪽 끝에서 확인할 수 있지만, 뒷면 기록은 확인 불가능하다. 기념비가 잠가 놓은 울타리 안쪽에 있기 때문이다. 다행히 뒷면 내용이 〈의왕시사〉(2권 292쪽)에 기록되어 있다.)

백운저수지의 물은 주로 학의천 물을 가둔다. 학의천은 청계사천을 본류로, 한직골천, 학현천, 북골천, 바라천, 오린개천이 모여 이루어지는데, 이 가운데 한직골천을 제외한 나머지 네 하천이 백운호수로 흘러든다. 학의천은 안양 비산동에서 안양천 본류에 합류한다. 학의천은 안양천 연안의 핵심 평야인 평촌 충적층을 관통하기 때문에 농업용수로 중요한 하천이었다. (〈의왕시사〉 1권 22쪽)

오래도록 곤궁했던 저수지 주변의 삶

저수지 제방을 북쪽에 쌓은 까닭은 이 일대를 감싸 안을 듯 펼쳐진 청계산, 백운산, 모락산 자락이 제방 근처에서 가장 가깝게 만나기 때문이다. "공사를 할 당시 (저수지 둑의 동쪽인) 학현 서쪽 산자락에 철로를 놓았어요. 흙을 실어 나르는 갱차(광차)가 다니도록. 사람들이 산에서 흙을 퍼서 갱차에 담으면, 뚝 공사장으로 연결된 곳까지 갱차가 실어 날랐지요." (이종훈 원장)

저수지가 완공되기는 했으나 인근 청계동 사람들 삶이 좋아진 것은 아니

제방 서쪽 끝 물넘이 둑

물넘이 둑에서 학의천으로 통하는 수로

었다. 앞서 언급했듯이 저수지 물은 오로지 평촌의 논을 살리는데 있었기 때문이다. 학의리 사람들은 큰 저수지를 옆에 두고도 한해와 수해를 극심하게 겪었던 듯하다. 저수지가 생기고 20년이 넘은 1977년에 발간된 당시 면정 현황 기록은 이러하다.

"본면 학의2리는 농가 110호가 주농主農 미맥작 이외는 없는 영농방법으로, 발전되지 못하고 있으며, 토지는 사리질의 답과 임야의 반분이 전田이고 면적 70%가 산림으로 한해를 극심하게 받는, 이 지역 농민의 연소득은 50만 원 이하에 해당되는 빈곤한 촌락임."(〈의왕시사〉 5권 48쪽에서 재인용.)

학의2리를 위해 따로 소류지를 만들어야 할 정도였다고 한다. 저수지 주변으로는 농로조차 제대로 확보되지 않았다. 백운저수지를 위해 농토와 길을 수몰시킨 후 주민들은 꼬불꼬불한 논밭 길로 다니는 형편이었다. 그나마 70년대 초 새마을 가꾸기 사업의 일환으로 일부 농로가 포장된 것이 다행이라면 다행이다.

“내가 교육대학을 졸업하고 발령을 기다릴 때였으니까 1971년 초였어요. 초등학교 다닐 때도 개울 건너 험한 길로 다녔는데, 서울 가서 학교를 마치고 돌아왔는데도 그 모양이더란 말이야. 포일리 쪽으로 가려면 개울을 일곱 번이나 건너야 했어. 자동차는커녕 우마차도 다니기 어려웠어요. 그래서 내가 어려운 일을 한번 해보자고 결심했지요.”

청년 이종훈은 ‘새마을 가꾸기 농로 확장사업 계획서’라는 걸 만들어 시흥군수를 찾아갔다. 군수는 “참 훌륭한 생각”이라며 상부에 건의해보겠다고 했다. 그의 건의가 받아들여져 경기도에서 밀가루 500포가 지원됐다. 밀가루는 공사에 동원되는 인력에게 지급하는 노임이자, 팔아서 철근 따위 자재를 사들이기 위한 공사자금이었다. 시멘트는 도에서 지원해 주었다.

청년 이종훈은 마을 주민들을 설득했다고 한다. 길을 포장해야 마을이 발전한다며 반남 박 씨네 등 이곳 토박이 종중도 찾아다녔다. 그렇게 해서, 포크레인이 학의리에 처음 들어왔다. 그 결과 의일 마을에서 백운저수지를 따라 서쪽으로 다리 3개를 포함해 길이 약 2㎞, 폭 5m 농로를 놓을 수 있었다. “학의동에서는 역사적인 사건”이었다. 이 길이 포장되면서 청계동 쪽으로 들어선 목장에 젖소를 실어들이고, 우유를 실어 나갈 수 있게 되었고, 화훼와 채소 운반 트럭이 들어올 수 있었다.

“장마철 전에 다리를 놓아야겠다고 공사를 서둘렀지요. 그런데 장마가 왔어요. 시멘트를 타설하기는 했는데, 양성은 안 되었지요. 어느 날 밤에 폭우가 쏟아지길래 나가보니 교각이 유실되고 있더라고. 그걸 맨몸으로 막으려다 다리에 상처를 입기도 했지요. 일을 할 때는 욕도 많이 먹었습니다. 다리 놓으면서

제방에서 수문 조절 장치로 통하는 통로. 철책 문이 잠겨 있어 들어갈 수는 없다.

성토를 높게 한다고 일하는 청년들이 투덜대며 불평이 많았지요."

그가 이룬 농로확장이 학의동을 엄청나게 살기 좋은 동네로 만들지는 못했지만, 그의 노력은 헛되지 않아, 80년대 들어 이 길이 아스팔트 포장되었다. 90년대 들어서는 오메기 쪽으로 가는 길도 뚫렸다. "일단 교사 발령이 난 뒤에는 전근에 전근을 거듭하느라 고향 일을 할 수 없었지요. 그래도 나중에 '선견지명이 있었다.'는 칭찬을 받았으니 됐습니다. '민간인이 놓은 다리 중에서는 '속말다리'(오린계 마을 안쪽에 놓은 다리)가 가장 멋지다'는 평가를 받기도 했지요." 청년 이종훈은 교장이 되어서야 향리에 와서 오전초등학교 교장을 끝으로 정년퇴임했다.

그래도 백운저수지 주변의 삶은 80년대까지 곤궁했다. 더욱이 의왕 대부분이 그린벨트로 묶여 행위제한을 심하게 받았다. 1989년 의왕이 시로 승격했으나 개발은 서남쪽을 중심으로 이루어졌다. 백운저수지 주변이 그나마 탈바꿈하기 시작한 것은 1990년대 들어서다. 전부 논이었던 평촌이 아파트 숲으로 바뀌면서, 백운저수지는 원래 기능을 잃었다. 대신 백운호수라는 그럴듯한 이름을 얻었다.

1920년 일제가 화전火田을 금지하기 전까지는 화전민이 살았던 오지, 이후에는 담배농사와 나뭇짐 장사로 연명하던 마을. 학의동 일대 주민들은 1970년대 초까지만 해도 소에 길마를 매거나 달구지에 땔나무를 싣고 안양, 영등포로 나가 팔던 기억을 갖고 있다. 그러나 백운저수지가 백운호수가 될 무렵부터 학의동은 달라졌다. 음식점과 카페가 호숫가에 줄줄이 들어섰다. '백운호수 홈페이지'에 등록된 업소만 53개에 이른다. 대부분이 소비와 유흥을 위한 업소다. 이보다 앞서 포일동은 평촌 못지않은 아파트 숲으로 변했다.

학의동 사람들의 수입은 대체로 늘었고, 생활도 편해졌다. 하지만 그게 전부는 아닐 듯하다. 학의동의 마을공동체는 빠르게 붕괴하여 가고 있다. 백운호수를 둘러싼 카페와 음식점들도 외지인 소유거나 그들이 경영하는 곳이 많다. 백운저수지가 학의동 사람들을 위한 저수지는 아니었듯, 백운호수 역시 학의동 사람들을 위한 호수는 아닌 듯하다. 이 부조화를 어떻게 바로잡을 것인가. 학의

서쪽 끝에서 제방으로 통하는 통로. 사진 왼쪽이 후에 설치한 것으로 추정된다

호수 위를 달리는 모터보트

동 토박이들의 고민이다.

흔적으로 남은 저수지제방

백운저수지 제방은 의왕~과천 고속도로와 서울외곽순환고속도로가 엇갈리는 학의분기점 아래 지점쯤에 있다. 마치 백운호수 공영주차장 뒷담처럼 보인다. 제방의 길이는 253m, 폭은 7m쯤 된다. 공영주차장에서 올라가는 계단이 동쪽과 서쪽에 있다.

　제방 서쪽에는 물넘이 둑이 있다. 수위가 높아지면 자연스럽게 물이 넘쳐

흐른다. 이 물은 평촌 방향으로 물길을 놓은 학의천으로 흘러내린다. 자료에 따르면 제방은 아래에 석축을 쌓고 그 위에 흙 제방을 쌓았다고 한다. 하지만 외양만으로는 석축과 흙 제방을 구분하기 어렵다.

물넘이 둑 위로는 철제 제방으로 통하는 철제 다리가 놓여 있다. 원래 있던 다리는 폭이 60~70㎝에 불과하나, 옆으로 1m 넘는 새 다리를 덧붙여 놓았다. 이 다리 건너 제방 위는 산책로로 꾸며져 있다. 왼편으로는 공영주차장이고, 오른편이 호수면이다. 제방과 호수 사이에는 철책을 설치해 출입을 막고 있다. 앞서 언급한 '백운저수지 건립기념비'가 그 안에 있다.

제방 동쪽 끝부분에는 수문을 조절하는 시설이 호수 안쪽으로 설치돼 있다. 하지만 현재 수문은 확인할 수 없다. 동쪽 끝에 화장실과 쉼터를 조성하면서 수문을 철거한 듯하다. 근처에 모터보트와 노 젓는 배를 대여하는 곳이 있다. 호수 주변에는 산책로와 자전거도로가 있지만, 호수를 일주할 수 있도록 설치되어 있지는 않다. 현재 호수를 관리하는 기관은 농업기반공사 수원지사다.

| 도움말 주신 분 |

이종훈 의왕문화원 원장

| 참고자료 |

의왕시 · 의왕문화원, 『의왕시사』, 2007

학의동교회, 『학의동교회 60년사』, 2008

의왕문화원, 『의왕 문화유적지를 찾아서』(영상자료), 2008

www.baekunhosu.co.kr (백운호수 홈페이지)

02
성 라자로 마을

답사일 : 2010년 5월 25일

한센병을 묵상한 50년

의왕시 오전동 87 성 라자로 마을은 모락산 서남쪽 기슭에 자리 잡고 있다. 성 라자로 마을은 무의탁 한센병 환자의 입원 치료와 치유된 환자의 사회 복귀 및 자활 터전을 마련해 주고자 설립된 한국 천주교 최초의 구라사업 기관이다. 구라사업은 2000년 공식 병명이 한센병으로 바뀌기 전까지 나병 환자로 불리던 이들을 돕기 위한 활동을 일컫는다.

성 라자로 마을 설립은 6 · 25 직전인 1950년 6월 2일로 거슬러 올라간다. 미국 메리놀 외방선교회 소속 제오르지오 캐롤 신부가 시흥군 서면 광명리 신기촌(현재의 광명시)에 '성 나자로원'을 세웠다. 훗날 주교가 된 캐롤 신부는 한국 이름이 안성安成이며, 1981년 향년 75세로 선종할 때까지 한센병 환자를 돕기 위해 애쓴 사제다. 캐롤 신부는 1951년 7월 당시 행정구역으로 화성군 일왕면 오전리(현재의 위치) 임야와 토지 8만여 평을 1,500달러를 주고 매입, '성 나자로원'을 이곳으로 옮겼다. 따라서 '신기촌 시절'부터 따지면 성 라자로 마을은 정확히 60주년이 되고, 오전리 이전으로부터 기산하면 59주년을 맞는다.

현재 마을은 해발 365m로 그리 높지 않으나 골이 깊은 모락산을 배경으로

모락산에서 내려다 본 성 라자로 마을 전경('성 라자로 마을' 제공)

잘 꾸며진 휴양지를 연상시킨다. 마을의 중심인 성당을 비롯해 20여 동에 이르는 건물이 정성껏 가꾸어진 나무들과 꽃밭, 곳곳에 놓인 성상聖像 및 조각품, 그리고 모락산에서 흘러내리는 계곡과 어우러져 아늑하게 정돈돼 있다. 특히 성당은 교회 건축뿐만 아니라 현대 한국건축물 가운데서도 잘 지은 건물로 평가된다.

하지만 이주 초기엔 예전 폐결핵 환자 요양소로 쓰던 가옥 4채가 고작이었다고 한다. 가정집과 성당은 건물이 없어 임시로 천막을 치고 사용했다는 기록이 남아있다. 이처럼 미약하게 시작한 성 라자로 마을이 오늘날 4계절 모두

'예수성심 · 성모성심 성당' 전경. ('성 라자로 마을' 제공.)

'예수성심 · 성모성심 성당' 내부.
환우들의 자리에서 본 제대

아름다운 곳으로 성장하기까지는 말로 다 하기 어려운 사제들과 환우들의 땀과 눈물이 필요했을 것이다. 병마가 남긴 후유증 때문에 깍지 끼고 두 손 모아 기도를 드릴 수조차 없는 환우들의 끊임없는 기도 또한 지금의 성 라자로 마을을 있게 한 원동력일 터이다.

'예수성심 · 성모성심 성당' 입구

예수성심 · 성모성심 성당

성 라자로 마을의 구심점이자 1979년 대한민국 국전에서 영예의 대통령상을 수상한 아름다운 성당의 정식 명칭은 '예수성심 · 성모성심 성당'이다. 이 성당의 역사를 살펴보려면 먼저 이경재李庚宰(알렉산델, 1926~1998) 신부를 이야기하지 않으면 안 된다. 이

신부는 2번에 걸쳐 성 라자로 마을 원장을 지내면서 오늘날의 토대를 닦았고, 성당도 이 신부의 구상과 집념으로 지어졌기 때문이다. 이 신부는 우선 1951년 젊은 나이(26세)에 수원본당(현 북수동성당) 보좌신부로 부임했다가 원생들의 요청으로 마을을 방문하여 생전 처음으로 한센병 환자를 대하고 평생을 이들을 위해 바치겠다고 결심했다. 이듬해 이 신부는 설립자 캐롤 신부에 이어 초대 원장으로 부임했다가 경험미숙으로 1년여 만에 이곳을 떠났다. 하지만 1970년 제7대 원장으로 다시 부임한 이후 선종 때까지 한센인들의 지팡이로 사제로 28년을 바쳤다. 마을 안 기념홍보관에는 이경재 신부가 생전에 사용하던 유품이 고스란히 진열되어 있다. 이하에서 『성 라자로 마을 50년사』의 기록을 중심으로 성당 건립 경위를 살펴본다.

이 신부가 새 성당을 지어야겠다고 결심한 해는 1973년이다. 1950년대 초에 지어진 목조 기와집 성당은 너무 낡았고 환우들에게 불편했다. 이 신부는 구라사에서 역사적 인물인 다미안 신부가 하와이 군도 몰로카이 섬에 나환자를 찾아 자원하여 들어간 지 100주년이 되는 해를 기려 기념성당을 지을 결심을 했다. 이 신부는 한양대학교 건축학과 유희준劉熙俊(비오) 교수에게 설계를 부탁했다. 조건은 세 가지였다. 첫째, 나환우와 일반이 함께 사용할 성당임을 고려할 것, 둘째, 강당 같은 설계를 하지 말 것, 셋째, 마을 지형에 맞는 독창적인 설계를 할 것. 그리하여 저 높은 곳을 향하여 떠나가는 배 형상을 연상시키는 성당 설계도가 완성되었다.

'정결의 집'

문제는 7만 달러로 추산된 건축비였다. 이 신부는 설계도와 투시도를 들고 로마로, 독일 프라이부르크로 성금을 모으기 위해 다녔으나 허사였다. 이 신부는 일본으로 후지사와 시의 성심수녀회를 찾아갔다. 그곳에서 230만 엔을 후원받을 수 있었다. 일단 그 돈으로 기초공사에 착수했다. 그러나 공사비 부족으로 1년간 공사가 중단되었다. 다시 백방으로 모금을 호소한 이 신부 덕분에 일본 나가사키의 순심성모회 수녀원에서 170만 엔을 보내왔다. 마침내 착공 2년 5개월만인 1975년 10월 21일 김남수 주교의 주례로 성당 봉헌식을 올릴 수 있었다.

성당 입구는 한센인을 위한 입구가 따로 있고, 한센인을 위한 좌석은 제대祭臺를 내려다보는 위쪽에 설치되어 있다. 이는 한센인들이 이 세상에서는 비록 가장 낮은 자리에 있지만, 천국에서는 윗자리를 차지한다는 상징적 의미를 띤

'예수성심 · 성모성심 성당' 앞 다미안 신부와 이와시타 신부 흉상

다. 유희준 교수는 이 성당의 설계상의 특징을 이렇게 설명하고 있다.

"성 라자로 성당은 바위가 주를 이루는 경사진 땅을 절토 · 성토 작업을 최소화하면서 대지를 활용하여 1/3의 건강한 사람과 2/3의 나환우가 함께 미사를 올릴 수 있도록 성당 내부가 구성되어 있다. 대지형태에 순응하여 건축기능적 합리성을 충족시키면서, 그리고 건강한 사람과 나환우의 신체적 분리를 이루면서 정신적으로는 나환우를 위계적으로 올려주고 제대로 향하도록 초점감을 형성하는 공간구성을 이루는 디자인으로 되어 있다. 또한 빛의 조도율과 함께 낮은 곳으로부터 완만한 곡면형 천장면을 따라 올라가는 천장높이의 변화는 부채형태의 평면구성과 더불어 깊은 신심을 위한 종교적 정점감을 자아내고 있는 건물이다."(『성 라자로 마을 50년사』, 209쪽에서 재인용.)

성당 내부의 장식과 각종 성물의 디자인과 제작에도 서울대 미대 학장 김세중 교수를 주축으로 남용우, 민철홍, 권순형, 장선백, 김교만 교수 등 쟁쟁한

마을의 납골당인 '라자로의 무덤'

작가들이 참여하였다. 이들이 조형한 각종 성물과 스테인드글라스 벽화 14처('십자가의 길')등이 성당의 아름다움과 성스러움을 함께 빛내주고 있다. 성물 제작비는 일본 미국의 수녀회와 라자로 돕기회, 그리고 의왕농장 주민들과 환우들의 성금으로 조달했다. 종탑의 경우 일본 순심성모회의 기부금으로 건립되었다. 종(무게 300㎏, 길이 76㎝)은 재미교포들의 헌금 4,000달러로 독일에서 제작하여 1978년 9월 처음으로 타종하였다.

한편 성당 외부 조경 공사비와 성당 앞 90m 도로포장 공사비는 일본 고베시의 어느 성당과 나라 현의 도키와 쇼오겐 스님이 각각 기증하였다. 이처럼 성 라자로 마을은 국제적인 지원으로 조성된 마을이다. 더욱이 가톨릭뿐만 아니라 타국, 타 종교 신도들의 지원도 적지 않았다. 이경재 신부는 이 성당을 다미안 신부 및 일본의 유명한 구라사업가였던 이와시다 쇼오이치 신부 기념성당으로 봉헌했다. 1980년 12월에는 김세중 교수가 조각한 두 신부의 흉상이 건립되었다.

"이 오르간은 마을 역사와 같습니다." 이범석 성 라자로 마을 행정부장은 200평가량 되는 성당 내 한구석에 놓인 작은 파이프오르간이 50년이 넘었다고 했다. 이 부장은 환우석 앞자리에 놓인 종 모양의 미사용구도 보여주었다. 시각장애를 가진 환우들에게 소리로 미사 순서를 알려주는 역할을 하는 도구다. "현재 환우는 60분 정도 계십니다. 11년 전 제가 근무를 시작했을 무렵엔 105분이었지요. 가장 많을 때는 150분가량 되었다고 해요. 그런데 이분들이 이젠 연세도 많이 드셨고, 병마로 인해 중복장애를 가지신 분이 많습니다." 손을 깍지 끼

종합교육시설인 '라자로의 집' 정면

휴게시설인 '모세의 집'. 통나무로 지어졌다

어 기도를 올리기도 어렵고 앞이 보이지 않아도 함께 미사를 올리도록 세심하게 준비한 성당의 분위기를 상징적으로 보여주는 주는 도구가 바로 이 종이라고 할 수 있다. 성당의 미사는 평일엔 오전 7시, 주일엔 오전 10시에 올려진다.

'정결의 집'과 각종 성상 · 조각

성 라자로 마을에 있는 숙소와 편의시설은 모두 이름을 갖고 있다. 예를 들어 1971년 일본 도쿄 대교구 내 여섯 성당에서 모금한 300만 엔으로 지어진 숙소는 '반석의 집', 미국 휴스턴의 성 빈센트 성당에서 기탁한 성금 6,000달러를 기반으로 지어진 숙소는 '샛별의 집' 하는 식이라 부른다. 이 밖에도 '토마스의 집' '고마움의 집' '기쁨의 집' '모둠의 집' 등등 거의 30개에 이르는 집에 각기 고유한 명칭이 붙어 있다. 마치 별장과 같이 지어진 이들 건물은 그러나 세월이 지나면서 개보수를 하여 예전 모습은 남아 있지 않다.

'정결의 집'은 70년대 초반 모습을 간직하고 있는 건물이다. 이 집은 육영수 여사가 보낸 성금 450만 원으로 지어졌다. 육 여사는 성 라자로 마을 환우들이 이발과 목욕 한 번 제대로 해보는 게 소원이라는 신문 기사를 읽고 건축비를 지원했다고 한다. 단층(건평 12평)으로 지어진 이 건물은 이경재 신부가 제7대 원장으로 재 부임하여 지은 첫 현대식 건물이라는 점에서도 의미가 깊다. '정결의 집'은 1971년 10월 낙성식을 보았다.

'정결의 집'은 앞 칸과 뒤 칸으로 나뉘어 있다. 앞 칸은 뒤 칸을 세 도막으로 나누어 가운데 도막과 같은 너비이고, 앞뒤 칸이 연결되어 있다. 다시 말해 아래쪽에서 본 'ㅜ'자 형태이다. 붉은 벽돌로 지어진 이 건물은 오랫동안 이발소와 목욕탕으로 사용되다가 지금은 '가르멜 재속회 사무실'(재속회는 평신도로서 수도자의 삶을 사는 신자들의 모임)으로 쓰인다.

마을의 상징적 조형물인 마을 입구 어귀 아치형 정문은 '정결의 집'보다 몇 달 먼저 세워졌다. 1971년 7월 23일 낙성된 정문은 원래 경수국도변의 마을 어귀에 세워져 있다가 현재의 위치로 이전했다. 정문 옆에는 역시 김세중 교수가 조각한 '새삶의 예수상'이 있다. 이보다 앞서 6월30일에는 TV 탤런트 안은숙 씨와 영화배우 윤정희 씨가 기탁한 성금으로 마을 숲속에 성모 마리아상과 성녀 데레사상이 건립되었다.

이처럼 마을 곳곳에는 단순한 성상의 수준을 넘어 예술작품인 성상들이 배치되어 있다. 이 가운데서도 걸작을 꼽는다면 종합교육관 겸 강당의 역할을 하는 '라자로의 집'(1981년 준공) 맞은편 스위니 신부 묘석 옆에 있는 피에타상이다. 피에타상은 마을 설립 30주년을 기념해 1980년 김세중 교수가 만든 작품이

'성 라자로의 마을 50주년 기념관' 전경

다. 이 피에타는 김 교수가 세상에 남긴 명작 가운데 하나로 유명하다. 피에타상의 봉헌자는 안광신-이택영 부부인데, 대학생 시절부터 라자로 돕기회원이었던 이택영이 결혼 후 첫아들을 얻고 그 기념으로 이경재 신부에게 기증한 금반지 10돈으로 건립되었다고 한다. 이 부부는 "나환자들의 힘겨운 고통을 믿음으로 승화시키기 위하여 피에타상을 바친다"는 말을 남겼다.

국경 없는 도움과 라자로 돕기회

성당으로 올라가는 길옆에 큼지막하게 이런 글귀가 붙어있다. "머지않아 우리들의 사랑의 씨앗은 싹 트리라. SOONER OR LATER THE SEEDS OF OUR LOVE WILL GROW." 설립자 캐롤 주교와 그 뒤를 이은 이경재 신부가 뿌린 사

'아론의 집' 표지석

랑의 씨앗은 오늘날 싹이 텄을 뿐만 아니라 무성한 나무로 자라난 듯 보인다. 현재 조욱현 토마스 원장신부와 신부, 수녀, 평신도 등 35명의 직원이 평균연령 65세인 60여 분의 환우를 돌본다. 환우 가운데는 103세 할머니를 포함해 초창기부터 이곳에서 사시는 분들도 있다.

하지만 성 라자로 마을이 언제나 순탄한 길을 걸었던 것은 아니다. 앞서 언급했지만 집을 하나 짓기 위해 여러 나라를 돌면서 기금을 모아야 했던 시절도 있었고, 음성 환우 자녀를 위해 설립한 초등학교 분교 문제로 인근 주민들과 마찰이 빚어졌던 시절도 있다. 그러나 이런 어려움을 항상 뒤에서 받쳐준 버팀목이 '라자로 후원회'(LAZARUS SPONSOR ASSOCIATION)이다. 1970년 12월 발족한 '라자로 돕기회'는 40성상을 지나면서 현재 국내외 회원만 2만여 명에 이른다. 역대회장은 초대 류홍렬 씨를 위시해 엄익채, 김성진, 봉두완, 박찬종, 정창현

창립자 조지 캐롤 안 주교

젊은 시절의 이경재 신부

씨 등이 맡았다. '라자로 돕기회'가 주최하는 연말 행사인 '그대 있음에'는 1975년 처음 시작되어 지금까지 해마다 이어지고 있다.

성 라자로 마을의 노래 '사랑의 샘터'는 이렇게 시작한다. "사랑에 주린 당신인가 싶어 내 사랑한 아름 품고 왔더니/ 그대 풍성한 마음이 오히려 내 가슴 채워주네." 송창식의 노래로도 유명한 '그대 있음에'의 가사와도 상통하는 노랫말이다. "그대 있음에 내가 있네/ 나를 불러 손잡게 해." 그 가사에 담긴 노랫말을 실천에 옮겨 현실화시킨 곳이 '성 라자로 마을'이다. 우리 근현대사의 짙은 그늘 속에 가려져 있던 이들의 손을 잡고, 오해와 편견의 벽을 부수기 위해 노력해온 '성 라자로 마을'의 정신이 앞으로도 계속 이어져야 할 것이다. 그러기 위해서는 이 마을 전체를 '근현대 문화유산'으로 지정해도 좋을 듯하다.

| 도움말 주신 분 |

이범석 성 라자로 마을 행정부장

| 참고자료 |

서상요 엮음, 『성 라자로 마을 50년사』, 성 라자로 마을, 2000.
경기도, 『경기도 근대문화유산 조사 및 목록화 보고서』, 2004.
http://www.lazalus.or.kr 성 라자로 마을 홈페이지

03
의왕 하우현성당과 사제관

답사일 : 2009년 7월 17일

경기도 내 세 번째 본당

하우현성당은 경기도에 세 번째로 들어선 본당이다. 가장 먼저 설립된 성당은 갓등이본당(현 왕림본당, 화성시 봉담읍 왕림리 252)으로서 1888년 7월 지어졌고, 그 다음은 1896년 4월 지어진 미리내본당(안성시 양성면 미산리 141)이다. 갓등이본당의 공소였던 하우현성당은 1900년 9월 샤플랭(Chapelain, 한국명 채시걸) 신부가 부임하면서 정식 본당이 되었다. 그러므로 하우현성당은 본당 승격 110주년을 1년여 앞두고 있다.

현재 성당 자리에 교회당 건물이 지어진 것은 이보다도 6~7년

하우현 성당 전면

더 거슬러 올라간다. 1893년 10월 갓등이본당의 주임신부(알릭스Alix, 한국명 한약슬(韓若瑟))가 공소를 순방하고서 건축비 150냥을 건축비로 내놓았다. 이에 신도들이 1,500냥을 모금하여 1894년 5월 초가 목조 강당 10칸을 완공하였다는 기록이 남아있다.

하우현성당의 현재 지번은 의왕시 청계동 210번지, 의왕에서 성남으로 넘어가는 하우고개 밑이다. 청계산 자락에 둘러싸인 오지라 할 수 있다. 그렇다면, 어째서 이런 외진 곳에 그렇게 일찍이 성당이 들어설 수 있었을까. 그 기원은 1800년대 초반까지 소급된다. 1801년 신유박해 때 순교한 한덕운韓德運이 홍주에서 여기서 멀지 않은 현 의왕시 학의동으로 이주하여 살다가 체포되었고,

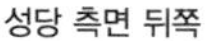

성당 측면 뒤쪽

성당 창문

성당 내부

1845년엔 이곳 하우현에 살던 김준원金俊遠이 광주 포졸에게 붙잡혀 남한산성에서 순교하였다고 한다.

물론 정확히 언제부터 이곳에 천주교인이 얼마나 정착했는지는 알 수 없다. 하지만 위 두 사례는 하우현 일대와 고개 너머 묘론리(묘루니· 현 성남시 분당구 운중동) 등지에 천주교인들이 박해를 피해 숨어 살았음을 짐작케 한다. (지금이야 하우고개를 경계로 이쪽은 의왕, 저쪽은 성남으로 나뉘었지만 원래 양쪽 다 광주(廣州) 땅이었다. 청계동이 속한 광주군 의곡면은 1914년 행정구역 개편 때 광주군 왕륜면과 통합되어 수원군 의왕면으로 바뀌었다.)

천주교인들이 이 일대로 몰려든 까닭은 이곳이 교통의 요충지이자 오지라는 얼핏 모순된 지리적 여건 때문으로 추정된다. 교통 요충지라 함은 하우현성당이 자리 잡은 원터마을이라는 지명이 말해준다. 원터는 동양원東陽院이 있었

성당 뒷문

던 자리라는 의미다. 동양원은 제물포-이천-여주를 잇는 간선로에 설치되었던 조선시대 역원 가운데 하나다. 따라서 내왕이 쉬운 곳이라 할 수 있다. 그러나 지세는 험하다. 청계산 골짜기에 들어가 숨으면 좀처럼 찾아내기 어려웠을 것이다. 실제로 하우현성당에서 1.5km가량 떨어진 곳에 '토구리'라는 지명이 지금도 남아있다. '토구리'는 신자들이 토굴을 파고 많이 살았다 해서 토굴리라 한 것이 현지발음화한 흔적이다.

하지만, 하우현 공소를 본당으로 승격시킨 결정적인 계기는 베르나르-루이 볼리외(Bernard-Louis Beaulieu) 신부의 순교다. 1840년생인 볼리외 신부는 프랑스 랑공 지역 출신으로서, 1865년 사제 서품을 받은 후 조선으로 자원해서 부임했다. 25살 젊은 신부는 '세계에서 가장 어려운 곳'으로 가겠다는 사명감에 충만해 있었다고 한다. 1866년 우리말을 배우며 광주 일대에서 포교활동을 하던 볼리외 신부는 그해 발생한 병인박해를 피해 묘룬리 쪽 바위굴에 숨었으나 체포되었으며, 새남터에서 순교했다. 조선에 온 지 9개월 만이다.

볼리외 신부는 1984년 성 루드비코 성인으로 시성되었다. 루드비코 성인은 병인박해로 순교한 103위 성인에 포함된 외국인 선교사 12인 가운데 한 분이며, 그중에서도 가장 나이가 어린 분이었다. 이후 조선과 프랑스가 국교를 맺고, 천주교 박해도 사라진 후 프랑스 선교사들이 이곳 하우현 일대에 성당을 세우기로 결정한 것이라고 볼 수 있다. 물론 갓등이본당 소속 공소 가운데는 이곳 하우현공소의 신자 수가 가장 많았다는 점도 본당 승격 결정에 큰 영향을 미쳤다는 점도 간과해서는 안된다.

"루드비코 성인이 잡힌 곳은 저 고개 너머 국사봉 8부 능선에 있습니다. 여기서는 약 5*km*쯤 가면 됩니다. 이 일대를 하우현 성지라고 합니다. 하우현성당은 성지의 중심점에 해당하지요. 그러니까 하우현성당은 프랑스 선교사들이 세운 기념성당인 셈이지요." 2006년 9월 하우현성당 주임신부로 부임한 정광해 시몬 신부는 "죽음을 각오하고 이 땅에 온 루드비코 성인이야말로 한민족을 사랑한 선교사"라고 강조했다. 하우현성당의 첫 본당 신부로 일컬어졌던 루드비코 성인은 순교한 지 116년이 지난 1982년 정식으로 하우현성당 주보 성인으로 모셔졌다.

성 루드비코 성인의 초상화

경기 남동부의 '친정성당'

하우현본당은 설립 당시부터 관할구역이 넓었다. 묘루니, 둔토리, 하우현 등은 물론이고, 광주와 용인, 과천, 군포, 시흥 지역까지 본당 관할이었다. 소속된 공소가 16개나 되었고, 1,100명이 넘는 신자를 돌보았다. 숨어 사는 가난한 천주교

하우현 성당 사제관

사제관 뒷면. 벽돌 돌기둥은 굴뚝이다

사제관 박공

사제관 측면

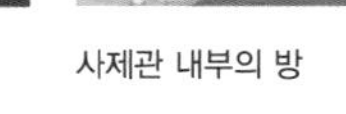

사제관 내부의 방

인들의 영적 고향이었던 하우현본당은 이후 후손들이 서울의 용산, 영등포, 구로, 시흥, 안양, 군포, 성남 등지로 분가하면서, 여러 본당의 모태가 되었다. 그러므로 하우현본당은 여러 본당의 '친정성당'이라 할 수 있다.

하우현본당은 1900년 본당 승격과 더불어 사제관을 신축하고 교세를 확장하였다.(사제관은 다음 절에서 상술한다.) 1903~1904년에는 본당에 학교를 설립하여 운영하기도 했다. 1914년에는 윤예원 토마스 신부가 주임신부로 부임하여, '성신강습소'를 개설하고, 성당 초가지붕을 함석으로 교체했다. 그러나 성신강습소는 1923년 폐쇄되었다.

하우현본당은 한국인 최초의 주교였던 노기남盧基南 대주교(1902~1984)와도 인연이 있다. 노 대주교는 신학생이었던 1923년 하우현성당에 와서 방학을 보내면서 어린이들을 가르쳤다고 한다. 은신하기 좋은 하우현성당의 위치는 6 · 25 때도 여러 목숨을 살렸다. 당시 10명의 신부와 5명의 수녀, 그리고 많은 신도들이 하우현성당에 숨어 지냈다고 한다.

그러나 하우현성당이 지난 110년 동안 본당의 위상을 고수한 것은 아니다. 1930년 이후 교세의 부침에 따라 안양이나 군포 본당의 공소로 격하되었다가 복원되기를 반복하였다. 본당으로 다시 승격되어 확고히 자리를 잡은 것은 1978년이다. 이해에 부임한 파 레이몬드 신부는 한국천주교회사에 각별한 관심을 갖고, 하우현본당의 초대 주임신부와 다름없는 성 루드비코 성인의 행적

김영근 베드로 신부 공적비

을 정리하기도 하였다.

오늘날의 하우현본당이 지어진 해는 이보다 앞선 1965년이다. 김영근 베드로 신부 주도하에 미군부대가 건축자재를 원조하고, 신도들이 동참하여 지금과 같은 아담한 교회가 세워졌다. 본당은 대지면적 3,273㎡에 연면적 388㎡다. 교세가 위축된 공소 시절에 지어졌기에 화려한 고딕 성당을 지향하지 않고 소박한 회당의 형식으로 지어진 듯하다. 하지만 이후 본당으로 승격하고, 천주교 관련 행사가 활발히 이루어지는, 중요한 성당으로 발돋움하였다. 게다가 하우현성당이 교회사에서 차지하는 위상뿐만 아니라 지역의 근현대사를 증언해주는 건물이라는 점을 고려할 때, 본당 건물 자체도 근대문화유산으로서 충분한 가치가 있다고 판단된다.

"우리는 교세를 크게 성장시키기를 원치 않습니다. 지역에 한 세기 넘게 뿌리박은 성당으로서, 한국천주교의 중요한 성지 가운데 하나를 지키는 성당으로서 그 사명을 다하는 데 주력하고자 합니다." 정광해 신부에 따르면 120명쯤 되는 하우현성당 신도는 현재 3개 마을(원터마을, 학현마을, 청계마을) 주민이 대부분이다. 성당이 자리한 원터마을은 주민 90%가 신자이고, 청계사 주변 마을을 지칭하는 청계마을은 절반 정도가 신자다. 성당에는 정 신부 외에 2명의 수녀가 있다.

"하우현성당은 구호중심의 선교 전통으로도 유명합니다. 예를 들어 소작문제가 심각했던 일제시대에는 프랑스의 후원금을 받아 대지주의 땅을 매입해 낮은 소작료로 인근 농민들에게 도지를 주었다고 해요. 구전으로는 성당 일대 땅이 모두 성당 소유였다는 설도 있습니다." 그러나 아쉽게도 그 구전을 입증해 줄 기록이나 구체적 증거는 찾지 못한 상태다.

한-불 문화의 만남, 하우현성당 사제관

하우현성당 사제관은 본당으로 승격하던 1900년에 지어졌다. 일부 기록에는 1906년으로 되어 있으나 교회사 자료를 종합해 볼 때 1900년이 확실한 듯하다. 정광해 신부도 1900년이라고 단언했다. 성당 오른쪽에 자리 잡은 사제관은 프랑스식 석조 벽체에 한식 기와를 올린 아름다운 건물이다.

한식과 프랑스식을 조화롭게 절충한 사제관은 '한-불 문화의 만남'을 상징한다. "사제관의 모습은 프랑스 선교사들의 인식 전환을 보여줍니다. 초창기 조선에 들어온 선교사들은 백인우월주의와 제국주의적 인식 틀에서 벗어나지 못했습니다. 고딕 양식으로 지어진 성당들은 그러한 문화적 의식의 소산이지요. 그러나 이 사제관을 설계한 프랑스 신부는 천주교의 토착화를 고심했던 것 같습니다. 그 결과 현지 문화를 재평가해서 받아들인 것이지요." 정광해 신부는

성 루드비코 성인 동상

사제관의 건축사적 의미에 앞서 문화사적 의미가 더 크다고 강조했다.

실제로 1900년을 전후한 시기에 지어진 성당과 사제관은 한옥 아니면 서양식이었다. 이 사제관처럼 서양 생활양식과 전통적인 문화를 살려 지은 예를 찾아보기 힘들다. 이 사제관은 우선 정면에 넓은 돌계단을 두었다. 계단을 올라서면 정면 3칸, 측면 2칸(연면적 137㎡)이다. 벽체는 면을 다듬은 자연석을 허튼층으로 쌓고 백회줄눈을 넣었다. 기단은 경사를 이용해 전면은 2m 정도로 높지만, 후면은 뒷마당과 거의 차이가 나지 않는다. 벽체는 외풍을 이겨낼 수 있도록 두껍게 쌓았다. 그리고 지붕은 골기와 팔작지붕을 얹었다.

건물 사면에는 퇴를 두었다. 사면 퇴에는 원뿔대형의 높은 초석을 놓고 그 위로 각이 진 나무기둥을 세워, 회랑처럼 꾸몄다. 창에는 나무 덧문을 두었다. 왼쪽 측면에는 지하창고로 통하는 입구가 있고, 그 위를 널빤지로 덮었다. 기둥을 놓은 방식은 한옥양식이고, 나무 덧창이나 후면 굴뚝은 서양식이다. 그러나 두 양식은 잘 어우러져, 한옥의 분위기와 프랑스 주택의 분위기를 동시에 풍긴다. "몇 해 전 프랑스 대사관 초청으로 사제관을 방문한 프랑스 청년들이 '고향집에 온 기분'이라고 하더군요." (정광해 신부)

내부 공간은 현재 사제관으로 쓰이지 않는다. 예배자 교리실, 회의실, 고백소 등으로 활용된다. 처음부터 공간 가변성을 살릴 수 있도록 설계된 덕분이라고 할 수 있다. 내부 마감과 창호 등은 초창기 모습에서 다소 변형된 것으로 추정되지만, 전체 구조는 원형을 잘 간직하고 있으며, 부재의 상태도 양호하다. 사제관은 2001년 문화재 가치를 인정받아 경기도 기념물 제176호로 지정되었고, 2003년 경기도에서 일부를 보수, 복원하였다.

하우현성당의 희망사항

“주변 정비와 보완 계획이 필요합니다. 지금은 ‘손대지 말라.’가 전부거든요. 문화재로 지정은 받았지만, 지금은 소방서에서만 관심을 가질 뿐 누구도 돌아보지 않아요. 특히 건축학적 의미든, 문화사적 의미든 학술적 관심을 기울이지 않는 게 서운합니다.” 정광해 신부는 “문화재로 지정하고 보존만 하는 게 능사가 아니지 않느냐?”고 반문했다.

동양원터를 알리는 표석. 성당 진입로변에 있다

하우현성당은 사제관이 문화재가 된 후 건축법상 심한 규제를 받았다. 현재 사제관 오른쪽에 지어진 사무실과 쉼터를 만드느라 마음고생이 심했다고 한다. 화장실도 지금은 정비되어 있지만 예전엔 “푸세식”이어서 불편했다는 것이다. 정 신부는 규제만 할 뿐 더 이상 노력하지 않는 당국을 이해하기 힘들다고 했다.

“역사를 보존하는 이유는 자신을 알기 위한 것이지요. 근대화 과정에서 얼마나 많은 전통문화가 상실되었습니까? 천주교가 들어온 역사가 곧 이 지역 근대사 아닙니까? 그 역사를 정리해야 합니다. 아울러 사제관의 역사적 의미를 알리고 활용하는 프로그램이 아쉽습니다. 그게 문화재를 지정한 근본적 이유 아니겠습니까?”

예를 들어, 루드비코 성인의 마지막 행적만 해도 당시 생활상을 잘 보여준다. 그 무렵 하우고개 이쪽저쪽에서 신앙공동체를 이루었던 신도들은 화전을 일구고 옹기를 구워 생계를 유지했다. 그들은 나무열매와 보리로 연명하며 포졸을 피해 숨어 살기도 했다. 이 외진 광주의 벽촌에서 그들을 버티게 했던 신앙의 힘은 당시 의지할 곳 없던 백성들의 삶의 한 단면을 드러내 준다. 하우현성당이 겪었던 부침 또한 일제강점기의 수난, 6 · 25의 참상과 궤를 같이한다. 하우현성당과 사제관이 지역사에서 갖는 의미를 살려내려는 진정한 노력이 이제부터 시작되어야 할 듯하다.

| 도움말 주신 분 |

이종훈 의왕문화원 원장
정광해 하우현성당 주임신부

| 참고자료 |

의왕시 · 의왕문화원, 『의왕시사』, 2007
경기도, 『경기도 근대문화유산 조사 및 목록화 보고서』, 2004
http://www.paxkorea.kr/ (한국의 성지와 사적지)
의왕문화원 영상자료, 『의왕 문화유적지를 찾아서』, 2008

04
한국한센복지협회

답사일 : 2018년 9월 7일

성 나자로 마을 초입에 한국한센복지협회가 온 사연

한국한센복지협회의 주소는 의왕시 원골로 59이다. 의왕 모락산 자락에 자리 잡은 성 나자로 마을의 초입이다. 한국한센복지협회를 지나 옆길로 올라가면 성 나자로 마을이 나온다. 성 나자로 마을은 1951년 현재의 위치에 터를 잡은 구라사업救癩事業 기관이자 한센인 재활의 터전이다. 구라사업이란 2000년 이전까지 나병 혹은 '문둥병'으로 불리던 환자들을 돕기 위한 활동을 일컫는다. 나병은 2000년 공식 병명이 한센병으로 바뀌었다. 나병 환자들이 겪었던 고통과 사회적 차별은 너무나도 잘 알려져 있다.

한국한센복지협회가 의왕 성 나자로 마을 곁에 본부를 두게 된 것은 오늘날의 성 나자로 마을 기틀을 마련한 이경재李庚宰(1926~1998) 신부 덕분이라고 해도 과언이 아니다. 이경재 신부는 1951년 이후 2차례나 성 나자로 마을 원장을 지내면서, 헌신적으로 한센인들의 터전을 마련한 사제다. 이경재 신부는 1975년 한국한센복지협회[당시 협회 명칭은 사단법인 대한나협회]와 현재 협회 부지를 50년간 무상 임대한다는 계약을 체결했다. 국내에서 손꼽히는 나환자 재활 마을인 성 나자로 마을과 한국한센협회가 나란히 자리 잡게 된 것이다. 계약

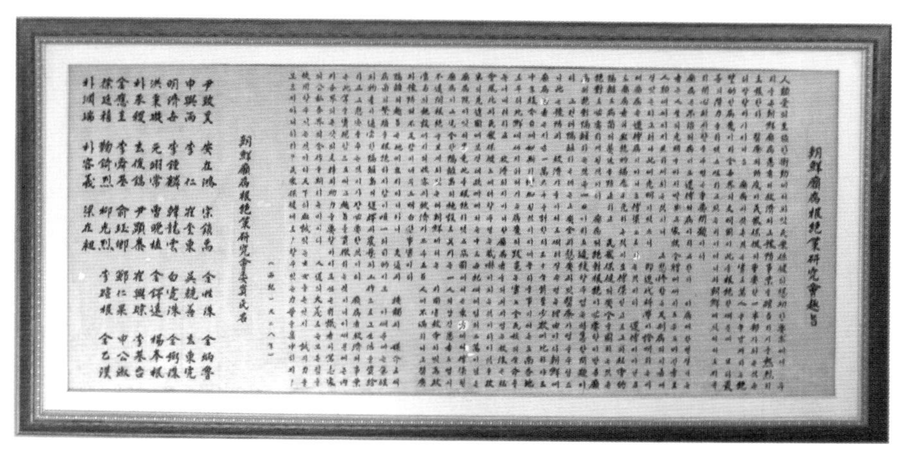

한국한센복지협회 계단 벽에 걸린 조선나병근절책연구회 취지문. 1928년 작성되었다.
연구위원 명단을 보면 당대 명망가들이 이름을 올렸다는 사실을 알 수 있다

만료 시점은 2025년이다.

협회 건물의 건립 자금은 '일본선박진흥회'라는 데서 댔다. 협회 본관 건물의 동판에는 이렇게 기록되어 있다. "본 연구원은 우리나라 나사업癩事業을 도웁기 위하여 일본선박진흥회가 정부에 기증한 기금으로 건립되었으며, 일부 의료시설은 일본국내 다수 독지가의 기금으로 설치된 것임. 1976년 9월." [원문 한자는 한글로 바꾸었고, 일부 띄어쓰기는 현행 맞춤법에 따라 수정했음.] 다시 말해, 일본선박진흥회라는 곳에서 한국 정부에 건립기금을 기증하는 형식을 취했고, 그 외 일본의 독지가들이 도움을 주어 협회가 세워지게 되었다는 얘기다.

일본선박진흥회는 '일본재단'의 전신이다. 일본재단은 일본 최대의 재단법인으로서, 세계적으로 식량 · 의료 · 교육 지원 사업을 벌이고 있다. 일본선박진흥회는 사사카와 료이치笹川良一(1899~1995년)가 경정競艇 사업 수익금으로 만든

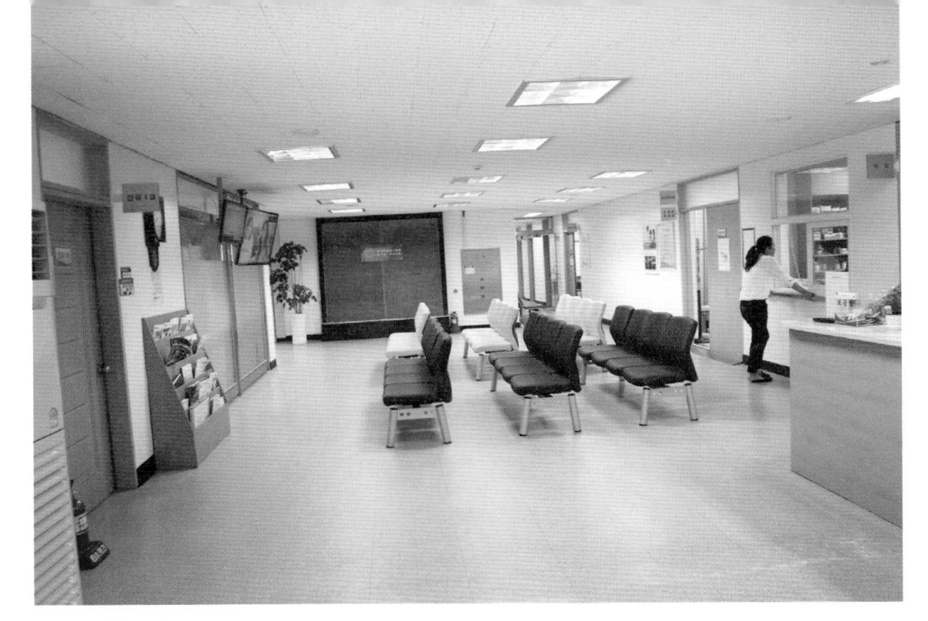

협회 부설의원 로비

단체로서, 한센병 퇴치 지원에 상당히 힘을 쏟았다. 아이러니하게도 사사카와 료이치는 극우주의자로서 제2차 세계대전 후 A급 전범으로 수감되었다가 불기소 처분을 받았다. 사사카와 료이치는 의외로 한센병 관련 지원에 앞장섰다. 현재 일본재단의 회장은 사사카와 료이치의 아들인 사사카와 요헤이笹川陽平(1939년생)다. 사사카와 요헤이 회장은 2002년 한국한센복지협회를 방문해 기념식수를 했고, 그 사실을 알리는 표지판이 협회 마당의 해당 나무 앞에 세워져 있다.

일제강점기 조선나병근절책 연구회

1976년 본관 신축을 시작으로 1970년대에 교육관, 직원 기숙사, 식당, 경비실 등이 차례로 지어졌다. 본관은 협회 사무실이 있는 부분과 병원 부분으로 나뉜다. 병원은 한센병 환자들을 치료하는 특수의료기관으로 출발했는데, 한센병 환자가 급격히 줄어든 현재는 일반 환자도 진료한다. 시작이 한센병 치료인 탓에 주 진료과목은 피부과이고, 성형외과 정형외과 안과 치과 한방의학 진료도 통합적으로 한다. 피부과 진료와 약 처방은 전국적으로 소문이 나 있다. 김성태 한국한센복지협회 기획예산과장은 "현재 내원 환자 100명 중에 한센인은 5~6명에 불과하다. 제주도에서도 일반 외래환자가 찾아온다. 수원시 장안구에 있는 복지피부과는 우리 협회의 경기인천지부이기도 하다. 앞으로 우리 병원은 내과 등 타 과목으로도 진료를 확대할 예정"이라고 했다. 수원 복지피부과도 피부병 치료에 탁월하다고 입소문이 나 있는 병원이다. 협회는 전국에 11개 시·도 지부가 있다.

본관 건물로 들어서 2층 협회 사무실로 올라가는 계단참에 1928년 작성된 '조선나병근절책연구회 취지'가 붙어 있다. 조선총독부가 재정 부족을 이유로 한센인들에 대한 시설 확충에 난색을 표하자, 조선인들이 중심이 되어 조직한 구라단체가 조선나병근절책연구회다. 조선나병근절책연구회는 오늘날 한국한센복지협회의 모태라고 할 수 있다. 연구회 취지문에 이름을 올린 사람은 모두 38명이다. 명단을 들여다보면 윤치호 안재홍 송진우 김성수 김병로 신흥우 이인 최규동 오긍선 등 당대의 조선인 각계 명망가가 상당수 눈의 띤다. 1920년대 조선의 한센병 환자는 1만5천~2만 명 선인 것으로 추정되었으나, 이들을 치료하고 돌볼 공립 시설은 전국에 3~4곳에 불과한 실정이었다. 외국인 선교사 등이 설립한 시설까지 다 합해도 수용인원은 2,000여 명에 불과했다. 이러한 현실을 개선하기 위해 조선나병근절책연구회가 발족했다고 할 수 있다. 조선나병근절책연구회를 결성하는데 앞장섰던 인물은 최흥종崔興琮(1880~1966년) 목사다.

2002년 일본재단 회장의 방문을 기념해 심은 나무 안내판

최 목사는 여수에서 미국 의료선교사 로버트 윌슨과 함께 구라사업에 힘을 쏟던 시절 조직적인 구라사업이 필요하다는 점을 절감하고, 조선나병근절책연구회 결성에 나섰다.

그런데, 조선총독부는 조선나병근절책연구회의 모금운동을 방해하는 한편 1932년 '조선나예방협회'를 조직했다. 관제 조직의 성격을 띤 조선나예방협회는 공식적인 구라협회를 표방했다. 한국한센복지협회 홈페이지의 연혁을 보면, 조선나병근절책 연구회를 모체로 하지만, 조선나예방협회를 협회의 기원으로 명기하고 있다. 한센병과 관련된 역사 서술은 입장에 따라 차이를 보이는 것이 사실이다. 어쨌든 조선나예방협회는 해방 후 1948년 대한나예방협회로 계승되었고, 1956년 사단법인 대한나협회로 개칭했다가, 1982년 재단법인 한국나병연구원 대한나협회로 흡수 통합되었다. 1984년 사단법인 대한나관리협회로 이름을 바꾸었고, 2000년 사단법인 한국한센복지협회가 되어 오늘에 이르고 있다. "한국의 한센인은 2018년 1분기 기준으로 9,900명쯤 된다." (김성태 과장)

부설의원 현관. 협회도 이 현관으로 출입한다

일본 우익 인사의 지원이라는 아이러니

한국한센복지협회의 전체면적은 1만1,300㎡에 이른다. 정문으로 들어서서 처음 만나는 건물인 입원실은 최근에 지어진 건물이지만, 다른 건물들은 본관 신축을 시작으로 1970년대 후반에 건축되었다. 건물은 대부분 기능 위주로 간결하게 지어졌다. 2층

한국한센복지협회 현판. 1948년 창립이라고 밝히고 있다

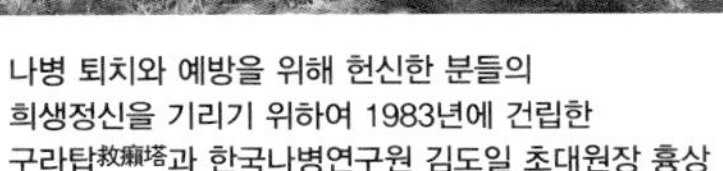

나병 퇴치와 예방을 위해 헌신한 분들의
희생정신을 기리기 위하여 1983년에 건립한
구라탑救癩塔과 한국나병연구원 김도일 초대원장 흉상

본관 뒤 정원

건물인 본관 뒤쪽에는 '평화개발기념관'이라는 현판이 붙은 기숙사 건물이 있다. 연수원 숙사이자, 협회 직원이나 의료진 가운데 출퇴근이 힘든 사람이 생활할 수 있도록 지어진 건물로서 방 6개를 갖추고 있다. 하지만 현재는 사용자가 없는 빈 건물이다. 기숙사 건물 앞에도 기념식수 표지가 있다. 내용은 다음과 같다. "연수원숙사 준공기념식수 일본국 송록신도대화산松綠神道大和山 교주 전택강삼랑教主 田澤康三郎 1978년 9월 18일". 송록신도대화산에 대해 김성태 과장에게 물었으나 "알지 못한다"고 대답했다. 앞서 본관 동판에 적힌 "일부 일본의 독지가"들 가운데 하나로 추정된다.

교육관 건물도 1970년대에 지어졌다. 하지만 교육관 내부는 리모델링해서 현재도 교육 장소로 쓰인다. 교육은 한센병을 담당하는 시도 공무원 8개 반과 직원 역량 강화 10개 반 교육이 이루어진다고 한다. 공무원 교육은 질병관리본부가 주관한다. 교육실은 30명 정도 교육받을 수 있는 강의실을 중심으로 구성

되어 있다. 교육관 건물은 사실 뒤편의 은밀한 공간이 주목된다. 교육관 뒤편으로 돌아가면 지하로 들어가는 입구가 있다. 스산한 느낌을 주는, 지하로 통하는 계단을 내려가면 쇠문이 달린, 교도소의 독방을 연상시키는 방이 2개 나란히 있다. 변기를 갖추고 있는 방은 창에 쇠창살이 둘러쳐져 있다. "부랑아 한센인이나 문제 있는 한센인을 수용하던 곳이라고 알고 있습니다. 그런 시설이 언제 생겼는지, 언제까지 운영되었는지 저는 알지 못합니다." 악명 높은 소록도의 감금실과는 비교할 수 없지만, 한센복지협회에 이런 공간이 있었다는 사실은 과거 한국의 한센인들이 어떤 차별과 인권유린을 겪었는지 짐작게 해 준다.

계약 만료 뒤엔 어떻게?

오는 2025년이면 이경재 신부와 한국한센복지협회 간의 무상임대 계약이 만료된다. "저희야 계약을 연장해서 현 위치에서 한센인의 복지를 위해 더 노력하는 협회가 되기를 원합니다. 하지만 계약 연장이 되지 않을 경우 일부 부지를 매입해서 증축하는 방안이나, 다른 곳으로 이전하는 방안을 모색해야겠지요." (김성태 과장) 향후 어떻게 결정이 되더라도 한센인의 역사가 배어 있는 일부 건물은 보전하는 방안이 강구되어야 할 듯하다. 건립할 무렵에는 한국의 재정 여건 상 일본 우익 관련 단체의 지원을 받을 수밖에 없었다 하더라도, 성 나자로 마을과 나란히 한국 구라사의 한 장을 써온 공간을 그대로 지워서는 안 된다고 판단된다. 아픔이 배어 있는 어두운 역사까지 직시할 용기가 필요한 시점이다.

| 도움말 주신 분 |

김성태 한국한센복지협회 기획예산과장

| 참고자료 |

"조선한센병사-일제식민지하의 소록도" http://cafe.daum.net/kachs/CkQ2/302?q=%EC%A1%B0%EC%84%A0%ED%95%9C%EC%84%BC%EB%B3%91%EC%82%AC

한국한센복지협회 홈페이지 http://www.khwa.or.kr/

국립소록도병원 한센병박물관 http://www.sorokdo.go.kr/sorokdo/board/sorokdoHtmlView.jsp?menu_cd=03040105

24부

의정부

경기그레이트북스 20

01
대성정밀공업

답사일 : 2010년 9월 14일

의정부 공구거리의 시원

의정부시 가능동 64번지 일원은 '공구거리'라 불린다. 도로변 양쪽에 공구와 기계 부속품, 공사현장 안전장비와 소방용품 등을 파는 상점이 죽 늘어서 있다. 이들 상점 사이사이에 공작기계를 가동하는 작은 공장이 간혹 섞였다. 뒷골목 쪽으로는 철판과 강재를 다루는 업체나 정비업소들이 가동 중이다. 이 거리에 자리 잡은 업체와 상점은 약 100개쯤 된다.

의정부 공구거리는 20여 년 전 형성되기 시작했다. "우리 대성정밀공업이 지금 위치에 가장 먼저 들어왔지요. 23년 전쯤 됩니다. 그 후로 비슷한 업종이 몰려오면서 오늘날 공구거리가 되었습니다." 대성정밀공업 정영수鄭永洙 대표가 처음 철공 관련 업체를 경영하기 시작한 지는 33년쯤 되었다. 처음엔 의정부3동에서 시작했다가 현재 위치인 가능동 64-7로 옮겨왔다.

그런데 의정부 공구거리에서 정작 대성정밀공업을 찾기는 쉽지 않다. 판매가 주목적인 상점들은 화려한 데 반해, 한구석에 위치한 대성정밀공업은 말 그대로 '공장'이기 때문에 대로변인데도 먼지 낀 간판 하나 걸렸을 뿐 초라한 탓이다. 어렵사리 찾아낸 대성정밀공업은 겉모습만 보면 1960~70년대에 흔히

대성정밀공업사.
사진 오른쪽이 공장과 사무실로 들어가는 입구이고, 왼쪽 '동방고무백화점' 간판이 붙은 곳은 대성정밀의 노하우가 정리된 곳이다.

볼 수 있었던 평범한 철공업체처럼 보인다.

대성정밀공업의 새시 문을 열면 선반旋盤 형태의 연마기들이 좁은 입구에 나란히 놓여 있다. 언제든 큰 소리를 내며 돌아갈 수 있는 기계들이다. 안쪽으로 들어가면 좁은 입구와는 달리 제법 널찍하지만, 역시 범용 선반을 창의적으로 개조한 각종 기계와 쇳밥, 원자재 철판과 둥근 원기둥 형태의 반제품이 침침한 조명 아래 무더기로 쌓여 있다. 공장으로 통하는 입구 바로 옆에 사무실처럼 꾸민 품질관리실 입구가 따로 있지만, 이곳 간판엔 다른 상호가 걸려 있다. 게

의정부 공구상가 거리. 대성정밀이 자리잡은 이후 하나둘 늘어난 관련 업종 공장

다가 공장의 본 사무실은 공장 안쪽 지하계단으로 내려가야 있다.

그러나 정 대표의 이력을 듣고 나면 공장 안이 처음 인상과는 전혀 다르게 다가온다. 산업응용 공정관리 명장(2007년), 품질관리 명장(2006년), 신지식인(2000년), 경기도 으뜸이(2003년), 명장 명예의 전당 헌정(2010년). "제가 대한민국 최초의 4대 명장입니다. 경기북부에서 품질명장은 제가 유일합니다." 평범해 보이는 공장 내 기계들도 정 대표가 부인 장금순 씨와 함께 발명한 기계들이다. "발명특허를 6개 받았습니다." 부인 장 씨도 경기도 으뜸이, 신지식인, 명장 인정을 다 받았다. 정 대표는 작업복 차림에 방진 마스크를 쓰고 공장 입구 연마기를 돌리는 아주머니가 바로 부인이라고 소개했다.

오늘날 대성정밀공업의 주 생산품은 '칼라 패션 인쇄 롤'이라는 첨단제품이다. 한마디로 종이나 직물에 어떤 색깔, 어떤 무늬도 찍을 수 있도록 해주는 쇠원통이다. 대성정밀공업에서는 원재료인 원통을 연마해서 도금하고 그 위에 다양한 무늬를 새겨 넣을 수 있도록 가공해서 패션섬유업체에 넘긴다. 대성정밀공업의 직원 10명이 이 철제 롤 생산만으로 월평균 3억 원 가량 매출을 올린다.

'컬러 패션 인쇄 롤'은 8~10가지 컬러 인쇄가 가능해야 하고, 복잡한 문양을 새겨 넣어야 하는 제품이기 때문에 고도의 정밀작업이 요청된다. "이 롤은 오차가 1,000분의 0.0003밀리 이하여야 합니다. 원통 길이가 긴 것은 3m나 되지만 이 허용오차를 넘어서면 불량품입니다." 정 대표가 처음 공작기계 일을 배우던 1960년대 중반에는 1mm 오차가 나도 괜찮았다고 한다. 정 대표가 초등학교밖에 졸업하지 못한 '공돌이'로서 "기계밥"을 먹기 시작해서 4대 명장이 되기까지 걸어온 길은 생산품의 오차를 1백만 분의 1로 줄여온 한국 기계공업의 역사라고 해도 과언이 아니다.

가능동 64-1이 대성정밀공업의 전부는 아니다. "인천 남동공단에 도금공

공장 내 사무실의 정 대표 컴퓨터. 낡은 기종을 그대로 사용한다. 하지만 이 낡은 컴퓨터 안에 기능명장의 노하우가 다 들어 있다.

15년째 사용 중인 선반

장이 따로 있습니다. 현재 남양주에 대지 3,000평, 건평 1,700평짜리 공장을 짓고 있는 중이구요. 포천시 이동면 장암리에는 연수원도 있습니다." 1977년 창업 당시 대성정밀공업은 5평 규모 공장에서 시작했다. 이후 50평으로 커졌고, 현재 공장은 200평이다. 이 또한 한 기능인이 경영인으로 성장해온 과정에 다름 아니다.

기능인의 탄생

정 대표는 1949년 양주군 백석면 기산리에서 태어났다. 그의 조부는 고종황제의 친위대장을 지낸 정용대(용칠) 선생이다. 경기도에서 의병활동을 했던 조부는 1909년 서대문에서 사형에 처해졌다. 이로 인해 겸재 정선의 후손으로서 양주(현 의정부시 낙양동)에 700년간 세거했던 가문은 몰락했다. 조부가 사형을 당한 후 할머니가 피신한 곳이 기산리다. 정 대표는 거기서 초등학교 1학년까지 다니고 의정부로 돌아와서 중학교를 마쳤다.

"가난에 중학교는 언감생심이었으나 명석한 머리를 아깝게 여기신 선생님께서 시험이나 치러보라 하여 본 시험에 전교 1등이라는 뜻밖의 영예를 차지해

장학생으로 발탁되어 장학금으로 공부하였으나 책은 선배들이 물려준 것으로 공부해야 했고 공책은 친구들이 쓰고 버린 공책을 주워서 공부해야 하는 시련은 피해갈 수 없었다. (중략) 졸업반에 이르러 친구들은 상급학교에 간다고 희망에 부풀어 있었지만 점심은 굶고 저녁은 미군의 원조 밀가루 수제비가 전부였던 나에게는 해당되지 않는 혜택이었다."(정영수 씨가 자신의 삶을 기록한 "산업전사의 꿈"에서 인용.) 정 씨는 중학교 시절 기존 남포(램프)보다 133배나 밝은 반사용 남포를 개발하여 4H경진대회에서 금상을 받은 적도 있다고 한다.

중학교 졸업 후 16세 소년은 서울로 올라가서 (주)오리엔탈공업에 사환으로 취직했다. 자동차와 비행기 등의 부속품을 만드는 업체였다. 거기서 화장실, 사무실 청소와 연탄 갈기 등 허드렛일을 하는 틈틈이 선반 등 공작기계를 다루는 방법을 익혔다. 1960년대 중반은 산업화가 본격적으로 시작되던 시절이어서 기능인력 양성이 시급했던 시점이다.

회사 측의 배려로 정씨는 성동기계공고 야간부에 입학

센터 프레스 작업 광경. 작업복과 방진마스크를 쓰고 작업을 하고 있는 이는 장금순 씨

할 수 있었다. “문자 그대로 주경야독이었지요. 낮에는 공장 일꾼으로, 밤에는 학교에 가서 책을 열심히 보았습니다. 하지만 엄동설한에 공장 구석방에서 이불도 없이 겨울을 나야 했기 때문에 감기와 폐결핵을 앓기도 하고, 인생을 포기할까 하는 생각도 여러 번 했습니다. 그러나 고진감래라고 3년 사이에 선반기능과 용접기능을 완전히 익혔고, 학교도 1등으로 졸업할 수 있었습니다.” 어엿한 기능인이 된 것이다.

자재창고

육군 병기학교에서 군 복무를 마친 정 씨는 제대한 지 3일 만에 (주)신창전기에 계장으로 입사했다. 자동차 전조등과 키를 생산하는 업체였다. 정 씨는 신창전기에서 과장, 부장을 거쳐 상무까지 성장했다. 그러나 승진보다도 청년 기능인 정영수는 신창전기에 재직하는 동안 품질관리에 눈을 떴다. 한국 경제가 기능인력 대량 양성에서 품질관리로 눈을 돌리던 시점이었다. 1975년 당시 26살이었던 정 씨는 전 사원을 대상으로 한국규격협회가 시행한 시험에서 1등을 차지했다. 공고 야간부 졸업 학력인 정 씨가 1계급 특진이라는 혜택을 누리게 되자 질시하는 동료와 상사도 있었지만, 정씨가 이를 악물고 공부를 한 결과였다.

정 씨가 신창전기 시절 얻은 최대의 수확은 따로 있다. 품질경연대회에 나갔다가 부인 장금순 씨를 만난 것이다. 장 씨는 당시 신상통상이라는 회사에 다니고 있었다. 품질관리라는 공통의 관심사는 두 사람을 가깝게 맺어주었다. 장 씨는 1954년생이므로 정 씨와 다섯 살 차이다. 두 사람은 정 씨가 신창전기에서 나와 독립하던 해인 1977년 결혼했다.

장 씨는 이후 30년이 넘도록 부부로서, 같은 일을 하며 함께 기계를 돌리고 발명하는 동지로서 묵묵히 정 대표를 내조해왔다. "나는 외부 일로 번듯하게 하고 다니고 돈을 쓰고 다니지만, 아내는 지금도 그런 점에 대해서는 전혀 잔소리를 하지 않습니다. 보셨듯이 요즘도 작업복을 입고 기계를 돌리지요." 정 대

기계 위에 놓인 황금색 보조기구가 기계 가동 시 진동을 막아주는 특허품이다.
간단한 모습의 쇳덩어리이지만 수천번 시행착오 끝에 발명한 기구라 한다

표는 결혼하고도 계속 공부하여 박사과정까지 마쳤다. 20년 동안 야간에 학교를 다닐 수 있었던 것은 오로지 "아내 덕"이라고 했다. 그동안 따낸 발명특허 6건도 부부 공동작품이라고 한다.

만들고 부수고 또 만들고

정 씨는 1977년 29세의 나이로 신창전기를 나와 5평짜리 철공소를 마련했다. 자신만의 아이디어로 팔리는 제품을 생산할 자신이 있었기 때문이다. "집사람이 시집온 지 석 달 만에 산에서 땔나무를 해 와야 했지요. 일단 직장을 그만두었으니까 그만큼 어려웠지요. 집에서 닭도 치고 돼지도 기르고 참 고생 많이 했습니다." 2년 후인 1979년 정 씨는 의정부3동 33-1에 대성정밀공장의 문을 열었다. 그동안 모은 전 재산에다 은행 빚까지 얻어 10평짜리 공장을 보증금 100만 원에 월세 10만 원으로 임대했다. 종업원은 10명을 두었다.

선반과 밀링머신 등 기계를 갖추어놓고 기계 제작, 금형 제작, 농기구 수리 등 밤낮 없이 공장을 돌렸다. "제가 눈썰미가 있는 편입니다. 누가 와서 어떤 기계를 만들어달라고 하면, 외국에까지 쫓아가서 같은 기계를 한 번 살펴보고 사진을 찍어 와서 제작에 매달렸습니다. 돈에 연연하지 않았습니다." 창업 이후 정 대표가 만들려고 시도해본 기계가 300여 종에 이른다. "그중에 10%나 성공했을까요. 때로는 논 10마지기 값을 날려보기도 하고, 반대로 성공해서 10마지기 값 이상을 벌어보기도 했지요."

특히 초기에 고생이 많았다고 했다. 당시 기계 제작과 금형 제작 분야는 애초에 계약금만 받고 원하는 기계나 부품이 완성되면 완불 받는다는 조건으로 작업에 착수했다. 하지만 개발에 실패하는 경우도 있었고, 성공해도 대금을 받

작업장 벽에 붙은 색바랜 표어와 작업 수칙

지 못하는 경우도 있었다. 공장은 정상가동 되었지만 자금회수가 잘 되지 않아 종업원 급여, 원자잿값 등을 조달하는데 애로가 많았다. "한번은 공장 안에서 원자재나 제품을 들어 올리는 기계를 창안했습니다. 그런데 영업 사기도 당하고 경영도 잘 못해서 망하고 말았지요. 양계장 계분으로 비료를 만드는 기계를 일본회사와 공동으로 개발하는 일에 매달리기도 했는데, 성공하지 못했지요."

첫 히트상품은 1980년 정 씨가 발명한 당면제조기다. 이전에는 손으로 눌러 뽑던 당면을 기계에다 바이브레이터를 달아 자동타법으로 24시간 생산할 수 있도록 한 기계였다. 정 대표는 이 자동 당면제조기가 고전하고 있던 대성정밀의 히트작이라고 기억한다. 오로지 기계 발명과 생산에 몰두하던 정 대표에게 공장 경영은 힘든 일이었다. "1981년 가을 어느 날인가는 대금으로 받은 어음을 들고 강릉지점을 찾아갔다가 부도가 났다는 소식에 너무 충격을 입은 나머지 죽으려고 강릉 앞바다에 무작정 뛰어든 적도 있습니다."

한 번 주문을 받은 기계는 어떻게 하든 완성하려고 밤낮을 가리지 않고 만

품질관리실 전경.

들고 고쳤다. 실패하면 처음부터 새로 시작했다. 그러던 중에 당면기계보다 훨씬 큰 기회가 찾아왔다. 88올림픽을 앞두고, 의류에 장식용 구슬을 붙이겠다는 아이디어를 가진 파주의 한 회사 사장을 우연히 만난 것이다. 그 회사 측에서는 '인조 구슬 제작 기계'를 제작해달라고 했다. 당시로써는 거액인 1억3,000만 원짜리 계약이 성사되었다. 정 대표와 직원들은 6개월 후에 납품하기로 한 기계를 5개월 만에 완성시켰다. 이후 각종 인조구슬로 장식한 옷들이 선풍적인 인기를 끌면서 구슬 제작기계 주문이 폭발적으로 늘어났다. "전국 각지에서 돈 보따리를 싸 들고 우리 공장에 찾아 왔더랬습니다."

흥미로운 점은 패션산업과 기계공업 간의 관계다. 패션의 발전도 기계를 필요로 한다. 다시 말해 정 대표처럼 고학하며 공작기계 작동법을 익히던 시절은 70년대에 이미 지나갔다. 국가 정책의 기조도 중화학공업 육성으로 변했다.

기계공업 역시 대형 장치산업 쪽으로 방향이 잡혀 있었다. 그러나 인조구슬 기계의 예에서 보듯이 공작기계를 발전 시켜 히트상품을 창출할 기회는 열려 있었던 것이다. 정 대표는 이 기회를 놓치지 않았다.

대성정밀공업은 밀려드는 주문을 감당하기 위해 생산성을 획기적으로 높였다. 예를 들어 직원 10명이 인조 구슬 기계를 하루 10대 생산하던 것을 기계의 효율성을 대폭 높일 수 있는 방안을 끊임없이 연구하고, 공정을 크게 개선함으로써 같은 인원이 하루 100~120대까지 생산할 수 있도록 끌어올린 것이다. 눈부신 기술혁신이라 할만하다. 그게 다가 아니었다. 대성정밀은 불량률 제로에 도전했다.

불량률 제로에 도전하다

현 대성정밀공업 품질관리실에는 다른 공장에서 보기 어려운 현상이 두 가지 있다. 첫째는 불량제품 전시이고, 둘째는 지금까지 대성정밀공업이 이룬 기술혁신과 공정개선의 전 과정을 담은 수많은 파일철(file綴)이다. 우선 불량품 전시부터 보자. 현재의 생산품인 '컬러 패션 인쇄 롤'을 만드는 과정에서 불량품으로 분류된 롤이 20개가량 한쪽 벽면에 죽 서 있다. 비전문가의 눈으로 보면 완성품과 불량품은 구별되지 않는다. 불량품이라고 해도 나노 수준의 흠집이 있는 제품이기 때문이다.

"새로운 직원이 입사할 경우 한 달 동안 일을 시키지 않고 이 불량품을 연구하라고 합니다. 어디가 불량인지, 왜 불량이 생겼는지를 스스로 알아내보라는 것이지요." 정 대표의 경영방침은 거기서 한 걸음 더 나간다. "우리 회사에서는 자신이 깎은 제품이 불량품이라는 걸 스스로 신고한 사람에게 상을 줍니다."

품질관리실 사무실 한쪽 벽면을 가득 채운 대성정밀의 데이터베이스와 노하우 정리파일.
그동안의 시행착오를 포함해 각종 특허기술과 제작공정을 상세하게 정리해 놓았다.

'인조구슬 제작기계'를 혁신하는 과정에서 자연스럽게 터득한 이 방식은 지금까지 이어져 '불량률 제로'라는 신화에 도전하게 하는 원동력이 되었다.

"상품을 만드는 사람은 장인으로서 혼과 정신이 늘 가슴속에 배어 있어야 합니다. 작업을 할 때는 오로지 제품 안에 자신을 담아야 합니다." 대성정밀 공장 안에 있는 기계들은 이런 혼과 정신의 결실이라고 할 수 있다. 공장의 기계들은 대부분 범용 선반을 응용하여 창안한 것들이다. 정 대표와 부인이 30여 년간 연구 끝에 발명특허를 받은 공압튜브 샤프 연마기를 비롯하여 저속 연마기, 인쇄용 롤 연마석과 인발금형 등이 모두 이러한 장인정신의 결과물이라 할 수 있다. 대성정밀공업이 저속 연마기를 창안하기 이전엔 같은 기계를 독일과 일본에서 모두 수입하여 사용할 수밖에 없었다.

이 공장 내 창안품 가운데는 기계의 흔들림을 잡아주는 작은 보조기구가 있다. 가공 중인 인쇄 롤 위에 올려놓아 제품의 정밀성을 높여주는 이 기구는 매우 단순해 보인다. 하지만 이를 창안하기까지 정 대표와 직원들이 10년이라는 세월과 정성을 들였다고 한다. "우리 업계에서 다른 공장은 이런 기구를 아직 만들어내지 못하고 있습니다. 이런 작은 것 하나하나가 우리 제품의 정밀도를 보장해주지요. 불량률 제로도 그런 바탕 위에서 가능해 진 목표이구요."

대성정밀공업은 직원들의 작업능력을 극대화하기 위해 지원을 아끼지 않는다. 대학과 연구소에서 실시하는 교육에 꼭 참석도록 하는 것은 물론이고, 대표와 직원이 일주일씩 집에 못 가는 한이 있더라도 제품 개발을 함께하기도 한다. 만약 직원이 연구개발에 성공했을 경우 한 달 치 봉급을 포상금으로 주고, 여기에다 이로부터 산출된 1년 치 이익 가운데 10%를 인센티브로 더 지급한다. 연구개발성과가 높은 직원은 부부동반 해외여행을 보내주기도 한다. "소금 먹은 소가 물 먹는다는 옛말처럼 한번 상금과 격려금을 받은 직원은 다시 새로운 문제를 붙들고 해결하는 기법 연구에 매달리지요."

대성정밀공업 품질관리실 한쪽 선반을 가득 메운 파일에는 이렇게 피나는 노력 끝에 한 걸음씩 불량률 제로에 다가서는 과정과 그동안 대성정밀공업이 성공시킨 발명품 및 공정관리 개선 전 과정을 담고 있다. 파일을 펼치면 기계 설계도면, 작업방식, 발명특허 기계 만드는 법 등이 도면과 사진을 곁들여 "유치원생도 알아볼 수 있게" 세밀하게 정리되어 있다. 여기에는 시행착오의 과정까지 정리돼 있다. 또한 제품 관련 600여 가지 데이터베이스도 구축돼 있다.

"이런 파일이 40권 정도 있습니다. 페이지 수로는 2만 쪽이 되지요. 이런 파일은 대학이나 연구소의 연구실에서 나올 수 없습니다. 생산 현장의 장인이라야 가능하지요. 나는 이 파일들을 모두 후세에게 남길 것입니다. 나는 명인으로서 명예만을 가지고 가고, 내가 터득한 노하우는 후세에게 모두 물려주자는 것이지요. 나는 기능인이 우대받는 세상을 만들고 싶습니다."

명인의 꿈

정영수 대성정밀공업 대표

정 대표는 공업사 사환으로 입사한 16살 이래 책과 망치를 손에서 놓아본 적이 없다. 그는 줄곧 장인의 꿈을 꾸었다. "요즘은 '마이크로 메터'라고 해서 오차를 측정하는 기계가 있습니다. 예전엔 줄자를 가지고 손 측정을 했지요. 그런데 기계측정은 한 번 하는데 5분 정도 걸리는 반면 손측정은 5초도 안 걸립니다. 손 측정을 100만 번쯤 연습하면 기계측정처럼 정확합니다. 하지만 100만 번 연습하려면 손끝에서 피가 터집니다. 그렇게 피 터지게 연습을 해야 장인이 될 수 있습니다." 그가 걸어온 길이다.

정 대표는 박사학위 소지자다. 중학교 졸업 학력으로 사회에 나와서 공고-전문대-대학-대학원을 모두 야간으로 졸업했다. "야간에 공부한다고 학교에 다닌 세월이 햇수로 20년이 넘습니다. 결혼을 하고 나서 전문대와 대학, 대학원을 다녔으니, 이 역시 집사람 덕입니다." 공부한 분야도 기계와 전기공업에 그치지 않고 행정학과 사회복지학 등 경영을 위해, 사회활동을 위해 필요한 학문은 최선을 다해 공부했다고 한다.

이런 노력 끝에 그는 요즘 "하루에 다섯 번, 많을 때는 열 번 옷을 갈아입는 사람"이 됐다. 아침에는 농부 차림으로 텃밭을 가꾸고, 공장에 출근해서는 작업복으로 갈아입으며, 오후엔 시민을 만나고 봉사활동을 펼치고, 밤에는 대학 강단에 서며, 밤엔 편안한 차림으로 글을 쓴다. 그는 직업능력개발 분야에서 손꼽히는 명강사다. 지난 2006년에는 4대 의정부시의원에 당선되어 초선으로 부의

정 대표의 부인 장금순씨.
장씨 역시 경기으뜸이자 정 대표와
특허품을 공동개발한 명인이다.

장을 지내기도 했다.

"제가 받은 이런저런 공적 상만 해도 120가지 정도 됩니다. 하지만 제게는 이 세상에 났으니 뭔가 남기고 가고 싶다는 생각밖에는 없습니다. 기능인이 우대받는 세상이 되려면 무엇을 해야 하는가를 늘 생각합니다. 독일은 명장을 장관으로 예우합니다. 스위스 같은 나라는 시계 명장에게 그의 이름을 내건 전시관을 지어줍니다. 우리는 어떻습니까. 산업화를 이끈 기능인들을 '공돌이'라고 천시했지요. 이래서는 안 됩니다. 장인을 제대로 대접해주는 세상이 되어야 발전이 있습니다."

정 대표의 경우는 어쩌면 시대의 흐름을 잘 탔기에 가능했던 극소수 장인의 성공사례라고 할 수 있다. 하지만 그가 걸어온 삶의 궤적과 의정부 대성정밀공업 공장은 한국의 산업화를 가능하게 했던 기능인들의 땀과 눈물의 세월을 잘 보여준다. 특히 그가 정리해놓은 파일철은 소중히 보전해야 할 자료라고 판단된다.

| 도움말 주신 분 |

정영수(鄭永洙) (주)대성정밀공업Co. 대표

| 참고자료 |

의정부시 · 의정부문화원, 『시정40년사』, 2004.

02
부흥국수

답사일 : 2009년 5월 19일

한국의 국수문화

국수는 근대화와 더불어 한국인의 일상적 식생활로 확대된 대표적 음식이다. 1960~70년대 도시 변두리의 풍경 속에는 국수집(소규모 국수공장)이 어김없이 들어있다. 게딱지처럼 달라붙은 작은 집들 사이, 시장 어귀나 공동수돗가가 있던 공터 변에는 국숫집이 있었고 그 앞에는 늘 하얀 국수가 널려있었다. 배고픈 아이들은 주인 몰래 국수 가닥을 끊어 먹으며 그 밍밍한 날국수가 맛있다고 느꼈다.

한국 사람들은 오래전부터 국수를 만들어 먹었으나, 밀의 생산이 많지 않았기 때문에 상용음식이 되지는 못했다. 밀가루를 만드는 것이 무척이나 힘이 들고 정성이 따르는 일이어서 국수는 생일 · 혼례 등 경사스러운 날의 특별 음식이었다. 국수의 모양 때문에 생일에는 수명이 길기를 기원하는 뜻으로, 혼례에는 결연結緣이 길기를 원하는 뜻으로 많이들 먹었다. 그로인해 잔치국수라는 만들기 쉬우면서 담백한 맛의 음식이 생겨났다.

특별한 날에만 먹던 국수가 일상 음식으로 확대되기 시작한 것은 1950년대 이후의 일이다. 원래 사람들은 가정에서 반죽을 밀판에 밀어 칼국수로 만들

의정부3동에 위치한 부흥국수 공장

거나 국수틀을 물솥에 걸어놓고 반죽을 바로 끓는 물 속으로 떨어지게 하여 삶아 먹었다. 이 같은 전통적인 가정식 국수제조방법도 유지되었지만, 공장에서 생산된 국수가 이 시기에 널리 보급됐다. 공장국수 제조방법은 일본에서 도입되었다. 국수를 기계로 뽑아 건조하는 기술이 도입되면서 서울, 대구, 부산, 평양 등지에 공장이 세워졌다. 공장에서 제조되는 국수는 종류가 다양했다. 가는 국수, 우동국수, 메밀국수 등이 만들어져서 상품으로 팔려나갔다. 한국전쟁 직후 먹을 것이 귀했던 시절, 멸치만 있으면 먹음직스러운 한 끼 식사가 되는 국

부흥국수 제품

수는 이렇게 한국인의 식생활에 주요한 음식으로 자리 잡았다.

의정부의 '부흥국수'는 1945년에 만들어져 아직도 소규모 국수 공장의 형태를 유지하며 지난 반세기 한국인의 음식문화를 증언하는 곳이다.

부흥국수의 역사와 현황

경기도 의정부시 경의초등학교 앞 2층짜리 붉은 벽돌집은 전통국수의 맥을 잇고 있는 몇 안 되는 국수집이다. 이곳은 제2대 장인인 권완구 씨가 운영하는 '부흥국수(경기도 의정부시 의정부3동 372-5호)' 공장이다. 쇠퇴하였던 것이 다시 일어난다는 뜻의 '부흥復興'이라는 이름은 낡은 옷처럼 오래된 무엇이라는 뉘앙스를 풍긴다. 하지만 50여 년 전 한국전쟁으로 인해 폐허가 되었던 이 땅에서 부흥은 간절한 소망이었고 절체절명의 암담한 위기에 놓인 한국인들에게 밝은 등불 같은 말이었다. 이 말은 한국의 근대화 과정과 함께해온 상징적인 단어이다. 민족부흥, 농촌부흥, 경제부흥 등은 이 시대의 사명과 같은 것이었다. 이와 같은 맥락에서 부흥국수라는 이름은 창업 당시의 시대적 맥락을 고스란히 반영하고 있다.

부흥국수는 1대 장인인 이길훈(작고) 씨가 평생을 일군 국수 브랜드다. 한국전쟁 직후 이 씨는 동업하던 친구의 부도로 할 수 없이 맡게 된 국수기계를 운명으로 받아들이고, 다시 사업을 일으켜 보자고 국수 이름을 '부흥復興국수'로 정했다. 처음 시작할 당시는 먹거리가 귀하던 때라 꽤 잘 팔려서 의정부 시내 최초의 2층 건물(미우미호텔보다 먼저 지었다고 함)을 지을 정도로 사업이 번창했다고 한다.

그 당시에는 전기가 없던 시절이라 손으로 기계를 돌려가며 힘들게 국수를 만들다가 이후 모터발전기를 들여와 사용했다. 밀가루를 반죽해 기계에 붓고 국수가 뽑혀 나오는 것을 받고 자르는 작업을 3~4명이 달려들어 새벽 4시

50여 년 전부터 사용되어온 국수틀

국수를 자르는데 사용되던 무쇠칼

제2대 장인인 권완구씨가 초기의 국수기계에 사용됐던 기어를 들어보이고 있다

국수를 말리는 건조실 천장에는 선풍기들이 빼곡하게 매달려 있다

국수를 말리고 있는 모습

까지 해야 밀가루 14포 분량의 국수를 뽑을 수 있었다. 당시에는 기계에서 뽑혀 나오는 국수 가닥을 손으로 잘라주었는데 그 때문에 국수가닥이 서로 붙어서 일일이 다시 손으로 풀어줘야 했기 때문에 작업이 한층 어려웠다.

부흥국수가 지금까지 그 명맥을 이어올 수 있었던 것은 전통방식을 고집해온 장인정신 덕이다. 국수를 만드는 데는 특별한 재료도 없고 특별한 기술도 없다. 하지만 결코 어김이 없었던 한 가지 고집은 있었다. 우선 국수의 재료인 밀가루를 일등품만 쓰고, 손으로 치대어 반죽할 때 사용하는 소금물도 채에 받쳐서 가라앉힌 다음 사용했고, 국수는 건조시간이 중요하기 때문에 TV · 라디오 등 일기예보에 신경을 곤두세우면서 그때그때 날씨에 맞춰서 만들었다. 이것이 국수의 쫄깃한 맛을 결정하는 키포인트라고 한다. 이렇게 정성 들여 국수를 만들었기 때문에 식품 검사에 불합격한 적이 한 번도 없었다. 반죽의 두께도, 면발의 굵기도 그저 장인의 손끝 감각에 달려 있을 뿐이니, 맛있는 국수의 비결은 결국 손맛인 셈이다.

이길훈 씨는 부흥국수를 만들어 팔며 여섯 딸들을 모두 공부시키고 결혼까지 시켰는데 가업家業을 계속 이어갈 자녀가 없었다. 부흥국수가 폐업의 위기에 처했을 때 가게에 자주 들르던 젊은이(권완구, 현 부흥국수 대표)가 찾아와서 기술을 배우고 싶어 해서 선뜻 기술을 전수하고 사용하던 모든 기계와 집기들도 넘겨주었다.

그리하여 부흥국수의 전통은 권완구 씨로 이어져 재래식 기계를 통해 전통기법대로 만들어지고 있다. 권 씨는 스승인 이길훈 씨의 장인정신을 이어받아 전통비법을 계속 살려 제품을 만들되 그 바탕 위에 오늘날에 맞는 국수를 개발하고자 노력하고 있다. 그 결과로 쑥국수, 검정 쌀국수, 메밀국수 등을 개발하였으며, 부인(윤순희)과 함께 부흥칼국수를 만들어 판매하고 있다. 요즘은 인터넷으로 신청을 받아, 택배를 이용해서 전국으로 배달을 하고 있다.

전통국수를 만들 수 있어서 행복하다는 권완구 씨는 4년 전 작고한 스승이 자신에게 국수 만드는 법을 3개월 동안 가르쳐주고 풍을 맞았다고 했다. 그가 이길훈 씨와 인연을 맺은 것은 15년 전이었다. 부인인 윤순희 씨가 국수를 좋아해 15년 전부터 이길훈 씨의 가게를 드나들었다는 것. 자신이 원래 장돌뱅이였다는 권 씨는 부흥국수 제2대 장인이 된 사연을 다음과 같이 말했다.

"어느 날 국수를 사려고 갔는데 팔지를 않았어요. 알고 보니까 부흥국수가 대를 이을 사람이 없어 폐업 위기에 놓였던 거예요. 주변에 국수의 옛맛을 그리워하는 사람들도 많은데 부흥국수가 이대로 문을 닫아서는 안 되겠다는 생각이 들었어요. 그래서 무턱대고 찾아가서 물어보니까 할아버지(그는 스승인 이길훈 씨를 이렇게 불렀다.)가 돈을 많이 벌 수 있다는 거예요. 그래서 기술을 배워서 공장

말린 국수를 이곳에서 포장하기 위해 정리한다.

을 차렸어요. 그게 1997년이에요.

그런데 막상 차리고 보니까 국수가 그렇게 많이 안 팔렸어요. 잘 팔린다더니 왜 이렇게 안 되나 해서 알아보니까, 할아버지가 말했던 잘 팔려서 돈을 많이 번다는 게 고작 월 200만 원 정도였던 거예요. 장돌뱅이 하면서 잘 될 때는 월 천만 원까지도 벌었는데 고작 200만 원 바라보고 국수를 만들어야 하나, 참 한심해지는 거예요. 그래서 때려치우려고 마음을 먹었어요. 그런데 가만 보니까 묘하게도 한 번 사 간 사람은 꼭 다시 오는 거예요. 그래서 마음을 고쳐먹었죠. 손익계산을 해보니까, 4천8백만 원쯤 투자하면 2년 정도면 흑자로 돌아설 수 있겠다는 계산이 서더라고요. 결국 예상이 맞아떨어졌죠. 2년 만에 흑자가 되더니 '맛 대 맛' 등 티비 음식프로그램에 소개되면서 유명세를 타기 시작했죠. 그렇게 장사가 재밌어지더라고요."

그는 단골고객이 많다는 것을 자랑하며 낡은 주소록을 보여주었다. 거기에는 김영삼 전 대통령과 이명박 대통령(주소록에는 서울시장으로 기재되어있다), 조용기 목사 등 내로라하는 쟁쟁한 인사들의 명단이 빼곡히 적혀 있었다. 유명한 단골고객들은 주로 구정, 추석 등 명절에 주문 전화를 한다고 했다. 손님 치를 일이 많은 사람들이니 그럴 법도 했다.

부흥국수 사장의 꿈

권 씨는 부흥국수의 역사에 대해 스승인 이길훈 씨가 거의 모든 것을 만들었지만 원래는 일본 강점기때 흥선로터리 철길 옆에 살며 포수를 했었던 홍씨 성을 가진 분이 시작했다고 들었다고 했다. 재미있는 것은 가업이 혈연으로 이어지지 않고 남에게로 이어져 왔다는 것이다. 그는 이길훈 씨에 대해 다음과 같이 회고 했다.

"그분은 한마디로 소걸음으로 한평생을 걸어가신 분이예요. 아무리 일이 힘들어도 잔꾀를 부린다거나 편법을 쓰지 않고, 옆을 기웃거리지도 않고 당신이 하던 방식대로 고집스럽게 국수를 만드셨죠. 기계 돌리는 속도도 언제나 일정하게 유지했어요. 하루에 14포 이상은 절대로 안 뽑았죠. 장인정신으로 욕심을 누르며 한평생을 사셨죠. 조카가 부흥국수라는 이름으로 국수공장을 하려고 했는데도 제자인 저에게 모든 것을 넘기셨죠. 제 솜씨가 당신의 손맛을 닮았다는 거예요.

그때는 그게 무슨 소리인지 잘 몰랐는데 지금은 어렴풋이 알겠어요. 잔꾀부리지 않고 고집스럽게 해야 진짜 손맛이 나와요. 반세기를 훌쩍 넘긴 부흥국수의 손맛을 이어가기 위하여 기술을 전수받고 나서 수많은 연구와 연습을 반복적으로 하였으나 실패와 실수를 거듭하면서 한 가지 깨달은 게 있어요. 그건 정성만이 손맛을 이어갈 수 있다는 거예요. 사실 비법은 없어요. 그냥 거짓말하지 않으면 돼요. 사람들이 싼 재료를 가져다 쓰면서 비싼 것의 맛을 내려니까 이상한 맛이 나오는 거예요. 그분이 생전에 권 서방 잘되는 것 보고 죽었으면 좋겠다고

옛 국수기계의 기어축

하셨는데 생각해보면 그분이 진짜 장인이었던 것 같아요."

권 씨는 현재 부흥국수의 가격이 비싸서 마음에 걸린다고 말했다. 대기업 제품 가격의 약 2배이기 때문에 서민들이 사 먹기에는 좀 부담스럽다는 것이 현재 제일 큰 고민이라는 것이다. 앞으로 저가의 제품을 만들기 위해 노력 중이라고 했다.

그는 또 공장의 한편에 지금은 사용하지 않는 옛 기구들을 보관하고 있다. 롤러와 국수를 자르던 무쇠 칼날, 국수 운반용 짐자전거 등을 간직하고 있다. 그는 초창기부터 오랫동안 사용됐던 기구들을 좀 더 모아 국수 박물관을 만드는 게 꿈이라고 했다.

| 도움말 주신 분 |

박정근 의정부문화원 과장
황말무 의정부문화원 감사
권완구 부흥국수 제2대 장인

| 참고자료 |

의정부시 · 의정부문화원, 『시정사십년사』, 경인일보사, 2004
『경기도 근대문화유산 조사 및 목록화 보고서』, 2004
함한희, 『부엌의 문화사』, 살림출판사, 2005
의정부 문화원, 『회룡문화』, 2002년 상권
경기문화재단, 『기전문화 2006년 7 · 8월호』
www.ilovenoodle.co.kr(부흥국수 홈페이지)

03
오뎅식당

답사일 : 2010년 4월 27일

'음식발명가' 허기숙 씨

허기숙 씨는 1935년생이므로 올해 일흔여섯 되는 할머니다. 단아한 체구에 눈매가 부드러워 정이 많아 보인다. 어려운 말을 쓸 줄 모르고 유창하게 과거사를 들려줄 언변도 없다. 터놓고 말해 시장통에서 쉬 만날 수 있는 평범한 이웃집 할머니 같은 인상이다. 그러나 허기숙 씨는 누구도 생각지 못했던 기발한 음식을 손끝 하나로 창조해낸 '발명가'다.

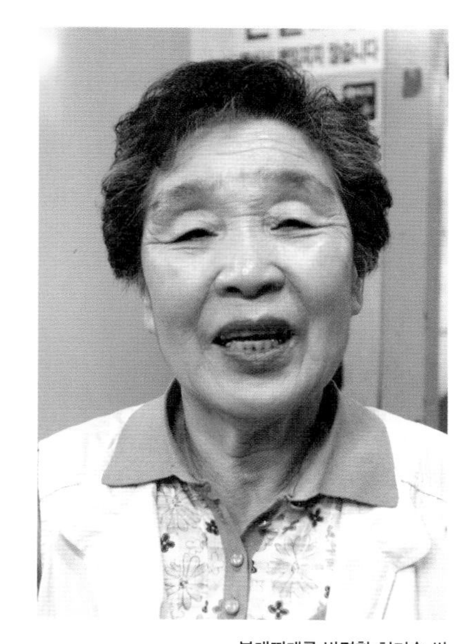

부대찌개를 발명한 허기숙 씨

햄, 소시지와 김치, 고춧가루가 만나 기막힌 맛을 내는 '부대찌개'는 한국인의 외식 메뉴이자 좋은 술안주로 꼽힌다. 얼핏 생각하면 태생적으로 섞일 수 없는 재료들을 만나게 한 이 음식은 누구나 쉽게 착상할 수 있는

오뎅식당

음식처럼 여겨질지도 모른다. 하지만 한국식 '퓨전요리'의 원조인 '부대찌개'는 미군 부대 잔반을 쓸어 넣어 끓여 먹던 허기진 시절 우연히 태어난 음식이 아니다. 허기숙 할머니가 50여 년 전 둘 사이의 음식궁합을 맞추는 비법을 발견하기 전까지는 이런 오묘한 맛을 내는 새로운 찌개가 이 세상에 없었다고 해도 과언이 아니다.

허기숙 할머니를 만나려면 의정부시 의정부1동 〈의정부 부대찌개 거리〉로 가야 한다. 옛 양주군청 옆 골목에 자리 잡은 이 거리의 입구 근처에 '오뎅식당'이라는 간판이 걸려있는데, 이 집이 허 할머니가 51년째 그 맛을 이어가는 집이다. '호국로 1390번길 7호'라는 주소판이 걸린 이 음식점은 〈의정부 부대찌개 거리〉에서도 조촐한 편에 속한다. 후발 동종 음식점들이 넓은 실내와 최신 인테리어를 자랑하는데 비해 '오뎅식당'은 외장타일을 붙인 평범한 단층 건물에 실내가 30평 정도에 불과하다.

"내가 스물댓 살 무렵에 장사를 시작했다우. 처음엔 이동식 포장마차를 끌고 다니면서 지금 부대찌개 골목 앞에서 장사를 했어요. 당시엔 여기가 진구렁 도로

오뎅식당 내부

였어. 파는 음식도 오뎅과 국수 정도였구요. 그때 고생하던 걸 생각해서 지금도 간판을 '오뎅식당'이라고 하지." 허 할머니가 3~4년간 포장마차 장사를 하다가 지금 자리에서 허가받은 붙박이 장사를 시작할 수 있게 된 것은 1964년 무렵이라고 한다.

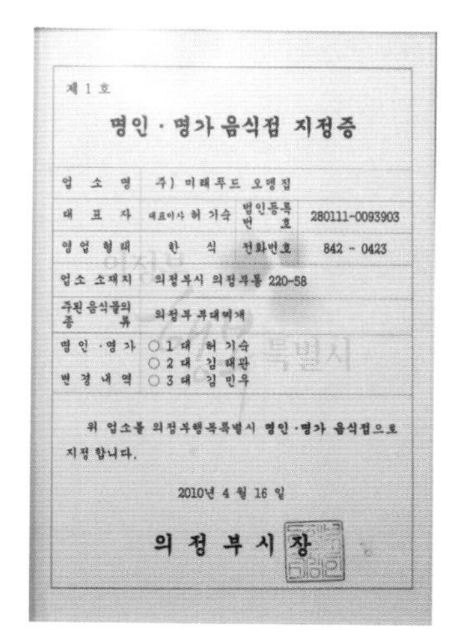

제 1 호

명인 · 명가 음식점 지정증

업 소 명	주) 미래푸드 오뎅집		
대 표 자	대표이사 허 기숙	법인등록번호	280111-0093903
영업형태	한 식	전화번호	842 - 0423
업소 소재지	의정부시 의정부동 220-58		
주된 음식물의 종류	의정부 부대찌개		
명인·명가 변경내역	○ 1 대 허 기숙 ○ 2 대 김 태판 ○ 3 대 김 민우		

위 업소를 의정부행복특별시 명인·명가 음식점으로 지정 합니다.

2010년 4 월 16 일

의 정 부 시 장

명인 명가 음식점 지정증

당시 현 음식점 자리에 한옥이 한 채 있었다. 그 행랑채에 해당하는 일부를 세 얻어 목로식 음식점을 시작했다. "작은 홀에 테이블 대여섯 개 놓고 연탄불로 조리하는" 집이었다. 그러다가 허 할머니가 부대찌개를 '발명'하면서 장사가 "일어나" 아예 그 한옥을 사서 헐고 음식점을 만들었다. 현재의 건물은 "88올림픽 무렵"에 새로 지었다.

'오뎅식당' 입구엔 '의정부시 명인명가 음식점 1호'라는 팻말이 붙어있다. 〈의정부 부대찌개 거리〉 표지판 아래도 "명인명가 허기숙"을 축하하는 플래카드가 걸렸다. 넓지 않은 음식점 안 벽에도 이 집을 다녀간 명사들이 허 할머니표 원조 부대찌개 맛에 감탄해 남긴 다양한 예찬이 붙어있다. 오른쪽 귀퉁이엔 이 식당을 소개한 일본 〈아사히

명인명가 음식점 현판

부대찌개 거리

신문〉 2007년 5월 1일 자 상자기사도 보인다. “확인은 못 해봤는데, 어느 손님이 〈월 스트리트 저널〉에도 우리 식당 소개 기사가 실렸다고 하더군요.” 식당 일을 돕는 할머니의 손자 김민우 씨의 귀띔이다. ‘통행금지’에 쫓기는 취객이나 미군클럽 여종업원을 상대로 ‘오뎅장사’를 하던 허 씨가 이제는 국제적으로 소문난 ‘부대찌개’를 어떻게 생각해낼 수 있었을까?

눈물로 버텨낸 세월

“어느 날 미군 부대 군속으로 있는 이가 우리 포장마차에 들렀다가 이런 말을 했어요, 미군 부대 식당에서 미군들에게 제공되는 고기 중에 남는 토막이 자루로 나오는데, 버리기가 아깝다. 미군부대 식당에서는 고기를 반듯하게 썰고 끄트머리 남는 자투리는 버린다. 그걸 가져올 테니까 음식을 만들어

의정부 부대찌개 거리 입구

1999년 부대찌개 거리가 처음 조성됐을 때의 사진. '부대찌개' 대신 '의정부찌개'라 한 거리명이 흥미롭다.

줄 수 있겠는가. 열다섯 명 정도 올 거다. 정말로 이 사람이 허리에 전대처럼 두르고 온 은박지를 펴보니까 12가지 고기가 나오는데 너무 좋은 거라. 그래서 일단 아이스박스 큰 걸 가져다가 고기 깔고 얼음 깔고 또 고기 깔고 얼음 깔고 하는 식으로 층층이 보관을 했지요.

그런데 처음엔 겁이 났어요. 스뎅 판에다 고기를 구워보니까 눌어붙어. 고민 고민 하다가 어디서 솥뚜껑을 구해왔어요. 애들 아버지가. 거기에 들기름, 돼지기름 두르고 고기에 파, 고추, 양파를 길쭉길쭉하게 썰어 넣고 볶았지요. 미군 부대 사람들이 찾아왔는데 깜짝 놀라는 거야. 맛있다고. 그러면서 고기를 대줄 테니 이 장사를 해보라고 하더군요. 그래서 연탄불에 솥뚜껑 놓고 미군 부대 고기를 한국식으로 볶아서 안주로 팔았지요. 하루에 막걸리를 열 말도 넘게 팔았어요. 인기가 좋았지. 그걸 준비하느라 밤에도 잠을 자지 않았지요.

허기숙 할머니가 손님 테이블의 부대찌개 간을 맞추고 있다

처음 장사를 할 때 작은집에서 돈을 빌려서 시작했는데, 1년 만에 다 갚았어요. 근데 소문이

農村の避妊 国の命運

家庭画報

GRACE

イタリア美味遺産

今、冠婚葬祭の装い

オペラの殿堂

オデン식당과 허 할머니를 소개한 아사히 신문. 하단 상자기사

금세 퍼지더라구. 지역 유지는 말할 것도 없고 서울에서도 먹으러 찾아오는 거야. '기어 들어가고 기어 나오는' 가게인데도 말이에요."

시작은 우연찮은 행운이었던 셈이다. 하지만 이 행운을 단단히 부여잡을 수 있었던 것은 허 할머니에게 음식솜씨와 돈을 벌어 가난을 벗어나 보겠다는 의지가 있었기 때문일 터이다. 이제 허 할머니는 또 한 번 솜씨를 발휘한다.

"하루는 이런 안주도 좋은데, 밥을 먹을 수 있게 이 재료로 찌개를 만들어 보라고 누가 그러더군요. 또 이삼일 밤을 새며 궁리했지요. 고기를 볶는 방식으로 찌개를 만들 수는 없잖아요. 재료도 이것저것 넣어봤는데 우리 입맛에 맞는 찌개 맛이 안 나는 거예요. 예를 들어 양배추를 넣어봤더니 단맛이 나서 실패야. 궁리 끝에 김치를 삭혀서 넣어 봤더니 찌개로 딱 맞는 맛이 나더군요."

허 할머니의 '발명품' 부대찌개는 얼마 후 조금 더 '버전 업' 되었다. 삭은 김치와 숭숭 썬 대파, 당면, 두부 등을 고기, 햄, 소시지와 함께 넣고 끓이다가 김이 뚜껑 위로 새어나오기 시작하면 국자로 찌개국물을 골고루 부어주면서 더 끓도록 기다린다. 먹다가 양이 적다 싶으면 라면을 넣고 육수를 더 부어 별미를 더한다. 반찬은 익은 김치 한 접시에 아삭아삭 한 무짠지 한 접시가 전부다. 이 방식은 지금도 변함없다. "우리는 치즈를 넣지 않아요. 그러면 제맛이 안 나."

오뎅식당의 부대찌개 한 상. 반찬이라곤 김치와 무짠지 한 접시 뿐이다

그런데, 부대찌개 맛은 승승장구한 데 반해 할머니의 수난 또한 깊어졌다. 한 자루에 당시 돈 50원 받고 미군 부대에서 버리는 식자재를 공급해주던 사람들이 다른 곳으로 전근을 가버렸다. 할 수 없이 허 할머니는 "양공주"들로부터 재료를 사들였다. 하지만 이게 화근이었다. 얼마 지나지 않아 세관원들이 들이닥쳤다.

"구둣발로 온 집을 들쑤셔 놓고, 이불까지 죄 들춰보고, 그리고는 끌고 가더라고요. 유치장에 수감해 놓고 누가 공급했는지 불라고 추궁을 받았지요. 그런데도 난 안 불었어. 그리고 나서 툭 하면 세관에서 나오는 거라. 많을 때는 한 달에 열흘씩 불려 다니기도 했어요. 남편은 그 때문에 병이 났어."

이 대목에서 허 할머니 눈에 눈물이 고이고 목이 메어 말을 잇지 못했다. 그 고생을 벗어난 지금도 당시를 회상하면 눈물을 참을 수 없다고 했다. "당시

오뎅식당 메뉴와 가격

고모(할머니의 딸)가 어릴 땐데 업고 장사를 하고 끌려다니고 하다가 어린 고모가 동상에 걸리기도 했다고 해요." 손자 김민우 씨가 옆에서 거들었다. 그 고생을 하며 키운 고모는 현재 미국에 이민 가서 잘 산다고 했다.

"동네 사람들이 '바보'라 그랬어요. 사흘 장사를 잘해도 하루 압수로 물거품이 되는 장사를 왜 계속하느냐는 것이지요. 참, 한 번씩 끌려가면 얼이 다 빠지곤 했어요. 애들 아버지는 그때 얻은 병 때문에 결국 일찍 돌아가신 셈이지요. 그런데, 어느 날 미군 장교들이 식당에 왔어요. 나는 단속 나온 줄 알고 깜짝 놀랐는데, 그게 아니라 소문을 듣고 먹어보러 왔다더군요. 이 사람들도 찌개 맛이 기가 막힌다고 칭찬을 해주면서, 이제부터는 고기를 대줄 테니 장사를 잘 하라고 하더군요. 그래도 세관에서는 한 달이면 2~3차례는 조사를 나왔어요." 허 할머니는 세관의 단속이 88올림픽 무렵이 되어서야 풀렸다고 기억한다.

흥미로운 사실은 할머니를 '바보'라고 하던 사람들이 하나둘 부대찌개 식당을 열기 시작했다는 점이다. 그렇게 시달리면서도 끈질기게 장사를 한 덕분에 단골손님이 줄기는커녕 늘어나는 걸 목격했기 때문이다. 이 과정은 아마도 70~80년대에 부대찌개가 의정부 '오뎅식당'을 넘어 전국적 음식으로 소문이 나는 과정이기도 했다. 물론 부대찌개에 의정부 식만 있는 게 아니다. 송탄 식도 유명하다. 송탄 식 부대찌개는 허 할머니의 발명품이 전파된 게 아니고 독자적으로 '발명'되고 발전해온 음식일 수도 있다. 그러나 느끼한 맛이 없어 담백하고 얼큰하면서도 미제 고기의 맛이 한국식으로 녹아든 의정부식 부대찌개가 허 할머니의 '발명품'이라는 데 이의를 달 사람은 많지 않을 듯하다.

"비결이 뭐 따로 있나요. 김치와 재료 관리를 잘하는 것 빼고는 할 말이 없어요. 우리 집 김치는 아들(김태관 씨)이 관리해요. 아들이 연천에서 배추를 계약재배해서 김치를 담가요. 숨을 죽일 때도 꼭 국산 소금만 쓰지요. 고춧가루나 마늘도 국산만 써요. 수입산은 안 써요, 우리는. 배추는 크지도 않고 작지도 않게 고른 것만 골라서 담가요. 그래야 김치가 무르지 않지. 우리 아들이 30년을 한결같이 김치와 짠지를 꼼꼼하게 관리하지요."

50년 의리의 상징 '오뎅식당'

'오뎅식당' 종업원은 현재 8명이다. 사장은 아들 김태관 씨고, 손자 민우 씨 형제도 식당 일을 돕는다. 대학을 졸업했지만, 할머니의 전통을 이어가고 싶어서라고 했다. "난 여태 어디 간 적이 없어요. 명절에도 안 쉬어. 제주도 한 번 못 가봤어. 아침 일곱 시에 나와서 밤 열 시 가게 닫을 때까지 있어요." '오뎅식당'은 손님이 몰리는 시간이 따로 없다. 워낙 소문이 나서 문 열 때부터 닫을 때까지 손님이 끊이지 않는다. 일본인 손님도 제법 찾아온다. 이 많은 손님들 테이블을 허 할머니는 일일이 돌며 챙긴다. 간도 보고, 육수도 더 갖다주고, 불평 없이 재바르게 가게 안을 쉬지 않고 돌아다닌다. 그냥 종업원 한 사람 같다.

할머니가 어딜 못 가는 이유는 단골 때문이다. "의정부 기관장들이 전화해서 점심 먹으러 갈 테니 할머니 꼭 계시라고 해요. 할머니가 계셔야 더 맛있다고 하더군요. 연예인 단골도 많아요." 민우 씨의 귀띔이다. 실제로 할머니는 테이블을 돌아다니며 손수 고추를 썰어 넣어 주고, "매우면 고추 먹지 마라. 그래도 고추를 넣기는 해야 한다. 그래야 국물 맛이 좋아진다. 고춧가루는 많이 넣으면 국물이 터분하다"고 자분자분 일러준다. 겸손하면서도 정감 넘치는 할머니의 성품이 쉴 틈을 주지 않는 것이다.

"시에서는 식당 건물을 계속 지금처럼 유지하라고 해요." 의정부시 역시 '오뎅식당'이 갖는 의미를 유지해가는 길은 현재의 모습을 잃지 않는 것이라고 보는 듯하다. 식당은 비좁다. 홀 테이블은 10개가 채 안 되고, 방은 20명이 앉을 수 있는 규모에 불과하다. 홀 왼쪽 주방도 좁아 보인다. 이 집의 자랑인 김치통을 놓을 곳조차 넉넉하지 않다. 그래도 할머니는 개의치 않는다. "우리 집 부대찌개 맛이 좋으면 되지요, 뭘."

허 할머니는 뒤늦게 상복이 터졌다. 2008년 의정부문화상 지역발전부문을 수상했고, 2009년 4월엔 경기도지사 표창도 받았다. 세계에 내놓을 만한 '한국식 퓨전음식'을 최초로 '발명'하고, 그 전통을 끈질기게 이어온 보답이다. 물론 부대찌개를 궁핍했던 시절 어쩔 수 없이 연명하기 위해 미군부대 '짬밥'을 재활용한 수치스러운 음식 정도로 치부하는 시각이 지금도 완전히 사라졌다고 하기는 어렵다. '오뎅식당'을 지금은 자랑스럽게 여기는 의정부시만 해도 몇 년 전까지는 '부대찌개'라는 음식 이름을 못 쓰게 했다. 부끄러워서였을 것이다.

| 도움말 주신 분 |

허기숙 부대찌개 발명가
김민우 허기숙씨 손자

| 참고자료 |

의정부시 · 의정부문화원, 『시정40년사』, 2004.

04
의정부 한옥 문화마을

답사일 : 2009년 5월 19일

문화마을의 의미

도시건축의 근대화 바람과 더불어 등장한 마을 명칭 중에 '문화마을'이라는 것이 있다. 도시에서 성장한 40대 이상의 사람들은 누구나 문화마을이나 문화주택이라고 일컫는 동네의 한 지역에서 살아봤거나 이름을 들어봤을 것이다. 이렇듯 문화마을이라는 이름은 일군의 주거지역 명칭으로 흔하게 사용되었다. 이 명칭은 전통적인 자연마을의 이름이나 행정명과는 달리 일정 지역의 주택형태가 기존의 방식과 차별화되고 주거공간이 비교적 쾌적한 곳이라는 이미지를 풍긴다.

한국전쟁으로 대부분의 도시가 파괴되고 재건사업이 국가의 지상과제였던 1950년대 중 · 후반부터 국가 주도로 경제적 근대화를 추진하는 경제개발 5개년 계획이 본격화하던 1970년대까지 문화마을은 도시 곳곳에 지어졌고 도시형 주택의 일반적 모델로 일반에 인식되었다. 이와 같은 주택군은 한국전쟁 이전의 초가나 한옥의 전통적 가옥 양식과 1970년대 이후에 본격적으로 추진된 연립 · 다가구 주택이나 아파트라는 도시형 가옥 사이에 과도기적으로 존재했던 주택이었다. 여기에는 양옥의 형태를 띤 것들과 전통방식의 기와지붕을 올

의정부 한옥 문화마을에 있는 가옥

린 양옥과 한옥이 일본식으로 절충된 주택들이 지역에 따라 혼재하는 양상을 띠었다.

그중 한옥 문화마을은 1950~60년대에 본격적으로 지어졌는데 당시 비교적 생활이 윤택한 사람들이 거주하는 차별화된 택지블록을 형성했다. 당시 서울에서 이와 같은 주택들이 활발하게 지어지면서 의정부에도 한옥 형태의 문화마을이 조성되었다.

한옥의 근대화

우리나라의 주택은 근대적 산업사회로 전환되며 급격한 변화를 겪었다. 도시형 주택의 경우는 한국전쟁 이후 불과 1세대라는 짧은 기간 동안 급격히 변화하였다. 한국의 주택은 일본식으로 해석된 서양문화의 영향을 많이 받았다. 이 시대의 새로운 주택유형은 문화주택(상류층), 개량한옥(중류계층), 영단주택(하류계층), 도

유춘수씨 소유의 한옥.

시형 한옥으로 분류된다.

문화주택은 1920년대 후반부터 상류계층의 주택수요가 증가하면서 건축가들의 작품이 실제 건물로 지어졌다. 문화주택의 평면 형태는 식당, 욕실, 화장실 등의 시설을 내부에 갖춘 집중식 구성을 취해 생리 위생공간이 주택 안으로 들어왔다. 이들 문화주택은 경제력을 갖추지 못한 대다수의 중하류계층에는 영향을 미치지 못했다. 반면, 개량한옥은 중류계층의 대표적인 주택유형으로 확산하였다.

1930년대를 절정으로 개량한옥이 급증하게 된 이유는 당시의 주택업자가 주택의 수요 유지와 투자 횟수를 고려하여 개량한옥을 건설한 것이 아직 보수적인 사고와 생활양식에 젖어 있던 일반 서민에게 잘 맞았기 때문이다. 개량한옥은 평면에서는 전통 민가형을 취하였지만, 형태에서는 상류 주택을 모방하면서 간소화되는 경향을 띠었으며, 개인의 기호보다는 계층 지향적으로 대량 공

한옥 문화마을의 가옥들은 길에서 안으로 조금 들어간 곳에 대문이 놓인 집이 많다.

급되었다. 개량한옥의 위생공간은 조선 전통주택의 형태와 별로 다를 바 없어 중정을 중심으로 행랑채 끝이나 대문 옆에 화장실을 두었다.

영단주택은 일본인들이 대량으로 이주하고, 식민지 정책으로 생활 수준이 낮아지면서 건립되었다. 1920년대부터는 농촌의 피폐로 인구가 도시로 집중되었는데, 이로 인해 도시의 주택부족현상은 해가 갈수록 심해졌다. 총독부는 주택의 대량 공급을 위해 1941년 조선주택영단을 설립하였고, 동시에 2만 호 건설을 목표로 하는 주택 건설계획을 세워 공사에 착수했다. 당시 계획된 다섯 종류의 표준설계도면은 일본식 개량주택에 한국식 온돌을 가미한 간략화된 평면 형태를 갖추고 있었다.

도시형 한옥은 1930년대부터 1960년대까지 이어진 주택의 한 형식이다. 전형적인 한옥이 도시적 환경에 적응하는 방식으로 지어졌다. 도시형 한옥의 특성으로 가장 두드러진 요소는 ㄷ자, ㅁ자로 실들이 배치되면서 가운데 남게 되는 마당 공간이다. 이 같은 방식은 우리 전통 한옥에서 흔히 보이는 특성 중의 하나라고 할 수 있으나 일반적인 한옥에서의 ㅁ자 구성은 안채를 중심으로 이루어지는데 반해, 도시형 한옥은 모든 실들이 마당을 둘러싸면서 구성되고, 마당은 각 실로 연결되는 중심적 기능을 갖는 공간이 된다.

노태우 정권 때 3층 건물의 건축이 허용되자 한옥 문화마을의 많은 가옥이 3층으로 다시 지었다.

그리고 도시의 작은 대지로 인하여 각 채의 구성이 밀집하여 구성된다. 이 집들은 기본적으로 집 장사들이 만든 집이다. 그 집에 살 사람의 부탁으로 지어진 집이 아니라 처음부터 팔 것을 전제하여 미리 짓고 집을 구매할 사람을 찾는 방식이었다. 이것은 집을 짓는 방식으로서는 그 이전과는 매우 다른 것이며, 누구에게나 팔릴 수 있어야 하므로 가장 일반적이고, 범용적인 특성을 지녔다.

의정부 한옥 문화마을의 역사와 현황

의정부의 한옥 문화마을은 1955~56년에 처음 건립된 것으로 추정되며 1950년대와 1960년대에 걸쳐 집이 늘어나 작은 주택군을 이루었다. 현재 의정부동의 2개 지역에 20채 정도가 남아있다. 의정부동 32, 33번지에 10채 정도가 있으며 127, 128, 135, 136, 137번지에 또한 10채 정도가 남아있다. 지금까지 이곳의 한옥에 거주하고 있는 유춘수 씨(84세)의 증언에 따르면 1950년대에 7채가 지어졌다고 한다.

설계자와 시공자는 확인할 수 없으며 대부분 집이 비슷한 형태를 가지고 있는데 규모는 대지 120㎡, 연면적 51㎡, 건축면적 51㎡, 지상 1층의 집들이다. 목조 집들이며 보존 상태는 보통과 양호한 주택이 섞여 있다. 그중 대표적인 집이 유춘수 씨 가옥이다.

유 씨 소유의 집(덕담1길 58호)은 의정부 1동에 있는 한옥으로 대지 72평에 방이 11칸이었다. 1962년에 지은 집으로 유 씨는 이 집이 지어진 5년 후에 이사를 왔다. 당시 600만 원의 거금을 들여 산 집으로, 오랫동안 처음의 형태로 유지했으나 노후로 인해 내부 수리를 했으며 최근 대문, 기와를 새로 지었다. 전체적으로 못을 사용하지 않고 나무로 짜 맞춰 지은 집으로 주위에서 팔라는 권유를 많이 받았다고 한다. 집은 전체적으로 ㅁ자이며 집 안마당에는 화단이 설치되어 있다. 유 씨는 방앗간을 해서 번 돈으로 이 기와집을 샀다고 했다.

당시 이곳에서 한옥 짓는 일을 했다는 주민 김교한 씨에 따르면 한옥 문화마을은 몇 해에 걸쳐서 만들어졌다. 그는 한 6~7년은 걸렸을 거라고 기억한다. 1960대에 집 짓는 일이 가장 활발했고 1970년대에 들어서는 신축이 줄었다고 했다. 1970년대 이후에는 목재의 수급이나 한옥 목수 등의 기능인이 드물어졌을 뿐만 아니라, 편리함을 선호하는 주의식의 변화가 복합적으로 작용하였기 때문에 지속해서 건축될 수 없었던 것으로 보인다.

그는 당시 한옥을 짓던 일을 다음과 같이 회상했다.

"내가 그때 여기서 한옥 짓는 일을 했었어. 의정부3동 제일교회 쪽에 기와집 많이 지었어. 한옥 짓기 전에는 이 근방이 맨 논이었지. 땅 한 평에 340원 정도 했던 걸로 아는데 여기 다 빈 땅이었어. 그리고 몇 채 없는 집은 거의 초가집

의정부동 한옥 문화마을의 골목

들이었지. 양놈들이 여기에 많이 살았어. 개천(중랑천) 옆이라서 흙을 돋웠었지. 양놈들이 감자박스로 집 울타리를 치고 살았어.

그때 나는 여기저기 가서 일을 많이 했었는데, 미1군단 콘크리트 공사 하는 데도 가서 일했었지. 여기가 맨 군사시설보호지역이라 건물이라야 별 것 없었지. 노태우 정권에 와서야 3층 건물을 지을 수 있었다구. 그러니 여기 기와집 촌은 부촌이었지. 돈푼이나 있는 사람들이 한옥을 지었는데 그걸 문화주택이라고 했어. 한옥 한 채 짓는데 한 달 이상 걸렸어. 수수깡으로 초벽을 해서 진흙 바르고 양놈들 푸대를 물에 불려 양회와 섞어 발라서 집을 지었지. 여름엔 시원하고 겨울에는 따뜻했어. 마루 깔 때도 연탄재를 마루 밑에 넣어 습기를 막았지.

집 구조는 거의 똑같아. 방 세 칸에 부엌, 대청이 있었지. 그때는 달밤에 주춧돌 앉을자리 다지느라고 주춧돌을 들었다 놨다 하곤 했지. 지붕 올릴 때 제재간(제재소) 가서 죽띠기(죽데기, 통나무의 표면에서 잘라 낸 나뭇조각) 가져오고 짚을 썰어

한옥문화마을에 들어선 숙박시설

진흙과 같이 개서 올려 초벌로 덮고 연탄재 얹어서 온기가 새는 걸 막았지. 나는 그때 우 씨 영감을 따라다녔는데 기와는 아무나 못 놨어. 물매(수평을 기준으로 한 경사도)가 가팔랐지. 그래서 짚세기(짚신) 신고 올라가야 안 미끄러웠어. 기와를 올릴 때 시로도(일이 서툰 사람)는 한 장을 던졌지만 나는 두 장씩 받고 던지고 그랬어. 일당은 180원에서 250원 정도였는데 열흘 일하고 하루 쉬었지."

현재 문화마을에 남아있는 집들의 형태로 미루어 볼 때 주택의 양식은 문화주택이 아니라 개량한옥에 가까운 도시형 한옥이다. 처음에는 화장실이 집 내부에 지어진 것이 아니라 대문 쪽에 설치되었던 것을 이후 집을 개조하며 실내로 들인 집이 많았다. 광을 포함에 ㄷ자형으로 지어졌으며 대부분의 집 대문이 길에 면하

한옥문화마을의 대표적 한옥에 거주하는 유춘수씨

한옥문화마을 가옥 마당. 오른쪽 화단자리에는 처음에 광이 있었다고 한다

여 있는 것이 아니라 안으로 몇 m쯤 들여서 나 있었다. 대문 앞에 조그만 골목마당을 가진 모양이다. 대청에 유리문을 설치해 한기를 막았으며 초기에 있었던 창고는 대부분 철거해 마당이나 화단으로 활용하고 있다.

따라서 의정부동 문화마을은 고급 문화주택이 들어서서 형성된 주거 블록이라기보다 집장사들이 도시형 한옥으로 지어 일제강점기부터 고급주택을 상징하던 문화주택의 이름을 빌려 문화마을로 명명한 것으로 여겨진다.

남겨진 과제

의정부시는 아파트 밀집지역으로 성장하면서 개발의 바람이 불고 있어 한옥을 찾기가 어려워지고 있다. 한국전쟁의 피해를 극심하게 받아 1950년 이전에 건축한 가옥을 찾는 것이 매우 어렵고 전후 복구기에 건축된 가옥은 전통가옥의 형태를 많이 잃어버리고 있다. 남아있는 한옥도 개조나 변형이 심한 상태다.

1960년대 한국의 주택문화를 보여주는 한옥 문화마을도 조성 당시의 모습은 찾아볼 수 없다. 많은 집들이 3층 양옥으로 다시 지어졌으며 그나마 남아있던 기존의 한옥이 헐리며 마을 곳곳에 모텔 등이 들어서 있다. 현재 20채가량의 한옥들도 곧 사라지게 될 것으로 보인다.

한 시대를 풍미했던 건축양식이 개발의 바람에 모두 사라져버리는 것을 막을 방도가 별로 없어 보인다. 그만큼 우리의 변화 속도가 미쳐 뒤돌아볼 새 없이 빠르게 진행되고 있는 탓이다. 개인 재산을 등록문화재로 지정하는 것에 대한 일반적 거부감이 강해서 현행 제도로 문화유산을 보호하는 것도 어려워 보인다. 언제가 될지는 모르지만, 근현대 문화유산을 보호하겠다고 나서는 시점에는 이미 우리의 옛 생활문화가 흔적도 기억도 모두 사라져버리고 난 뒤일지도 모르겠다.

| 도움말 주신 분 |

박정근 의정부문화원 과장
황말무 의정부문화원 감사
김교한 의정부동 주민

| 참고자료 |

의정부시 · 의정부문화원, 『시정사십년사』, 경인일보사, 2004
『경기도 근대문화유산 조사 및 목록화 보고서』, 2004
함한희, 『부엌의 문화사』, 살림출판사, 2005
유재우 · 조성기, 『광복이후 도시형 표준주택의 평면 특성과 그 영향』

05
의정부 최미용실

답사일 : 2010년 9월 14일

한 세대를 앞서 간 국제도시 의정부

의정부 1동 194-1(평화로 542번길 22) '최신영헤어뉴스 유비쿼터스'는 1호점과 2호점이 나란히 붙었다. 3층 건물인 1호점 2~3층이 미용실인데, 3층은 학생 전용이다. 2호점은 바로 옆 건물 2층이다. 거리 쪽으로 내놓은 안내간판에는 '45주년 퍼머고객 초청'이라 쓰여 있다. 간판 아래쪽 문구가 눈길을 끈다. '7년 어려 보임.' 1호점 2층 유리 선팅도 흥미롭다. '여인들이여 변신을 위하여 머리하러 가자.'

'최신영헤어뉴스 유비쿼터스'는 사실 정식 상호가 아니다. 최동순 원장이 트렌드를 생각하여 작명한 간판일 뿐이다. 공식상호는 '(주) 최미용실 헤어코리아'다. "최신영은 '최신형'이라는 뜻이에요. '최신형헤어뉴스'라고 하면 그냥 보통 말이잖아요. 그래서 최신영이라고 살짝 바꿨지요." 다시 말해 보통명사를 상호로 쓰면 안 될 듯해서 변형 고유명사를 창작했다는 최 원장의 재치 있는 설명이다.

광고 문구에 45주년이라 했지만, 이 건물에서 그 역사를 보낸 것도 아니다. 초기 '최미용실'은 다른 곳에 있었다. 여기에 '최신영 헤어뉴스'를 연 지는 불과

최원장이 초기에 사용하던 미용기구

4~5년밖에 되지 않는다. 하지만 최동순 원장이라는 동일인물이 45년째 미용실을 경영하고 있다는 건 분명한 사실이다. 의정부에서 한 세대 넘게 살아온 여성치고 '최미용실'을 모르는 사람은 드물다. 광고 문구 그대로 '45년 고객'이 여전히 찾아온다. 한 세대 전 엄마 손을 잡고 따라다니던 소녀가 고객이 되어 머리를 하러 온다고 한다.

최 원장이 의정부에 미용실을 연 해는 1967년, 그녀 나이 21살 때다. 의정부와 인연을 맺은 시점은 그보다 3년 전인 1964년으로 거슬러 올라간다. 대전의 미용학원에서 기술을 배우고 영등포와 충무로를 거쳐 의정부에 온 것이다. "의정부에 가면 네 꿈을 마음대로 펼 수 있다고 주변 사람들이 권하길래 왔지요."

당시 의정부는 대한민국의 최첨단 헤어스타일과 패션을 선도하던 도시였다. "그때는 군부대에서 매일 파티가 열렸어요. 멋쟁이들이 다 모였지요." 경기북부에 주둔한 미군 부대와 한국군 부대의 중심이 의정부였기 때문이다. 게다가 미군들을 상대로 하는 직업여성들은 최첨단 멋을 추구했다. "별별 옷차림에

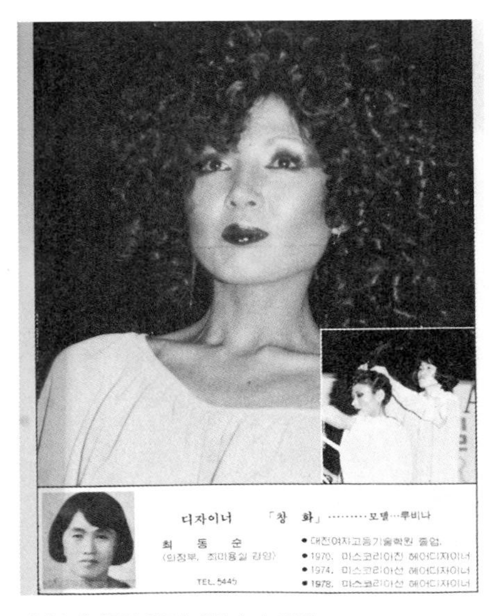

의정부 최미용실 최동순 원장이 디자인한 헤어 페스티벌 출품작, 1979년

별별 머리 모양이 다 있었지요. 서울 명동이나 충무로보다 한발 앞설 정도였지요." 뉴욕에서 유행하는 헤어스타일과 패션은 거의 실시간으로 의정부에 등장하곤 했다. 60년대 중반 헤어스타일에 관한 한 '의정부=명동=세계'는 동시간대였다.

'멋의 도시'에 입성한 열여덟 살 소녀 미용사는 '사고'를 제대로 쳤다. 논길에서 본 고개 숙인 벼, 탐스러운 포도송이 등에서 착안하여 상상한 이미지대로 고객들 머리를 해준 것이다. 당시는 모두 '업스타일(up style)' 머리였다. 핀셋을 사용하지 않고 머리를 위로 올리는 방식이다. 포도송이처럼, 벼이삭처럼 올려붙인 머리는 대 히트를 쳤다. 최 미용사의 헤어스타일은 의정부를 넘어 동두천, 파주까지 소문이 났다. "미용사 봉급이 3,000원 정도였는데, 별도로 받는 팁이 3,000원이 넘었지요."

의정부 미용계에 화려하게 데뷔한 미용사는 꿈을 좇아 다시 서울로 갔다. 유명한 '마샬미용실'에 스카우트된 것이다. 하지만 의정부에 미용실을 열어주겠다는 자본주를 만나 의정부 미용실 원장으로 컴백했다. 당시로서는 파격적인 25평짜리 숍을 열었다. 그러나 아무리 '국제도시'라 해도 보수적이고 완고한 여론이 남아있었던 모양이다. "누가 시에다 진정서를 넣었대요. 그렇게 큰 미용실을 허가해주면 어떡하냐고. 어느 날 시장님이 미용실로 찾아오셨어요. 도대체 어떤 미장원이길래 그렇게 요란하냐고요." 직접 최미용실을 둘러본 시장은 오히려 최 원장의 든든한 후원자가 되었다고 한다.

60년대 말 국내 다른 미장원에서는 상상도 하기 어려웠던 독창적인 아이디어는 새벽부터 밤까지 최미용실을 찾아오는 손님이 넘쳐나도록 만들었다. "장성 부인들이 자가용 타고 와서 줄을 섰어요. 통금이 있을 땐데도 새벽 3시 반에 미용실 앞에 와서 기다렸지요. 제가 머리를 해주면 좋은 신랑을 만난다는 소문이 나서 아가씨 손님도 많았지요."

최신영 헤어뉴스가 자리잡은 건물 전경

"돈도 엄청 많이 벌었어요. 하지만 전 돈에 관심이 없었어요. 만약 돈을 알았으면 의정부 절반은 샀을 걸요. (웃음) 의정부가 나를 키워주었지요." 최 원장은 하루 80명이 넘는 손님들 머리를 해주었다. 그러면서도 어떻게 새로운 헤어스타일을 만들어 낼까만 궁리했다고 한다.

"손님들 커트한 머리를 모아 놓았다가 불고데로 말려서 후카시 넣어서 숏커트 머리에 붙여주는 장식도 제가 고안했지요. 틈만 나면 나뭇잎 같은 걸 주워다가 머리장식으로 활용하기도 하고, 꿈에 본 붕어 비늘을 본떠서 비늘모양 장식을 만들어 머리에 붙이기도 했어요." 당시로서는 파격적인 아이디어였다고 한다. 꿈에 본 상징을 활용한 일화는 그녀가 얼마나 헤어스타일 창조에 부심했

최신영 헤어뉴스 2호점 2층 내부

는지를 말해준다.

'거울 속의 여인'

최 원장은 충청남도 대덕에서 1946년에 태어났다. 그녀는 15세 되던 해 대전에 나가 미용기술을 배웠다. 그녀가 왜 미용계에 들어섰는지, 미용인으로 어떻게 성장했는지를 정리한 수기가 있다. 『현대미용』이라는 월간잡지에 1979년부터 1980년까지 연재된 '거울 속의 여인'이 그것이다. 강 아무개라는 이름으로 정리된 이 수기는 실명을 사용하지는 않았으나 실화다.

그녀는 유복한 집안에서 태어났다. 하지만 자신을 아껴주던 부친이 돌아가신 후 오빠가 방황하면서 집안은 기울어졌다. 그 때문에 초등학교만 마치고 중학교 진학도 할 수 없었다. 기술이라도 배우라고 친척들이 권유했다. 소녀 최동순은 재단사 일을 배울 것이냐, 미용 일을 배울 것이냐를 놓고 갈등에 빠졌다. 본인은 미용을 배우고 싶었지만 집안 반대가 심했다. 미용에 대한 편견 때문이다.

"그때만 해도 전쟁미망인들을 좋지 않게 봤어요. 이들이 미용업에 종사하는 경우가 많았는데, 전쟁미망인들을 춤바람이 난 사람으로 봤지요. 그러니까 미용을 하면 바람이 난다는 것이지요." 소녀 최동순은 그래도 미용 일이 하고 싶었다. 그래서 춤, 술, 연애를 절대 안 한다고 맹세하고 미용 일을 시작했다.

대전에서 기술을 배우고 나서 처음으로 일자리를 찾은 곳은 영등포였다. 타고난 손재주에다 창의력 넘치는 어린 미용사는 곧 충무로로 자리를 옮겼다. "제가 미용기술을 배울 때 엄앵란 씨 머리 해주는 게 꿈이었는데, 충무로 '사다미용실'에서 진짜 영화배우들 머리하게 되니까 정말 꿈만 같더라구요." 그러다가 의정부로 오게 된 사연은 앞서 소개한 바와 같다. 이 과정은 '거울 속의 여인'에 상세하게 묘사되어 있다.

최신영 헤어뉴스 1호점 광고 입간판

처음 의정부에 왔을 때는 미아리에서 출퇴근했다. 왜냐하면 "양색시들과 같이 살지 말라."는 오빠의 명령 때문이었다. 하지만 오로지 미용에만 몰두한 덕분에 그녀는 1967년 아예 의정부로 이사할 수 있게 되었다. 얼마 지나지 않아 미용실을 열어주었던 자본주에게 돈도 다 갚았다. 명실상부한 '최미용실' 주인이 된 것이다. 1970년에는 결혼도 했다.

보육원에 미용봉사 활동을 나간 최 원장

1989년 합동결혼식 신부화장을 하고 나서 촬영한 기념사진

1988년 최 미용실 미용사들

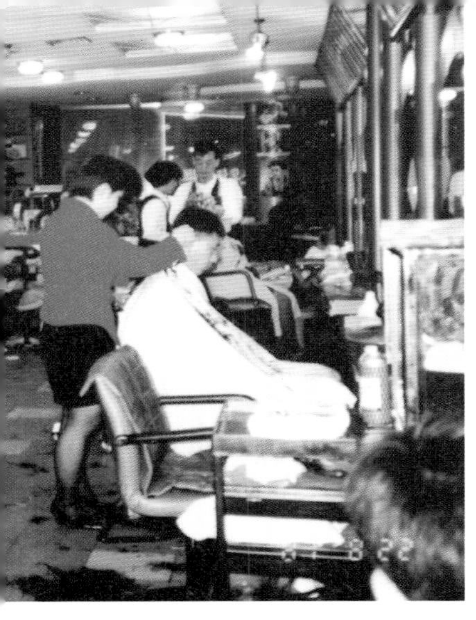

1987년 무렵 최 미용실 내부

잘 나가던 '최미용실'이 휘청한 것은 1970년 미스코리아 대회 직후였다. 최 씨는 의정부 출신 미인을 미스코리아로 만들기 위해 최선을 다했다. 샤프론 최동순으로부터 머리를 하고, 화장을 한 의정부 출신 미녀는 본선에서 미스코리아 진에 뽑혔다. 그러나 당선자는 벅찬 소감을 말하는 무대에서 최 씨의 이름을 언급조차 하지 않았다. 이후 이 미인은 국제대회에 나가면서 최 씨를 샤프론으로 지명하지 않았다. 세계무대로 진출하고 싶었던 최 씨에게 엄청난 좌절을 안겨준 것이다. 미스코리아를 탄생시키기 위해 들인 비용도 건지지 못했다고 한다. 그 충격을 이겨내려고 꽤나 방황을 해야 했다고 한다.

어쨌거나 최 원장이 이런 고초를 겪으면서 미용실을 꾸려가는 동안 한국 미용업계 역시 많은 변화를 겪었다. "10년 어려 보이고 싶은" 욕망은 더 이상 숨겨야 하는 부끄러운 것이 아니게 된 지 오래고, "여자의 변신은 무죄" 운운은 오히려 진부한 카피가 되었다. "박계국 대한미용사회중앙회 초대회장님 같은 분들이 좋지 않은 미용사 이미지를 깨는 데 노력하신 덕분이라고 봐요."

최 원장이 미용기술을 배우던 1960년대엔 미장원에서 해주는 머리는 쇼트커트가 고작이었다. 좀 멋을 낸다면 연탄불 고데를 하거나 숯불 파마를 하는 정도였다. 평범한 주부는 명절이나 잔치를 앞두고서나 미장원에 가서 머리를 만졌다. 미장원에 다니는 사람은 직장인이거나 밤업소 종업원이거나 멋쟁이였다. 이들이 머리 염색을 하더라도 옥시풀이나 맥주로 했다. "당시 미용료는 50원에서 100원 정도였다고 기억합니다. 60년대 중반에는 파마가 적었고 대부분 고데를 했지요. 불에 달궈서 하는 고데기로. 고데머리는 1주일 정도 갔어요."

퍼머넌트는 70년대 후반이 되어서야 붐이 일었다. 특히 80년대 초반 '웰라'라는 독일 파마 약품, 염색 약품 전문업체가 들어오면서 미용업계가 크게 변화했다. "웰라가 마케팅 차원에서 미용실 주인을 원장이라고 불렀어요. 이전에는 미용사는 미스, 주인은 마담이라고 했지요. 그 무렵부터 미용실도 대형화하기 시작했구요. 여성들은 대부분 파마를 하기 시작했지요." 당시 최신 유행 퍼머넌트는 명동 1만~1만5,000원, 시골 미용실에서 5,000원 정도 했다. "우리 최미용실에서는 1만5,000원~2만 원 받았지요."

꿈으로 사는 헤어 디자이너

최 원장은 90년대에 들어서도 시련을 겪었다. 80년대에 제자 미용사 가운데 10여 명을 선발해서 초중고 과정을 검정고시로 통과하도록 뒷바라지를 했다. 유명한 강사들을 초빙해서 최신의 미용기술을 가르치기도 했다. 세계로 진출하는 한국 미용사를 길러내겠다는 꿈을 실현시키기 위해서였다. 이들의 빚을 대신 갚아주기도 하고 빚보증을 서주기도 했다. 하지만 이들 가운데 단 한 사람도 서약을 지키지 않았다고 한다. 그 때문에 "4억 원을 날렸다."

다음은 2002년 최 원장이 직접 고객들에게 쓴 편지의 한 구절이다. "제자들이 최미용실을 어렵게 만들었지만 그들이 봉급 외에 개인으로 쓰고, 가족이

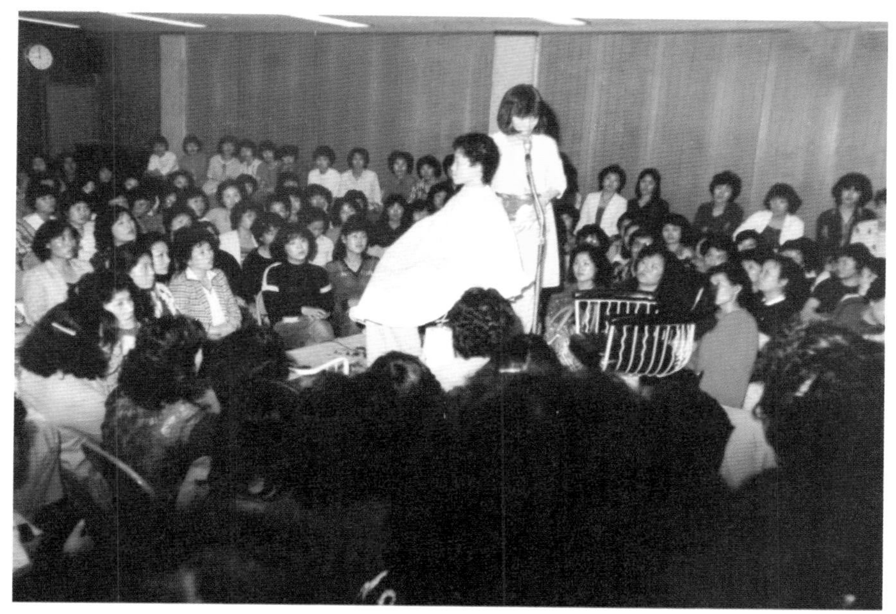

부산에서 열린 1981년 미용 세미나에서 시연을 하고 있는 최동순 원장

필요해서 쓴 돈만 갚길 바라고, 인간이 살아가는 생활의 한 과정이라 표현하면서 그동안 최미용실을 성원해주신 고객 여러분과 특별히 밀어주신 유지분들께 죄송한 마음이 크고, 최미용실로 인해 저희 가족들이 많은 충격과 피해를 입었고 가족 중 미국에서 10여 년을 계시면서 모아놓은 재산으로 80%를 갚아주셨고 2002년부터는 고객여러분의 성원해주신 은혜에 보답하고자 최선을 다하겠습니다." 소박한 문장이지만 오히려 그 때문에 진심이 전해졌을 듯하다.

최 원장은 1970년 미스코리아 사건 이후 언제나 낙담을 딛고 일어섰다고 할 수 있다. 이듬해인 1971년에도 미스코리아 숙을 당선시켰고, 1972~74년에

1990년 헤어쇼에서 시연 중인 최 원장

는 3년 연속 의정부 미녀를 미스 경기로 만들어냈다. 1980년에도 미스 경기를 배출했다. 1990년엔 필리핀에서 열린 '세계미용대회'에 심사위원으로 참가하였다. 1991년에 '사할린 남북통일 미용예술제'에, 그다음 해엔 '동경 월드참피온 미용대회'에서도 두각을 나타냈다. 1998년 '서울 월드참피온 미용대회'에서는 감사위원을 지냈다.

"제 꿈은 12만3,657명의 미용실 원장을 배출하는 겁니다. 일 년 열두 달과 삼백육십오일, 그리고 행운의 숫자 7을 연결하니까 그런 숫자가 나오네요. 그리고 93년도부터 추진하다 중단된 미용박물관도 의정부에 꼭 완성시킬 거구요. 미용백과사전도 꼭 펴낼 겁니다." 최 원장의 꿈은 얼핏 듣기에 허황되다는 느낌이 강하다.

하지만 그녀는 나름대로 미용실의 트렌드를 읽는 눈이 있다. 반세기 넘게 미용업계 일선에서 겪은 경험과 독학으로 대학졸업을 하면서 배운 지식을 결합한 것이다. "21세기 경영은 파트너 경영입니다. 분산 경영, 글로벌 경영이지요. 공간은 적어져야 하는 대신 개성을 키워야 합니다. 대형 숍의 시절은 갔어요. 이제 주 고객은 20대예요. 미용사도 20대가 희망이지요." 최 원장은 12만 3,657명의 원장을 길러내는 구체적인 프로그램도 독창적으로 구상하고 있다고 밝혔다.

"목화로 명주 바지 해 입던 시골소녀"가 꿈에 본 상징들을 헤어스타일에 접목시키면서 신데렐라가 되고, 좌절과 낙담에 빠졌다가 다시 일어서는 반세기 동안 이 땅의 미용에 관한 관점과 업계의 이미지는 몰라보게 발전했다. 미용을 가르치는 전문대학 과정이 1989년 처음 설치된 이래 4년제 대학에서도 미용 관련 학과가 생겨났다. 최동순 원장과 같은 '거울 속의 여인'들이 있었기에 이러한 발전이 있었다고 해도 지나친 표현은 아닐 듯하다.

| 도움말 주신 분 |

최동순 (주)최미용실 헤어코리아 대표

| 참고자료 |

의정부시 · 의정부문화원, 『시정40년사』, 2004

이남길, 『반세기 미용계 발전사』, 2005

25부

이천

경기그레이트북스 ⑳

01
강평정미소

답사일 : 2010년 10월 5일

신원리에 하나 남은 정미소

강평정미소는 이천읍 부발읍 신원3리 마을 외곽에 있다. 1리에서 4리까지 나뉜 마을에서 드넓게 펼쳐진 들로 나가는 길목이다. "지금은 논이 많이 사라졌어요.

이천시 부발읍 신원리 들에 자리 잡은 강평정미소.

강평정미소 입구

비닐하우스가 꽤 들어서고, 도로 닦는다 뭐 한다 해서 10여 년 전부터 그렇게 되었지요. 그전에는 저 멀리 보이는 산 밑까지 전부 논이었어요." 강평정미소 주인 최옥순 씨 부부가 38년 전(1973년경) 정미소를 사들인 까닭도 "저 너른 신원리들에서 나는 쌀을 찧어주면 금세 부자가 될 것 같아서"였다.

당시 신원리에는 마을마다 정미소가 있었다. 모든 정미소가 추수철이면 쉴 틈이 없었다. 논 면적이 넓은 만큼 일거리가 많았던 탓이다. 최 씨의 남편 황윤길 씨(작고)가 당시 돈으로 거금 1,000만 원을 주고 정미소를 인수한 것도 신원리들의 풍요를 믿었기 때문이다. 마침 그 무렵 수확량 많은 '통일벼'가 나왔으므로 기대는 더 컸다. 경상도 사람인 황 씨는 가족을 이끌고 희망에 부풀어 이곳으로 왔다.

정미소가 정확히 언제 세워졌는지는 최 씨도 기억하지 못했다. 원래는 마을 공동 방앗간으로 시작해서 개인에게 소유권이 넘어갔다가 자신들이 인수했

강평정미소 내부 전경

강평정미소의 흙벽. 1960년대에 건립된 것으로 추정된다.

다는 정도만 안다고 했다. 정미소 건립 시기를 추정해볼 수 있는 증거는 한 귀퉁이에 남아 있는 흙벽과 지붕을 받치고 있는 나무 구조다. 흙벽은 1950~60년대까지 흔히 볼 수 있었던 형태다. 예전 정미소 내부의 전형적인 모습을 보여주는 나무 받침 구조 역시 목재의 상태로 보아 최소한 50년 이상 된 것으로 추정된다.

그러나 황 씨 부부의 기대와는 달리 타향에서 정미소를 경영하는 일은 만만치 않았다. 정미소 전 주인의 동생이 이웃 마을에서 방앗간을 경영하면서 강평정미소 일감을 알게 모르게 빼앗아가기 일쑤였다고 한다. 게다가 인수 당시 기계는 "불과 물을 먹은" 것이라는 사실을 뒤늦게 알았다고 했다. 화재도 맞고 물난리도 겪은 기계라 제대로 돌아가지 않았다는 것이다. 인수 다음 해에도 물난리를 만났다. "지금 기계 본체는 30년 전쯤(1980년 무렵) 새로 들여놓은 거예요."

그렇지 않아도 1970년대 중반이면 시골정미소들이 점차 경영에 어려움을 겪을 수밖에 없었던 시기다. 농업기계화와 경지정리, 다수확 품종 보급에 따라

벼 수확량이 급증하면서 정미소도 대형화하지 않으면 살아남기 힘들었다. 신원리 각 마을에 있던 정미소들 역시 하나씩 하나씩 사라질 운명이었다. 이래저래 낙담한 황 씨는 결국 화병을 얻어 정미소를 인수한 지 10여 년 만인 1986년경 작고했다.

발동기

"난감했지요. 때려치우려고 몇 번이나 망설였어요. 하지만 어린 8남매를 키워야 했고, 기곗값이다, 수리비다 해서 방앗간에 우리 전 재산이 들어갔기 때문에 어떻게든 쌀을 찧다가 보니 지금까지 왔네요." 신원리의 다른 정미소들은 시대의 변화를 못 이기고 사라졌지만, 강평정미소는 최 씨의 오기와 고집 덕분에 옛 모습을 간직한 채 남을 수 있었다.

38년간 땀과 눈물로 돌린 현미기, 정미기

한 세대를 버텨낸 강평정미소 기계는 크게 두 부분으로 나눌 수 있다. 현미를 찧는 기계와 정미를 생산하는 기계다. 두 기계 모두 전기로 발동기를 돌려 얻은 동력을 피대를 통해 각 부분에 전달하는 방식으로 구동된다. 우선 수확한 벼 낟알을 석발기에 넣고 돌을 골라낸 다음 현미기로 찧는다. 현미기는 벼를 9분도로 깎는 기계다. 이 과정에서 배출되는 왕겨는 천장 쪽으로 설치된 풍구대를 통해 밖으로 배출된다.

예전에는 현미기와 정미기가 분리돼 있었다. 일단 현미로 찧고 나서 따로

발동기와 연결된 피대

모았다가 정미기에 넣어 찧는 2단계 과정이었다. 하지만 지금은 현미기를 거친 현미를 자동으로 한 번 걸러서 정미기로 보낸다. 정미기에서 현미를 더 깎은 다음 상찰기로 보내는 과정도 자동이다. 상찰기는 정미로 찧어진 쌀알들이 상호 마찰을 통해 깨끗이 정미될 수 있도록 해주는 기계다. 상찰기를 거쳐 나온 쌀은 밑에서 포대를 대고 받아낸다. 정미기에서 깎여 나온 등겨는 따로 모아 활용한다.

강평정미소의 기계를 24시간 돌릴 경우 쌀 200가마(가마당 80㎏)를 찧을 수 있다. 하지만 한창 일감이 많던 시절에도 그 정도를 찧지는 못했다. 한 집 벼를 찧고 나서 다른 집 걸 찧으려면 기계를 완전히 멈추어야 한다. 한 톨이라도 섞여서는 안 되므로 기계를 다 털어내고 처음부터 다시 시작해야 하기 때문이다. 이 시간이 약 1시간 걸린다. "한창 돌아갈 때는 일손이 달려서 인부를 3명 썼지요."

그러나 일감은 해가 갈수록 줄어 인부 품삯을 주기도 어려워졌다. 온 가족이 들러붙어서 일을 할 수밖에 없었다. 그마저도 종합양곡처리장(RPC)이 곳곳에 세워지면서 동네 정미소를 찾는 발길은 끊어졌다. "지금은 방아 찧으러 오는 사람이 없어요. 대부분 수확한 벼를 미곡처리장으로 보내지요. 자기네가 직접 먹을 거나 도지 분만 여기서 찧어 가는 정도예요. 하루에 서너 말이나 찧나……. 많아야 두 가마예요."

"벼를 40㎏ 찧으면 쌀이 서 말 일곱 되나 여덟 되(37~8㎏) 나옵니다. 그러니

현미기. 낟알을 현미로 찧는 기계

까 벼 열 가마면 쌀로 일고여덟 가마 되지요. 여기서 삯을 뜨는데, 예전엔 쌀 한 가마에 3~4*kg* 정도였습니다." 최 씨가 말한 "삯을 뜬다."는 표현은 찧어준 삯을 뗀다는 뜻이다. 요즘은 6*kg*을 삯으로 뜬단다. 하루에 두 가마를 찧는다고 해도 한 말 두 되 정도밖에 못 번다는 얘기다. "작년(2009년)까지는 그래도 방앗간을 했는데, 올해는 할지 말집니다. 힘도 들고, 기계 돌리는 기름값도 들고……. 애들은 하지 말라고 성화예요."

벼 한 가마를 정미해서 쌀로 만들기까지의 과정은 보통 고된 것이 아니다. 우선 누구네 집에서 벼 찧어달라고 하면 차를 가지고 그 집 논으로 벼를 실으러 가야 한다. 볏가마를 일일이 실어서 정미소 안마당까지 온 다음에는 현미기에 넣기 위해 인력으로 내려야 한다. 현미에서 정미까지는 기계가 해준다고 해도 정미되어 나온 쌀은 자루나 포대에 묶어 운반해야 하고, 다시 트럭에 실어야 하며, 주문한 집까지 가져다주어야 한다. 싣고 내리는 작업만 너댓 차례 해야 하는 것이다.

남편이 작고한 뒤 정미소 일을 돕느라 어린 자녀들이 고생을 많이 했다. "우리 큰애가 올해 마흔아홉 살인데, 걔가 특히 어려서부터 고생을 심하게 했어요. 방아 찧어달라고 해서 논에 가면 다른 방앗간에서 먼저 와서 무조건 싣고 가는 거예요. 남의 입에 들어갈 밥숟가락을 뺏어 가는 격이지요. 울기도 참 많이 울었습니다. 한번은 둘째 딸애가 기계에 머리카락이 말려서 죽을 뻔하기도

최옥순 씨

했고…….”

강평정미소 주인 최옥순 씨는 1943년생(호적상으로는 1945년생)이다. 서른 살 무렵 강평정미소의 안주인이 되었고, 마흔두 살 무렵엔 남편마저 먼저 저세상으로 보냈다. 정미소 일을 한 지 38년째다. “지금은 기계 스위치 넣고 돌아가는 소리만 들어도 어디가 고장이구나 단박 알지요. 방앗간 기계뿐만 아니라 자동차를 타고 가다가도 소리를 들으면 고장인지 아닌지 알 정도가 됐지요.” 그런 최 씨지만 올 가을에는 아마도 정미소를 돌리기 힘들 것 같다고 했다. 최 씨가 손을 놓으면 안타깝게도 신원리에 마지막 남은 정미소도 조만간 사라질 것이다.

| 도움말 주신 분 |

최옥순 강평정미소 주인

02
공동우물과 빨래터
(설성면 행죽2리, 신둔면 도암3리, 신둔면 장동2리)

답사일 : 2010년 10월 12일

설성면 행죽2리 공동우물 겸 빨래터와 마을

설성면 행죽2리 공동우물과 빨래터

우물 안을 들여다보니 그리 깊지는 않아 보이는데 연록 암록 물이끼가 가득하다. 먹고 가고 길어 가지 않은 지 오래라는 의미다. 헌데, 우물물이 흘러나오는 물길 옆에 철 수세미가 담긴 헌 바가지가 놓였다. 헐었으나 아직은 쓸 만한 것들이다. 최근에도 어떤 아낙이 이 물로 설거지를 한 모양이다.

우물가엔 작은 비석이 서 있다. 수신기념비水神紀念碑. 물의 신이 이곳에 샘을 만들었다는 뜻일까? 대정 팔년 팔월大正 八年 八月. 기미년 만세운동이 벌어졌던 그해 여름이다. 아래쪽 비문은 우물 정비와 관련된 이름인 듯하나 풍화되어 해독 불가다. 수신비 옆에 선 향나무는 비석 전문을 알고 있을까?

"1919년은 우물에 노깡을 묻은 해여. 당시엔 우리나라에 공구리(콘크리트)가 없었잖어. 일본인들이 만든 거지. 허지만 우물이 처음 생긴 건 140년 됐어. 내가 1939년에 태어났는데, 내 어릴 때도 우물은 지금 모습 그대로였어." 우물에서 길 건너 설성초등학교 옆 골목에 사는 정재석 씨는 평생 이 우물물을 먹고 살았다고 했다. "그러니까 향나무도 140살이겼지."

이천시 설성면 행죽2리 설성초등학교 정문에서 남쪽 대각선 방향에 있는 우물은 정자亭子처럼 파란 지붕을 씌워 놓았기 때문에 쉽게 찾을 수 있다. 우물은 도로보다 약간 낮은, 이웃 논보다는 약간 높은 위치다. 자세히 보면 우물가에 꽤 오래돼 보이는 석축 흔적이 있다. 자연스럽게 '새마을'을 떠올리게 하는 파란 지붕보다 이 석축을 보전했더라면 훨씬 고풍스러웠을 듯하다. 우물로 내려가는 길목 도로변에는 은행나무 세 그루가 서 있다. 향나무가 우물의 수호나무라면 이들 은행나무는 수문장인 셈이다.

겉으로 드러난 우물 높이는 60㎝ 정도이고, 지름은 160㎝가량 된다. 정 씨에 따르면 우물 아래로 "노깡" 작은 것과 큰 것을 각각 하나씩 더 묻었다고 한다. 몇 년 전까지만 해도 한 달에 한 번꼴로 물을 퍼내고 청소를 했다고 하니 깊이가 그리 깊지는 않은 듯하다. 우물물은 아래쪽에서 끊임없이 솟아오른다.

"물이 얼마나 많으냐 하면, 동네에 불이 났을 때 그 물 길어다 껐어. 불났다는 싸이렌이 울리면 마을 사람들이 전부 물통을 들고 우물로 모여. 80통을 한꺼번에 퍼다가 불난 데 갔다 붇고 또 와서 퍼가고 했으니까 물이 얼마나 많아. 저 학교에서도 이 물로 급수했어. 오죽했으면 바가지샘이라고 불렀을라구."

우물가에 세워진 기념비. 대정 8년 연대가 뚜렷이 보인다.

온 동네가 이 물을 먹고 살았다. 우물에서 길 하나 건넛집에 사는 안정숙 씨는 "물맛이 무척 좋았다."고 했다. 안 씨는 30년 전에 이 마을에 왔다. 안 씨네 집은 원래 마을회관이었는데, 초등학교 건너편 자기네 땅을 지금 회관 부지로 내주고, 옛 회관 자리에 주택을 지었다. 이곳 마을은 현재 25가구 정도지만, 예전에는 30가구가 넘었다. 일제강점기엔 40가구 정도였다고 한다. 이 물은 언제까지 먹었을까? "10년 전쯤 해서 집집이 지하수를 파서 쓰면서 먹지 않게 됐어요. 그 후로도 더러 먹었는데, 3년 전에 마을 상수도가 생기고 나서는 먹는 사람이 없어졌지요."

140년 전에 논에 물을 대려고 샘을 찾다가 발견되었다는 이 우물은 한 세기 반가량 온 마을 사람을 먹여 살렸다. 아무리 퍼다 써도 물이 남았기에 1974년 무렵엔 우물가에 마을 공동빨래터를 만들었다. 사각 웅덩이를 만들어 우물에서 흘러내린 물로 빨래를 하도록 한 것이다. 그런데 빨래터 물길이 제법 운치 있다. 고대 로마 유적 수로水路의 미니어처 같다. 빨래터도 가운데가 약간 휜 빨래판 형태의 콘크리트 발판을 몇 개 가로질러 놓아 빨래하기 좋게 해놓았다. 우물에서 넘쳐 나와 빨래터를 거친 물은 논으로 그대로 흘러든다.

물길과 사각 웅덩이

"빨래터는 '동네 방송국'이었어요. 거기 가면 누구네에 무슨 일이 났는지 다 들을 수 있었지요."(안정숙 씨) 아침을 지을 시간이면 우물가가 복작이고, 논밭일 끝낸 저녁이면 마을 아낙들이 몰려와서 왁자지껄 수다를 떨며 빨래 방망이를 휘두르는 풍경이 절로 연상된다. "우물물이 여름엔 차고 겨울엔 따뜻했어요. 겨울에도 얼지 않았어요. 시린 손을 담그면 손이 녹을 정도였으니까요." 그러나 5~6년 전부터는 이곳으로 빨래하러 오는 아낙도 사라졌다.

우물에 얽힌 전설이 있느냐고 묻자 정재석 씨는 "전설은 없고 다른 얘기는 있다."고 했다. "우물 안에서 꽃이 피었어. 뭔 꽃인지는 몰라. 그때 우리 아저씨가 학교 선생이었는데, 이게 상서로운 징조다 해서 마을 이름을 바꾸자고 했어. 우리 마을 이름이 원래 행심마을인데, 정화마을로 하자는 거였지. 우물 정자, 꽃 화자 정화마을로 바꾸려고 한 거지. 헌데 웬 과부가 행여 운이 좋을까 해서 꽃

옆에서 본 우물과 물길

을 잘라가 버렸어." 그 과부는 팔자를 고쳤을까? "허허, 그 과부 죽었어. 왜정 때 얘기야."

마을 토박이 정 씨도, 이제 60대 중반에 접어든 안 씨도 예전이 그립다고 했다. "요즘은 전부 개인주의 아니에요? 같이 우물물 먹고 빨래하고 하던 시절에는 품앗이도 하고 서로 돕고 그랬는데……. 전에는 이장님이 정기적으로 소독도 되고 이끼도 없애는 약품을 우물에 넣었는데 요즘은 그것도 안 해요."(안정숙 씨) "내가 요즘 가끔 빗자루로 우물 안을 쓸어 줘. 난 아직도 그 물 먹어. 나야 다 살았는데 뭐. 복원해서 예전 공동우물 시절로 돌아가고 싶어도 근처 땅을 사는 게 쉽지 않아."(정재석 씨)

5년 전쯤 논에 댈 물을 늘리려고 우물 근처에 관정을 뚫는 바람에 행담마을 공동우물 수량이 좀 줄었다. "옆구리가 터지고 세수도 시켜주지 않으니 우물꼴이 말이 아니게" 된 게 안타깝다. 우물가 향나무도 그럴 것이다.

도암3리 공동우물

이천시 신둔면 도암3리 공동우물은 마을회관 바로 앞에 있다. 회관 뒤 금산金山이 흘러내려 들판과 만나는 지점이다. 우물자리는 도로보다 2m 가량 낮다. 콘크리트 계단을 내려가면 원통형 콘크리트 덮개를 한 우물 위로 평상을 놓고 또 그 위로 지붕을 만들어 정자처럼 꾸몄다. 덮개에다 평상까지 놓았으니 우물을 들여다 볼 수 없다. 그 아래는 흘러나가는 우물물이 고일 수 있도록 사각 콘크리트 웅덩이가 만들어져 있다. 우물터 가장자리는 돌로 조경을 했고 우물을 내려다보듯 향나무가 두 그루 서 있다. 한 그루는 아직 살아 있고, 한 그루는 고사했다. 우물 건너 왼편에도 고사한 거목이 한 그루 버티고 있다. 들메나무라고 했다.

우물–물길–웅덩이–빨래터

우물에서 흘러나오는 물을 임시로 가두는 웅덩이

"들메나무는 작년에 죽었어요. 같은 고목이 한 그루 더 있었는데 그건 전에 죽었구요. 우물터는 8~9년 전 돌 쌓고 콘크리트 쳤지요. 2년 전에는 우물 위에 정자 설치했구요. 우물 깊이는 1m 50㎝쯤 됩니다." 도암3리 새마을지도자 변창훈 씨(58세)

는 정자를 설치하면서 정자의 높이를 향나무 키에 맞추었다고 했다. 향나무는 원래 세 그루였다고 한다. 하지만 우물 위쪽에서 볼 때 가장 오른쪽 나무만 아직 살아 있고, 한 그루는 죽은 채 서 있다. 가운데 나무는 아예 파냈다. 이 마을 공동우물은 향나무가 수호신이고 들메나무가 수문장처럼 보인다.

도암3리 마을 전경

"그 향나무가 300살 된 거요. 내가 그걸 어찌 아는가 하면, 내 어릴 때 마을 어른들이 나를 아주 이뻐하셨거든. 그래서 무릎에 앉혀 놓고 들려준 얘기가 많아. 이 마을이 그러니까 300년 전에 광산 김 씨 김집이라는 분이 들어와서 만든 마을인 거야. 마을회관 옆집이 원래 그분이 터를 잡았던 곳이요. 마을이 생기니까 샘을 판 거고."

마을 토박이 윤성섭 씨(70세)의 말이다. 윤 씨 역시 이제는 구실을 하지 못하는 공동우물보다 향나무 보존 문제를 먼저 꺼냈다. "향나무가 원래 세 그루야. 복판 나무는 40년 전에 죽었지. 다른 한 그루도 3, 4년 전에 죽었어요. 현재는 오른쪽 나무만 살아 있어. 그나마 받침대를 몇 개나 받쳐 놔서 버티는 거예요. 봐요. 나뭇가지 사이에서 다른 풀꽃이 자라고 있잖아?" 변 씨도 "몇 년 전에 살아있는 향나무를 3,000만 원에 사 가겠다는 사람이 있었지만, 팔지 않았다."고 거들었다.

지금은 많이 떠났지만, 도암3리는 오래도록 광산 김 씨 집성촌이었다. 우물은 300년가량 마을 사람들의 젖줄 구실을 했다. 콘크리트로 우물을 정비한 해는 윤 씨도 기억하지 못했다. 이 역시 일제강점기에 이루어졌을 가능성이 높다. "30가구가 이 우물물로 먹고 빨래하고 다 했어요. 그런데, 우물 아래 샘이 무른 암석으로 돼 있어서 우물이 점점 깊어졌어요. 이 우물은 겨울에 업니다. 그래서 봄철이 돼서 녹으면 샘이 더 내려가고 그랬지요. 그래도 우물이 마르지는 않았어요. 마을 사람들이 다 퍼다 쓰고도 남았으니까."

장동교 쪽에서 바라본 장동2리

하지만 20년 전부터 가구마다 개별 지하수를 파면서 점차 우물을 사용하지 않게 됐다고 한다. "그래서 공동우물을 아예 메워버리자는 사람도 있었어요. 하지만 우리들이 막았지. 300년을 이어온 마을 젖줄이니까. 비상급수용으로라도 남겨둬야지."

윤 씨는 지금처럼 우물 위에 정자를 만들어 놓은 게 불만이다. "생각을 해봐요. 우물을 깔고 앉아서 논다는 게 말이나 되나. 다시 식수로 쓰지는 않더라도 예전 모습으로 되돌려 놓았으면 좋겠어." 300살 운치를 간직한 향나무도, 이제는 고사한 들메나무도 같은 생각이지 않을까? 마을의 역사를 생생하게 보여주는 이들 나무와 공동 우물터를 복원하는 방안을 강구하는 일이 시급한 듯하다.

장동2리 빨래터. 안쪽에서 흘러나오는 물은 바로 옆 개천 물이 아니다.
멀리 보이는 앞산 계곡부터 500미터 가량 되는 수로를 매설해서 끌어들인 물이다.

장동2리 빨래터

이천시 신둔면 장동2리 공동 빨래터는 마을 외곽 신대천 가에 있다. 신대천은 원적산에서 발원하여 장동리와 신대리를 지나 도봉리에서 신둔천에 합류하는 하천이다. 마을에서 공동 빨래터로 통하는 장동교라는 다리 아래가 신대천이다. 하지만 특이하게도 이 공동 빨래터는 바로 옆에 흐르는 신대천 물을 바로 끌어다 쓰도록 만든 게 아니다. 장동교에서 서쪽으로 멀리 보이는 원적산 계곡의 물을 별도의 지하 수로를 통해 500m나 끌어들이도록 한 것이라고 한다.

"갈수기엔 이 냇갈(신대천) 물이 끊어져 버려요. 그러니까 물을 끌어온 거지요." 장동2리 주민 이태호 씨와 부인 이원종 씨는 "조덕환이라는 옛날 부자가 봇도랑을 묻어서 사시사철 물을 쓸 수 있게 해주었다."고 했다. 1940년생인 남편 이 씨는 이 마을 토박이고, 1942년생인 부인 이 씨는 이웃 백사면에서 50년 전 시집왔다.

아낙네들이 빨래하던 자리.

빨래터는 둑에서 내려가도록 돼 있다. 양쪽으로 각각 열 명쯤 앉아서 빨래를 할 수 있도록 자리를 만들어 놓았는데, 물이 흘러드는 쪽을 보면 실제로 신대천 흐름과는 다른 물길을 통해 흘러드는 구멍이 보인다. 빨래터 위에 지붕처럼 비 가림막을 처음 설치한 건 1974년 새마을운동의 일환이지만, "조덕환이라는 부자"가 빨래터 자체를 만든 시점은 이 씨 부부도 모른다고 했다. "빨래터 조성은 왜정 때 했을 겁니다."

"예전엔 이 물 없으면 못살았어요. 이 물을 길어다 먹기도 했지요. 물이 맑았으니까. 빨래도 하고 김칫거리도 씻고 온갖 거 다 했어요. 빨래터가 어찌나 붐비는지 차례를 기다려야 했지요."

장동3리 마을 이름은 하남촌이다. "아마도 원적산 쪽에 있는 마을이 남촌인데, 그 아래 있다고 하남촌이라 하지 않았나 싶네요. 장동1리는 장골, 3리는 덜미라고 하지요." 하남촌은 현재 75가구다. 예전에는 85가구였다. 가구 수에 비해 빨래터는 좁은 편이다. 빨래터가 얼마나 붐볐을지 짐작이 간다.

"우리 아들이 올해 마흔일곱 살인데, 동갑내기가 마을에 스물 두 명이나 됐어요. 그러니까 하루 종일 빨래터가 복작복작했지요. 똥귀저귀 빨러." 장동2리 공동빨래터는 하남촌의 베이비붐 세대를 다 길러내도록 해준 고마운 장소였다. 마을에서 빨래터로 가려면 다리를 건너야 한다. 이 다리(장동교)는 1975년에 세워졌다. "그 전엔 냇갈을 그냥 건너다녔지요, 뭐." 식수로도 썼던 이 물은 점차 수질이 나빠져서 빨래터 역할만 하다가 그마저도 20년 전쯤부터 아낙네들 발길이 드물어졌다. "지금은 쓰는 사람이 없어요."

하남촌 공동 빨래터에서 개울을 건너다보면, 아름드리 느티나무 몇 그루와 키가 훌쩍한 향나무가 시야에 들어온다. 느티나무 아래로 마을 주민 수십 명이 와서 쉬어도 될 만큼 널찍한 그늘이 있다. 향나무는 수령 400년이 넘은 보호수다. 빨래터에서 이들 나무를 건너다보든, 나무 그늘 아래서 빨래터를 건너다보든 한 폭의 그림이다. 고단했지만 정겨웠던 시절, 그 추억의 한 장면으로 버려두기엔 아까운 풍경이다.

| 도움말 주신 분 |

정재석 이천시 설성면 행죽2리 주민
안정숙 이천시 설성면 행죽2리 주민
윤성섭 이천시 신둔면 도암3리 주민
변창훈 이천시 신둔면 도암3리 주민
이태호 이천시 신둔면 장동2리 주민
이원종 이천시 신둔면 장동2리 주민

| 참고자료 |

경기도, 『경기도 근대문화유산 및 목록화 보고서』, 2004.

03
새단월 이발관

답사일 : 2009년 11월 3일

사방 20리에서 유일한 이발소

이천시 중리동 단월2동 537-4 새단월이발관은 근동 20리 안에서 유일한 이발소다. 현재의 이발관 주인 임광복 씨(48년생)가 이천 지도 위에 그려준 '영업범위'

새단월 이발관 전경

를 보면, 이천시내 쪽으로 영동고속도로 너머 장록동, 고암동, 단월동, 대포동은 물론이고 서쪽으로 이웃면인 대월면 대대리, 남쪽에 위치한 모가면 신갈리, 소고리까지 포함된다. 꽤 멀리서도 이곳으로 머리를 깎으러 온다는 것이다. 물론 미용실로 가는 젊은이들은 빼고, 장년층 이상 고객뿐이기는 하지만 말이다.

이처럼 '영업구역'이 넓은 이유는 새단월이발관이 자리 잡은 위치가 예전 지명으로 대월면 '주막거리'이기 때문이다. 그곳에 꽤 유명한 주막이 있었다는 옛이야기가 전해진다. 손끝이 여물고 행실이 얌전한 주모와 그 딸이 운영하는 주막은 상당히 인기가 있었던 모양이다. 영남지방에서 과거를 보러 한양으로 가는 선비들이 일부러 유숙하고 가는 곳이었다 한다. 해방 이후에도 지금처럼

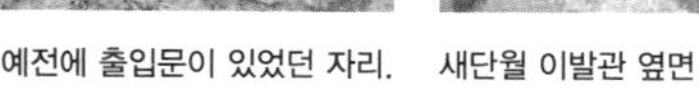

예전에 출입문이 있었던 자리. 새단월 이발관 옆면

새단월 이발소 앞 도로

새단월 이발관 출입문

교통이 발달하기 전에는 설성면이나 모가면은 물론이고 충주, 음성에서 이천으로 가려 해도 이곳을 지나야만 했다. 이처럼 중요한 길목이었으므로 당연히 이발소가 들어서지 않을 수 없었을 터이다. '주막거리' 혹은 '단드레'라고 불리던 단월동은 1996년 이천군이 시로 승격되자마자 대월면에서 이천시 중리동 소속으로 행정구역이 바뀌었다.

새단월이발관이 언제쯤 세워졌는지는 알 수 없다. 현 주인 엄광복 씨는 2009년 4월에 이 이발소를 인수했다. 그 전에 15년 동안 새단월이발관 주인이었던 김동원 씨가 뇌수술을 받으면서 더 이상 이발사 일을 할 수 없게 되었기 때문에 엄 씨가 인수했다고 한다. "김동원 씨 이전에는 김성만 씨가 주인이었지요. 저는 아마 이 새단월이발관의 다섯 번째 주인일 겁니다."

원래 새단월이발관의 위치는 도로 맞은편 지금의 '정다방' 자리였는데, 20년 전쯤 길 건너로 이사했다고 한다. 그리고 지금 이발관이 영업을 하는 건물은

1960년대에 세워진 것으로 추정된다. 그 무렵까지 이곳에 또 다른 이발소가 영업을 했다는 기록이 남아있는 점으로 미루어, '주막거리'엔 '새단월이발관'이라는 간판이 걸리기 전에도 다른 이름의 이발소가 분명 있었을 것으로 짐작된다. 하지만 그 모든 이발소가 사라진 지금 새단월이발관은 경기도 내에서 몇 남지 않은 농촌 이발소로서 명맥을 이어가고 있는 중이다.

건축물대장에는 새단월이발관이 대지면적 109㎡에 연면적 115㎡, 지상 1층 목조 슬레이트 건물이라고 되어 있다. 지붕은 원래 박공지붕이었을 것으로 보이나 누수 문제로 대부분의 시골상점 건물처럼 간판을 위로 올리고 뒤를 덧대어 한쪽 경사지붕을 만든 것으로 추정된다. 건물은 도로에 면해 있는데, 옆 골목 쪽으로 출입문이 있었으나 이를 막아버리고 현재는 도로 쪽으로 문을 내어 사용하고 있다. 문은 위에 유리창을 끼우고 아래는 나무판자로 된, 전형적인 60년대 상점 미닫이 출입문 형태다.

당시를 기억하는 중장년층이라면 한 번쯤 들어가 보고 싶어 할 출입문으로 들어서면, 이발 의자 2개와 그 앞과 옆 면경, 왼쪽으로 기다리는 손님을 위한 낡은 소파 하나, 소파 앞쪽으로 연통이 달린 난로, 오른쪽 구석으로 세면대가 전부다. 7~8평에 불과한 이발소지만 정겨운 추억이 한꺼번에 밀려들 만한 풍경이다.

이발소 안 풍경

마침 홍순복 씨(93세)가 이발을 하고 있었다. 하얗게 센 머리를 곱게 단장한 홍씨는 구순 노인답지 않게 기억력이 총총했다. "예전엔 이발 한번 하려면 2~3시간 기다리기 일쑤였어. 근동에 인구가 많았지. 지금은 고샅에 사람이 없어." 조

새단월 이발관 내부 풍경.

발과 머리 감기를 마치고 마지막 다듬질을 하고 있던 홍 씨는 옛날이 그리운 듯했다. 홍 씨는 단월동 옆 동네인 대포동에 산다고 했다. 새단월이발관 주인이자 유일한 이발사이자 면도사이자 머리를 감아주는 조수인 엄광복 씨 역시 대포동에 산다. "원래는 단월리가 대월면 면소재지야. 단월리가 중리동으로 붙으면서 단월동이 됐고, 면사무소는 초지리로 옮겨갔어. 그런데 불편해."

가위질을 하던 엄 씨가 거들었다. "여기서 시내까지 시오리는 되지요. 그러니까 이천시내도 아니고 대월면도 아니고, 좀 어정쩡해요." 홍 씨에 따르면 단드레 일대는 200~300년 전에 형성된 큰 들이었다고 한다. 앞서 언급한 주막거리 이야기도 그때 생겨난 듯하다. 농사가 전부였던 시절은 1960년대까지 계속되었다고 한다. 그 후 산업화, 도시화가 가속화되면서 젊은이들이 대거 도시로 빠져나가는 현상이 여기라고 예외일 수는 없었을 것이다.

홍 씨는 요즘 한 달 반이나 두 달에 한 번 머리를 깎으러 온다. "전에는 한 달에 한 번은 깎았지." 홍 씨가 기억하기로는 1960년대만 해도 가을에 이발사에게 쌀 한 말 주기로 하고 1년을 대놓고 깎았다. 봄에 보리 한 말 더 얹어 주면

온 식구가 1년 이발 걱정은 하지 않았다고 한다. "더 전에 왜정 때는 순사가 논일하는 사람 머리를 자르는 일도 있었어. 가위를 들고 다니면서 논에서 김매는 사람까지 불러다가 지들 맘대로 머리를 잘라버리곤 했지. 골목길을 막고 가위질을 하기도 하고." '짧고 단정한 머리'를 선호하는 총독부의 강박관념은 단발령(1895년) 이후에도 꽤 오랫동안 지속되었던 모양이다. 박정희 정권 시절 순경들이 가위 들고 설쳤던 장발 단속은 역사적인 뿌리가 꽤나 깊은 셈이다.

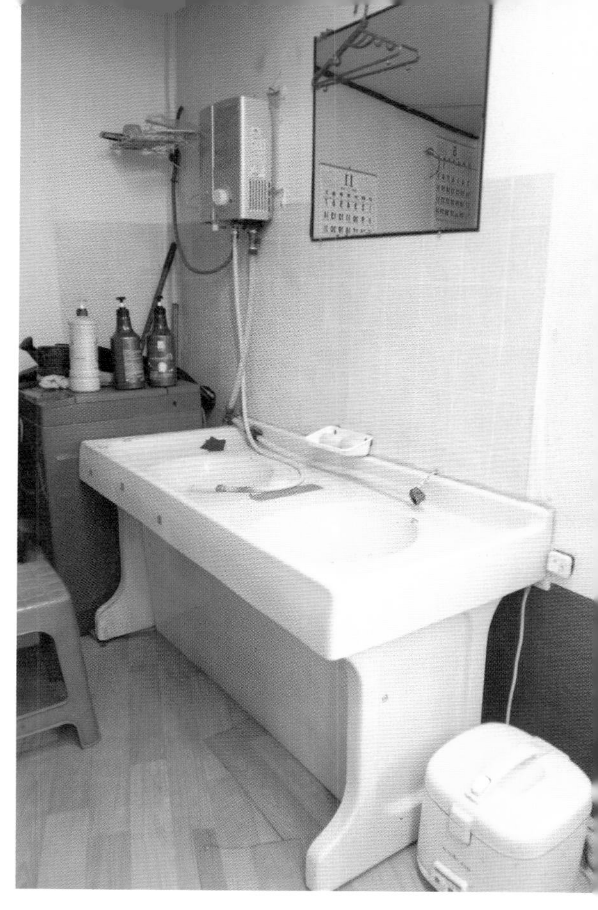

머리 감는 세면대

그런데 홍 씨가 이발을 마치고 나간 뒤 이발소를 휘둘러봐도 '이발소 그림'이 보이지 않는다. '삶이 그대를 속일지라도'로 시작하는 푸시킨의 시詩도 없고, 물방아가 돌아가고 초록 톤이 유달리 튀는 풍경화 한 점 보이지 않는다. 70년대 초 이발소에 가면 나훈아, 이미자 노래가 끊임없이 크게 틀어져 있던 라디오가 있었지만, 그 역시 한쪽 구석 TV가 대신하고 있다. 이발 의자 위에 빨래판 같은 걸 얹고 그 위에서 꾸벅꾸벅 졸다가 이발사에게 연신 지청구를 먹던 아이들도 없고, 면도를 마친 뒤에 의자를 뒤로 완전히 젖히고 푹 잠이 든

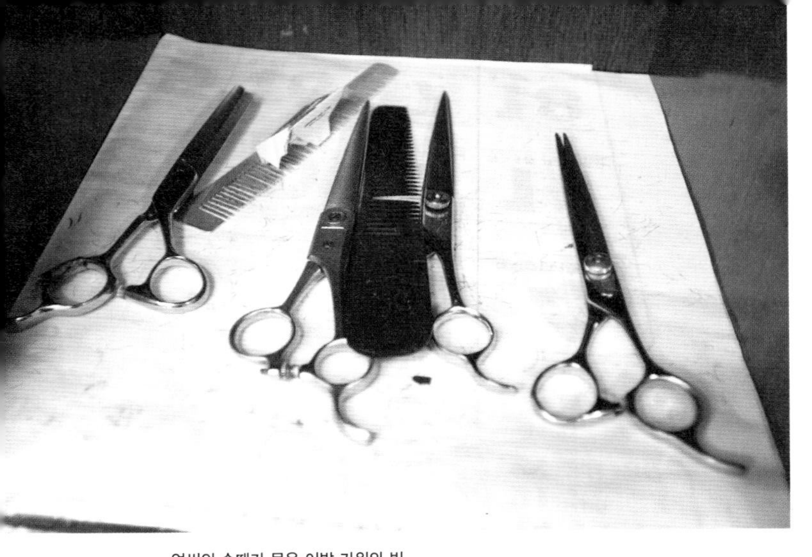
엄씨의 손때가 묻은 이발 가위와 빗

아저씨도 사라진 이발소이기 때문일까.

"이런 건 남아있습니다. 잘 쓰지는 않지만 버리기 아까워서 둔 물건이지요." 이발사 엄 씨는 면도칼 가는데 쓰는 가죽띠를 보여주었다. 이발소용 면도는 원래 숫돌에 갈아야 한다. 그래야 날이 서기 때문이다. 이발 의자 앞에 붙어있는 가죽띠는 면도가 무뎌졌을 때 "때를 벗기는" 용도다. 거기 대고 슥슥 문지르면 무뎌진 칼날이 조금은 벼려져 한두 번쯤 쓸 수 있기 때문이다. 가죽띠를 설명하던 엄 씨는 생각난 듯 도구함 구석에서 숫돌도 꺼내 보여주고, 면도 거품을 내어 손님 얼굴에 듬뿍 바를 때 쓰던 면도솔도 보여준다. "요즘은 잘 쓰지 않아요."

그런 도구들이 쉴 틈이 없었던 시절에는 이발소가 단지 머리를 깎는 곳만은 아니었다. 중세 유럽의 이발소처럼 이발사가 외과 의사를 겸하지는 않았어도, 동네 사랑방으로서는 더할 나위 없는 구실을 했다. "예전엔 이발소가 부동산중개소도 겸했다고 할 수 있지요. 면단위 사람이 모이니까 누구네 논이 얼마에 나왔다더라, 아무개네가 밭을 내놨다더라 그런 얘기가 자연스럽게 오가게 되고, 그러다가 계약이 성사되기도 했죠. 또 하나 구실은 이발소가 노름방 역할을 하기도 했어요. 모여서들 화투 치고 하다가 경찰에 걸려서 문을 닫기도 하고…… 하지만 요즘은 마을회관이나 노인회관으로 가지 이발소에 모여 놀지는 않지요."

이발사 엄광복 씨

엄광복 씨가 새단월이발관을 인수한 건 반년 조금 넘었는데도 이처럼 이발소의 역사를 꿰고 있는 이유는 그가 이천시 이용업 지부장을 역임한 베테랑 이발사이기 때문이다. 사실 엄 씨의 이발소 경력은 거의 50년이 다 되었다. "국민 학교 졸업을 하자마자 이발소에 들어갔지요. 바닥 청소하는 일과 머리 감기는 법부터 배웠습니다. 머리 감기에 도가 틀 무렵이 돼서야 면도칼 가는 법을 익히게 해주더라구요." 엄 씨는 예전 이발사들이 그랬듯이 철저히 도제 수업을 받았던 모양이다.

"그런데 우리 주인이 성질이 깐깐한 분이었어요. 사실 이발 기술은 주인과 종업원 사이에 신뢰가 생기면 그때부터 가르쳐주는 일이

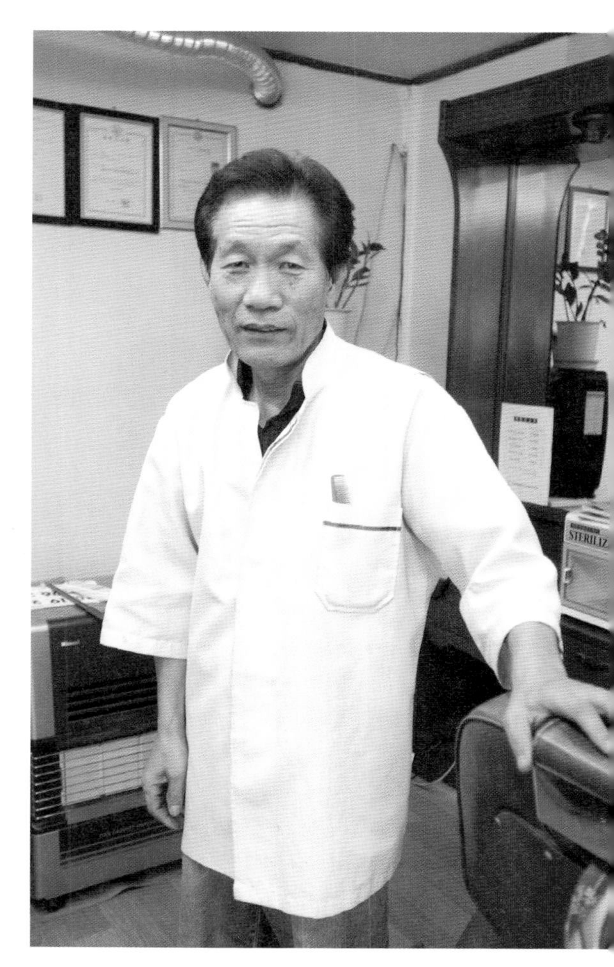

엄광복씨

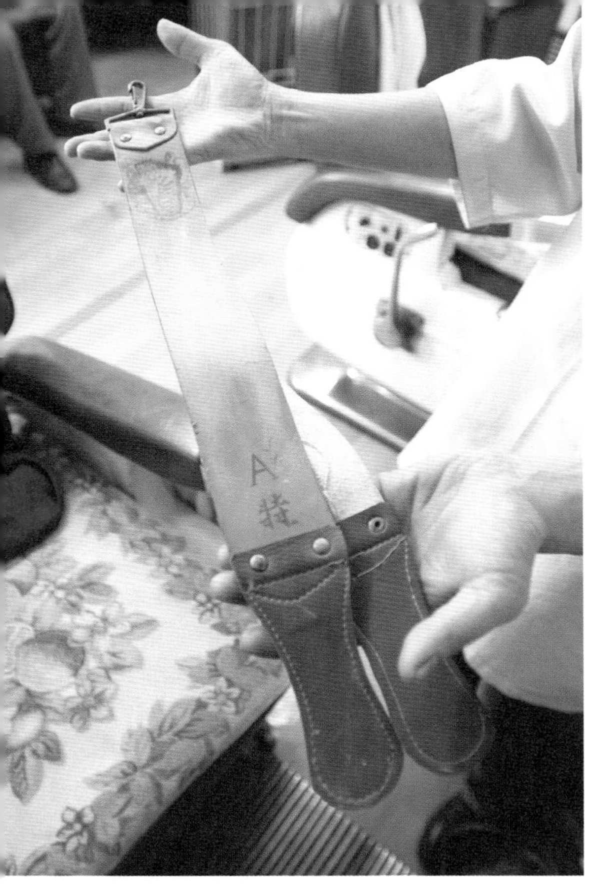

면도 때 벗기는 가죽 띠.
엄광복씨가 가죽띠 사용법을 설명하고 있다.

지요. 헌데 저는 거의 5년간 '시다' 노릇을 했습니다. 가위 잡는 법을 가르쳐줘야 말이지요. 그렇게 고생을 하다가 기술을 익혔어요." 엄 씨는 아마도 박태원의 『천변풍경』에 나오는 이발소 소년처럼 손님들과 동네일들 관찰이나 하면서 몇 년을 보내고 나서야 제대로 된 이용기술을 배운 듯하다. "제가 1970년도 면헙니다. 그해 1월에 경기도지사가 발행한 이용사면허증을 땄지요." 이발소 안에 걸려 있는 면허증은 1991년 이천시장이 발행한 것이다. 이용사면허 발행권자가 그 무렵 도지사에서 시장군수에게로 넘어갔기 때문이다.

"이천 시내에서 면도사만 여럿 데리고 제법 큰 이발소를 운영하기도 했습니다. 그런데 1975년경부터 소위 '퇴폐이발소'가 늘어나면서 손님들이 미용실로 빠지더군요." 이발소는 그때부터 내리막길이었다고 한다. 엄 씨도 결국 이발소를 접고 공사판을 전전하기도 했다. 다시는 바리캉과 가위를 잡지 않을 결심이었다. 그러다가 전부터 잘 알고 지냈던 새단월이발관 주인 김동원 씨가 쓰러져 뇌수술을 받게 되면서 그래도 배운 게 이용기술인지라 이 이발관을 인수했다. "벌이요? 이거저거 제하고 나면 한 달에 한 100만 원 손에 쥘 정도지요. 그래도 이 나이에 공사판에 나가 일을 하는 것보다는 낫고, 시골 살림이라 그럭저럭 이 일을 하고 있습니다." 한쪽 벽에 걸린 요금표를 보니 조발, 면도, 아이론은 1만 원, 염색도 1만 원으로 돼 있다.

"이발 기술도 만만히 볼 건 아닙니다. 우선 손님 얼굴형 봐야죠, 두상이나 귀 생김새도 유의해야 손님이 만족합니다. 예를 들어서 마른형 얼굴은 옆머리를 살려줘야 하지요. 또 길게 짧게 손님이 원하는 길이를 맞춰주는 것도 쉬운 일은 아니죠." 남자들 헤어스타일도 여자들만큼은 아니지만 유행을 탄다. 신사는 포마드를 꼭 발라야 하던 시절도 있었고, 바리캉은 손도 대지 않고 가위로만 깎던 시절도 있었다. "머리가 억센 손님에겐 고데기를 달궈서 쓰던 때도 있었습니다. 그런데 연탄불에 달구다 보니 온도조절을 못 해서 손님 머리가 눌어붙어 곤욕을 치른 기억이 생생합니다." 엄 씨는 요즘 휴업일을 월요일에서 일요일로 바꿀까 고민 중이다. 그전에는 일요일 결혼식이나 잔치에 가는 손님들이 아침부터 몰려들었는데, 요즘은 일요일에 손님이 전혀 없기 때문이다.

15년이나 새단월이발관

손님 머리 감길 때 쓰던 물 조리개. '흥진조로'라는 상표가 뚜렷하다.

주인이었던 김동원 씨는 지금 언어능력을 상실하고 병원에 누워 있다고 한다. 그를 만날 수 있었더라면 더 생생한 새단월이발관의 역사를 들을 수 있었을 텐데 아쉽게도 엄 씨와 홍순복 씨의 증언으로 만족할 수밖에 없었다. 시골 이발소로서 새단월이발관 건물은 근대문화유산의 반열에 오르기엔 부족한 점이 많은 게 사실이다. 하지만 이 이발관 역시 얼마나 버틸 수 있을까? 농촌 인구 감소와 유행에 밀려 새단월이발관마저 문을 닫으면 경기도의 근현대사를 살아낸 서민들의 애환 서린 장소 하나가 영영 사라져 버릴 수밖에 없다.

| 도움말 주신 분 |

엄광복 새단월 이발관 주인
홍순복 이천시 중리동 대포동 주민

| 참고자료 |

박태원, 『천변풍경』.
경기도, 『경기도 근대문화유산 조사 및 목록화 보고서』, 2004.
이천시청 홈페이지 http://www.icheon.go.kr

04
양정여고 옛 강당

답사일 : 2010년 10월 5일

교회가 된 강당

이천 양정여자고등학교 홈페이지(www.icyj.hs.kr)의 학교연혁은 1942년에서 시작한다. 그해 7월 김동옥金東玉 목사(1910~2006, 초대 교장)가 일제강점기 극빈 아동을 대상으로 한 초등교육과정인 '욱旭학원' 설립을 학교의 효시로 보는 것이다. 이를 모태로 해방 직후인 1946년 10월 양정여자고등학교가 설립되었고, 1949년 1회 졸업생이 배출되었다고 한다. 자체 공식 역사만 따져도 2010년 11월 현재 만 64년이 넘는다.

하지만 『양정60년사』 부록으로 실린 '이천양정여자중 · 고등학교 연혁'에는 학교의 시작을 1910년 5월로 기록하

이천 양정여고 옛 강당(현 양정교회) 전경

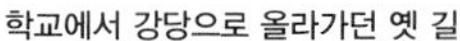

학교에서 강당으로 올라가던 옛 길

우측 창문

고 있다. "이천군 이천읍 관고리(구 읍사무소)에 구한국 학부대신의 인가로 양정여학교를 미국감리회 여선교부에서 설립함".

이 책 본문은 전사前史를 더 소급한다. "양정여학교의 모태는 1903년에 이천읍 소녀들을 위해 미국인 선교사에 의해 설립된 '매일학교'가 그것이다. 당시 매일학교는 다른 지방에서 학생들이 찾아올 정도로 인기가 있었다고 한다. 이러한 분위기를 몰아 1910년 5월 3일에 미감리회 여선교부에서는 구한국 학부대신으로부터 사립 '양정여학교' 인가를 받아냈다. 이로써 매일학교는 4년제 소학교인 양정여학교로 발돋움하게 된 것이다."

이로부터 계산하면 양정여고의 역사는 무려 107년이 된다. 학교 인가를 기준으로 해도 딱 100년이다. 서울이 아닌 경기도 이천에 1세기 전 여학생 교육을 위한 기관이 설립된 사실 자체가 특기할 일이다.

학교 역사 기록과 홈페이지 기록이 차이를 보이는 이유는 강제 폐교의 아픔을 겪었기 때문이다. 미국 선교사들이 운영하던 '양정여학교'는 1938년 5월 신사참배를 거부하다가 폐교당했다. 물론 폐교당한 '양정여학교'는 소학교 과정이

교회 맞은편에는 사택 공사가 한창이다. 이 자리에 '양정인의 돌'이 있었다고 한다.

었고, 그 맥을 이은 양정여고는 중등교육 과정이라는 차이도 있다. 하지만 곧고 바른 여성貞을 길러낸다養는 정신에서는 다를 바가 없다.

양정여고 교정에서 현재 가장 오래된 건물은 석조 강당이다. 강당은 1956년 개교 10주년에 지어졌다. 강당 신축 2년 전인 1954년 석조 2층 교사校舍가 지어졌는데, 이 교사는 현재 남아있지 않다. 교사와 강당은 같은 양식이다. 미군들이 전쟁 이후 전국 곳곳에서 학교 건물 신축에 도움을 주었다. 양정여고도 미 제5공군 소속 제85전투부대의 도움을 받았다.

양정여고 석조 강당은 현재 교회로 사용된다. 양정여중 본관 앞 운동장을 가로질러 맞은편 야트막한 구릉에 위치한 교회의 명칭은 대한감리회 양정교회다. 강당에 교회가 들어선 것은 1981년이다. "강당은 아직도 학교 재산입니다. 교회에서 무상 임대해 사용하고 있다고나 할까요. 지금도 학교에서 이용하기도 합니다. 학년별 모임이나 행사를 여기서 치르지요." 여재암 양정여고 교무기획부장의 말이다.

강당은 화강암을 벽돌처럼 쌓아올린 건물이다. 단순하면서도 견고한 느낌을 준다. 초창기 사진과 비교하면 정문 위 첨탑 십자가가 없을 뿐 외관은 그대로다. 내부는 리모델링하여 옛 모습을 찾아볼 수 없다. 면적은 130평이다.

"당시 양정학교 학생들이 미군 부대에 가서 찬양을 해주곤 했다고 해요.

미군들이 이를 기특하게 여겨서 '뭐 도와줄 일 없냐'고 물었고, 학교 측에서 강당이 필요하다고 했대요. 그래서 강당 자리가 일종의 돌산인데 미군 부대에서 깎아주어서 강당을 지을 수 있었다고 들었습니다."(여재암 부장) 강당이 지어진 뒤에도 미군들이 끝내 파내지 못한 암석 한 덩어리가 있었다고 한다. 강당 맞은편에 있었던 이 돌은 양정인의 추억이다. 하지만 현재는 그 돌을 없애고 그 자리에 사택이 신축 중이다.

설립자 김동욱 선생 동상

| 도움말 주신 분 |

여재암 양정여고 교무기획부장

| 참고자료 |

학교법인 양정학원, 『양정 50년사』, 1993.
양정60년사 발간위원회, 『양정 60년사』, 2006.
www.icyj.hs.kr 양정여자고등학교 홈페이지

05
이천경찰서 무도관

답사일 : 2018년 11월 22일

정미의병이 활약했던 이천 관고리

이천시 관고동은 근대 이전 관아 위치와 관련되는 지명이다. 갑오개혁 이전 관고동과 창전동 어름에 이천도호부 동헌이 있었다. 지금 창전청소년문화센터 자리다. 평생학습센터 서희1관 마당에 역사를 알리는 안내판이 서 있다.

이천 YMCA 평화센터 정면

외벽 마감재인 화강석 모양이 다양하다. 가운데 부분과 아래 위쪽이 확연히 다르다.

관고동의 옛 이름 관고리는 원래 관후리라 불렸다. 관아 뒷마을이라는 의미다. 창전동은 관아 부속 창고들이 즐비한 곳이라는 뜻이라 한다. 관후리에도 창고가 많았으므로, 자연스레 창고 고庫자를 붙여 관고리가 된 듯하다.

이천 관아는 1907년 정미의병丁未義兵 봉기 때 크나큰 수난을 겪었다. 12년 전 을미의병乙未義兵 때 봉기했던 의병장 구연영具然英이 당시 이천에 있었다. 구연영은 을미의병의 이천 광현 전투를 대승으로 이끌었던 의병장 가운데 한 명이다.

원래 경기도 광주 사람인 구연영은 을미 봉기 때 광주 이현 전투에서 패배한 이후 고향 광주로 낙향했다가 기독교인이 되었다. 스스로 한양 상동교회를 찾아가 교인이 된 그는 1904년 전도사가 되어 이천의 목회자(현 이천 중앙교회 담임 전도사)로 부임했다. 1907년 구연영은 일제의 군대 강제 해산으로 의병이 봉기하자, 이천에서 다시 행동을 개시했다.

이천에 들이닥친 일본군 수비대는 이천 중심부의 객사와 인근 민가 480여

채를 불태웠다. 구연영은 아들 구정서와 함께 체포되어 관아 앞 장터 홰나무에 달려 순국했다. 고려 왕건이 '내[川]를 건너 천하를 이롭게 했다'는 이야기가 전해지는 이천의 근대는 이렇듯 충격적으로 들이닥쳤다. 정미년의 불행은 '이천 충화사건利川衝火事件'이라 불린다.

70년 세월을 버틴 무도관

무도관 입구

경술국치 이후 옛 이천 관아의 동헌은 일제의 경찰서가 되었다. 관고동과 창전동 일대도 시나브로 식민지 근대에 포섭되어갔다. 일제 경찰서는 해방 후 고스란히 이천경찰서로 바뀌었다. 이천경찰서 건물은 한국전쟁 시기에 다시 한 번 전소되었다가 1955년 석조 건물로 다시 지어졌다.

평화센터 쪽에서 본 무도관

그런데, 경찰서 앞 쪽 별도 건물이었던 무도관은 다행스럽게도 전화戰火를 피했다. 무도관은 경찰관들의 무술 단련을 위한 시설로, 일제 말기인 1941년 세워졌다. 전쟁 후 재건된 이천경찰서가 2000년대 초반 철거되었을 때도 무도관은 살아남았다. 무려 70년 넘는 세월을 버텨냈다. 작은 길 하나 건너 수령 350년 된 느티나무만큼은 아니지만, 관고동과 창전동의 현대사는 고스란히 지켜보았을 터이다.

원래는 목조 건물이었다고 한다. 지붕도 박공지붕이라 했다. 그러나 지금은 시멘트 마감으로 고쳐지어져 있다. 박공지붕도 일부는 만사드(mansard) 형식으로 바뀌었다. 만사드 지붕이란 사면이 가파르지만, 윗부분은 평평한 지붕을 가리키는 건축학 용어다. 건물의 일부가 바뀌었지만, 현관과 입구 계단, 기둥 등 전체 구조는 지금도 튼튼해 보인다.

입구에는 '이천경찰서무도관'이라는 현판이 여전히 붙어 있다. 경찰관들이 가끔 유도 훈련 시설로 사용하는 듯하다. 현판이 더 있다. 현관 기둥에 '이천시유도체육관', '이천초등학교유도관'이라는 현판이 보이고, 왼쪽 측면에 '이천시

유도회 사무실'이라는 표지판도 보인다. 말하자면 이 건물은 여전히 이천 유도의 고향인 셈이다.

무도관 건물에는 담장이 둘러져 있었다. 담장이 건축 초기부터 있었는지는 확실치 않다. 하지만 현재 외벽과 같은 색으로 칠해진 흔적이 역력한 담장 구조는 어렵지 않게 발견할 수 있다. 현관 앞쪽으로 철문이 있었던 듯하고, 왼쪽 뒤편으로도 문이 달렸던 경첩이 남아 있다. 그러니까 담장 안에 크지는 않지만 옆마당, 앞마당이 있었다는 얘기다. 정면 오른쪽에는 제법 널찍한 옆마당이 있다. 화단이 있었을 것으로 추정된다. 무도관 내부는 무술 단련 도장에서 흔히 볼 수 있는 바닥이 깔려 있다. 오른쪽 끝으로 탈의실 공간이 달린 통짜 도장이다.

이천경찰서 부속건물이었던 평화센터

무도관 말고도 옛 이천경찰서와 관련되는 건물이 한 채 더 있다. 무도관 왼쪽 측면으로 작은 길 하나 건너에 있는 '이천 YMCA 평화센터'다. 현재는 이천시 아이 돌봄센터가 사용하는 건물이다. 단층이고 규모가 작지만 정면으로 보나 측면으로 보나 화강석 돌쌓기 방식으로 지어진 단아하고 번듯한 건축물이다.

기록에 따르면, 이 건물은 일제 강점기에 관공서 건물이었다고 한다. 당시의 이천경찰서와 관련된 건물인지는 확실치 않다. 한국전쟁 시기에 이 건물 역시 대파되었으므로

현판

이 자리에 이천경찰서가 있었다. 무도관은 현재 평생학습센터 서희1관의 앞에 있다

1953년 새롭게 지어졌다고 한다. 다시 건축된 이후엔 경찰서장의 관사로 쓰이기도 했고 유치원, 고아원으로 활용되기도 했다고 전해진다. 건물의 소유권이 1960년대에 이천시로 넘어오기 전까지 이천경찰서에 있었으므로, 경찰서 부속 건물이 확실하다.

관아터 안내판

이 건물에서 가장 주목되는 것은 역시 돌쌓기 방식이다. 장방형인 건물의 외벽은 돌과 돌 사이 회반죽이 삐져나오는 모양을 규칙적으로 배열한 방식으로 외관을 꾸몄다. 벽의 아랫부분이나 지붕에 가까운 부분은 막쌓기처럼 하면서도 회반죽을 기하학적으로 보이도록 멋을 냈다. 현관 역시 석조로 단단한 외관을 연출했다. 현관 위쪽엔 성벽 날개 형식으로 처리했다. 회반죽 줄눈 처리 방식은 1950년대 건축 기술을 보여주는 사례로 꼽힌다.

건물의 지붕이나 내부는 건축 당시 모습을 찾아볼 수 없다. 소유권이 1968년 이천시로 넘어온 이래 한동안 예비군 동대로 사용되다가 YMCA 사무실로 쓰이기도 하는 등 여러 차례 용도가 바뀌면서 그때그때 새롭게 리모델링했기 때문이다. 그럼에도 불구하고 내부에 들어가 보면 장방형에 공간 활용도를 높일 수 있는 구조를 가진 단아한 건물이라는 점을 확인할 수 있다.

남은 과제

옛 이천경찰서는 2002년 서울방송(SBS)에서 방영한 드라마 〈야인시대〉의 촬영지였다고 한다. 연도를 따져보면 이천경찰서가 이전할 무렵의 일인 듯하다. 당시 무도관도 드라마 세트장으로 활용되었는지는 확실치 않다. 일제 강점기 배경의 드라마가 이곳에서 촬영되었다는 사실은 옛 이천경찰서 공간이 지난 시대의 분위기를 간직하고 있었다는 뜻이다. 옛 경찰서 건물이 사라졌음에도 무도관을 들여다보면 '장군의 아들' 시절이 금세 연상된다.

이천경찰서 이전 후 이 파란만장 곡절 깊은 공간을 어떻게 활용할 것인가를 두고 이천시민 사이에 다양한 논의가 오갔다. 논란 끝에 어두운 경찰서의 그림자를 걷어내고, 밝고 깨끗한 주민의 학습 공간이자 휴식 공간으로 탈바꿈시키기로 결정이 났다. 수탈의 상징이던 관아 자리에서 이천을 불바다로 만든 헌병 수비대의 공간으로, 이어 독립지사를 가두고 고문하는 경찰서로 수 세기를 지켜온 터는 완전히 다른 의미가 부여되었다.

무도관과 YMCA 건물은 곡절과 파란의 지난 세월을 증언해 주는 건축물이다. 두 건축물은 건축사적 가치를 넘어, 지역의 근대 역사를 더듬어 기억하게 하는 공간 좌표의 구실을 한다. 관고동과 창전동 일대에는 두 건물 외에도 식민지 시대와 산업화 시대 지역사를 표상하는 건축 공간이 몇 곳 더 있다. 더 늦기 전에 정리하고 보전하는 방안이 강구되어야 할 듯하다.

| 참고 자료 |

'[한국기독역사여행] 경기 이천중앙교회와 의병장 출신 전도사 구연영' 『국민일보』 2017년 12월 22일

'이천시 도심 속 옛 건물 현재를 살다' 『중부일보』 2016년 10월 12일

https://ggarchimap.gg.go.kr/, 『경기건축포털』

https://deskgram.net/

06
장호원 전매서 자리

답사일 : 2009년 11월 3일

80년을 버텨낸 담배의 거점

이천시 노탑리는 장호원읍 동쪽 끝 동네다. 이천이 지금은 쌀과 도자기로 유명하고, 장호원은 복숭아를 지역 특산물로 첫손에 꼽지만, 한때 이천은 담배농사

장호원 전매서 입구

장호원 주재소 앞마당. 정면 건물이 창고, 우측 굴뚝 있는 건물이 사택. 사택 자리에 진덕범씨 내외가 산다

로도 꽤 이름이 높았다. 장호원읍 노탑3리 193-1번지 옛 장호원 전매서 건물은 그 시절을 증언해주는 대표적 근대문화유산에 해당한다. 하지만 지금은 한 시대 자기 임무를 완수하고 은퇴한 노인처럼 쓸쓸하게 서 있다.

조선에 근대적인 담배 전매제도가 도입된 해는 1921년이다. 1909년부터 연초세법을 공포해 담배재배세와 판매세를 부과하기 시작한 조선총독부는 그해 부족한 식민지경영 재원을 마련하기 위해 담배전매제 전면 시행에 들어갔다. 그 수입이 얼마나 짭짤했던지, 1920년대에 담배 전매를 통해 거둬들인 돈이 총독부 전체 세입의 20%나 될 정도였다. 1930~40년대 들어서는 전매제가 더욱 철저히 시행되었고, 해방 이후에도 그대로 이어져 국가 재정에 한몫 단단히 했다.

장호원 전매서는 약 80년 전인 1931년 건립되었다. 전매서란 연초제조창에서 만들어진 담배를 소매상에 공급하는 역할을 하는 곳으로서 오늘날로 치

옛 사무실

면 케이티앤지(KT&G)의 지점 쯤 된다. 1930년대 전매서에 담배가 들어오는 날이면 마차에 싣거나 일꾼이 직접 지고 관내 담뱃가게로 일일이 배달을 했다고 한다. 성인 남자 절대다수가 담배 한 대에 세상 시름을 잠시 잊던 시절이었으므로 전매서는 '연기의 위안'을 제공하는 중요한 거점이었던 셈이다.

설계자도 건축가도 지금은 다 잊혀졌지만, 장호원 전매서는 당시로써는 번듯하게 지어진 건물이었다. 대지 505㎡에 사무실, 관사, 창고, 숙직실 등 4동의 건물이 목조로 건립되었다. 지금이야 창고 쪽 벽면이 많이 기우는 등 전체 외관이 퇴락한 모습이지만, 80년 세월을 견뎌낸 건물치고는 원형이 상당히 잘 보전되어 있는 편이다. 사무실 건물과 사택 건물은 전형적인 일본식 목재사용법을 따랐다. 이런 형식의 일제강점기 업무시설이 거의 사라졌음을 감안하면 지방 소도시 장호원에 이 전매서 건물이 남아있다는 사실이 신기할 정도다.

그런데 80년 된 전매서가 옛 모습을 지금까지 간직할 수 있었던 것은 진덕

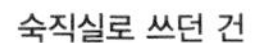
숙직실로 쓰던 건

곧 무너져 내릴 것 같은 창고 내부 흙벽

범 씨(78세) 부부가 지금도 거기 살기 때문이다. 장호원 주재소 건물과 얼추 나이가 비슷한 진 씨 부부가 아니었더라면 이 오래되고 유서 깊은 건물은 진작 사라져 버렸을지 모른다. "집주인은 여주에서 농약상을 하는 분이고, 나는 한 10년 전부터 세 들어 사는 중이지요." 그러나 진 씨는 단순히 전매서 옛 건물 세입자만은 아니다. 그는 이 건물과 수십 년 고락을 함께했다. 진 씨는 자신의 거처로 쓰고 있는 옛 사택 다다미방에서 장호원 전매서와 자신의 인생 유전(流轉)을 꽤 자세히 들려주었다.

진덕범씨

'이천 엽연초 조합'과 진덕범 지도사

"내 고향이 원래 충주요. 충주농고를 나와서 1년 후에 전매청 지도사가 됐지. 1962년에. 그땐 여기 장호원 전매서가 이천엽연초조합 장호원 주재소로 바뀌어 있었지요." 장호원 전매서가 정확히 언제 이천엽연초조합 장호원 주재소로 바뀌었는지는 알 수 없다. 이천엽연초조합이 원주조합으로 흡수되어 버렸기 때문에 정확한 연도를 찾아내기 어렵다. 더구나 원주조합 역시 2006년 강원조합으로 통합되었다. 강원조합은 이듬해 경기조합을 아예 흡수 합병해 북부엽연초생산협동조합으로 명칭까지 바꾸었다.

진덕범씨가 지도사 시절 들고 다니던 온도계. 건조실은 온도를 딱 맞추는 일이 중요하다

그러나 진덕범 씨가 지도사가 됐을 무렵 이천조합은 상당히 넓은 면적을 관할하는 생산자조합이었다. "이천조합이 원래는 경기도 남부지역 전체와 강화까지 관할했지요. 이천 일대에 담배 농가가 많았거든. 담배는 사질 양토에서 잘 자라는데 이천지역 토질이 적합했지요. 지도사라는 게 뭐냐 하면 담배 파종에서부터 수확과 건조까지 전체 과정을 지도하는 역할이에요. 지도원 생활이라는 게 꼭 순경 같아. 한 자리에서 2~3년을 못 있어. 계속 다른 주재소로 옮겨 다니는 거지. 나도 장호원 주재소에서 시작해서 율면으로 갔다가 설성으로 갔다가 모가로 돌아다니다 다시 장호원으로 왔어요. 그때는 혼자서 장호원 일대 담배 농가를 관리했지."

진 씨가 근무하던 이천엽연초조합 장호원 주재소는 15년 전인 1990년대 중반 폐쇄되었다. 주재소를 두려면 관할 담배재배면적이 70정(2만1,000평, 1정=3,000평)은 되어야 하는데, 담배재배농가가 많이 줄었기 때문이다. 담배 농사는 파종에서 수매까지 일손을 놓을 수 없는, '세상에서 가장 힘든 농사'로 꼽힌다. 노동력이 부족하고 인건비가 크게 뛰는 상황이므로 담배 농사를 작파하는 농가가 늘어날 수밖에 없다.

장호원 주재소가 폐쇄되면서 이천조합은 이 유서 깊은 건물을 일반인에게 팔았다. 진 씨는 그 후로도 다른 주재소에서 몇 년간 더 근무하다가 정년퇴직했다. 그는 은퇴 후 이곳을 세놓는다는 소리를 듣고 얼른 계약을 했다고 한다. 일생을 담배와 함께 한 인생과 건물이 말년을 함께 보내게 된 셈이다. 자녀를 다 출가시킨 진 씨는 부인과 함께 옛 장호원 전매서, 자신의 인생 경력을 처음 시작했던 장호원 주재소 사택 자리를 지키며 산다.

피우는데 5분, 재배엔 1년

담배 한 개비를 천천히 음미하면서 피우면 5분쯤 걸린다. "담배 한 대에 수명이 5분 단축되는 건 바로 그 피우는 시간 때문"이라는 아주 오래된 농담이 그래서 생겼을 것이다. 하지만 담배 한 개비를 만들려면 파종에서 재배-수확-건조, 그리고 수매까지 꼬박 1년이 걸린다. 하지만 애연가들은 그 과정을 거의 모른다. 자본주의 경제에서 상품의 생산과 소비는 차원이 전혀 다른 욕망의 궤도를 따라 달린다.

담배는 2월에 비닐하우스 모종을 해서 어느 정도 자라면 밭으로 옮겨 심는다. 초여름까지는 거름을 주어 잘 자라도록 돌보아주어야 한다. 담뱃잎을 따는 시기는 빠르면 5월 말에도 시작하지만, 대개는 6월 초순에 한다. 진액이 흐르는 담뱃잎을 따는 일은 보통 고역이 아니다. 한참 이파리를 따고 나면 손이 시커멓게 변한다. 담배는 수확 시기를 잘 맞추고 건조를 잘해야 한다.

잎은 잘 익은 완숙엽을 따야 한다. 덜 익은 미숙엽은 아무리 잘 쪄서 말린다 해도 풋내가 나고 등급이 떨어진다. 그러나 인력으로 하는 일인지라 세심하게 주의를 기울인다 해도 미숙엽이 섞이게 마련이다. 담뱃잎은 뿌리에서부터 가까운 것이 하엽(2~3잎), 그 위로 가면서 중엽(3~4잎), 본엽(3~5잎), 천엽(2~4잎)이라고 부른다. 천엽은 상엽이라고도 한다. "한 그루 당 12잎이 기준이에요. 하엽, 중엽, 본엽, 천엽 각각 3잎씩. 시비施肥를 어떻게 하느냐에 따라 17잎까지 수확할 수도 있지요. 하지만 잎이 많다고 좋은 건 아냐. 품질이 떨어지거든." (진덕범 씨)

수확한 잎은 새끼줄에 촘촘히 매서 건조실에 가져가 말린다. 건조실은 나무나 석탄을 때었는데, 석유를 연료로 하면 벌크건조실이라고 한다. 건조는 보통 회당 5~6일씩 6~7회 반복한다. "재래식 건조실은 보통 250줄 정도를 말릴 수 있어요. 그런데 개량식은 머리핀처럼 담뱃잎을 찝어서 재래식보다 한 배 반 정도 더 들어가고, 건조시간도 1~2일 단축할 수 있어요." 이렇게 건조하는 과정에서 찻잎을 덖듯이 담뱃잎도 약간 덖어준다. 다 말린 담배는 저장실에 보관했

경기엽연초생산협동조합이 있던 자리에 옛 건물을 모두 헐어내고 들어선 북샛말 공영주차장

예전엔 담배가 가득 쌓였던 창고의 내부

다가, 덩이를 지어 이듬해 1월에 수매장에 가져간다. 2월 파종으로부터 거의 1년 후다.

“수매장소를 수매장이라고 하는데, 공터를 임대해서 거기서 수납을 했어요. 예전에는 수매등급을 상-중-하로 매겼어요. 근래에는 5등급으로 바뀌었고. 등급에 따라 수매가격은 차이가 많이 납니다. 등급 판정이 나면 그 자리에서 화물차로 연초제조창으로 보냅니다. 여기 장호원에서는 주로 신탄진으로 많이 갔어요.”

우리나라에서 경작하는 잎담배는 황색종, 버어리종, 오리엔트종 등 3종류다. 일명 버지니아 잎담배라고 하는 황색종(flue-cured)은 1906년경 도입되어 1912년부터 본격 생산이 이루어졌다. 이천을 비롯한 경기, 충남북, 경남북, 전북 등지에서 많이 재배된다. 후에 도입된 버어리종은 1960년대부터 생산되었는데, 전남북과 충남에서 재배된다. 진덕범 씨가 재배를 지도했던 품종도 황색종이었던 듯하다.

사라지는 담배관련 시설

2009년 11월 이천시 창전동 443번지 케이티앤지 이천지점 아래에 '북샛말 공영주차장'이 문을 열었다. 이 자리는 원래 경기엽연초생산협동조합이 있던 자리다. 기와를 얹은 예전 관공서 건물 같은 외관을 가진 조합 건물은 사진 자료로나 남아 있을 뿐 지금은 자취도 없이 사라졌다. 앞서 언급했듯이 이천의 담배 경작이 크게 성했기에 경기조합이 여기에 자리를 잡았으나 지금은 강원도 횡성에 위치한 북부조합으로 흡수되고 말았다.

경기엽연초생산협동조합은 1910년대 용인과 광주의 연초경작조합을 모태로 한다. 1941년 두 조합을 통합하여 이천연초경작조합으로 발족했고, 1963년엔 이천엽연초생산조합으로 이름이 바뀌었다. 1998년에는 안성조합을 합병하고, 1999년 경기도 일원 8개 시군을 관할 산지로 하는 경기엽연초생산협동조합이 되었다. 조합원은 1998년 1,600여 명이었고, 638*ha*의 재배면적에서 1,400M/T를 생산하였다. 그러나 2004년 무렵엔 조합원이 450여 명으로 크게 줄어들었다.

이제는 사라진 조합 건물은 1956년 말에 지어졌다는 조사기록이 남아있다. 대지면적이 2,632㎡나 되었고, 그 위에 지상 1층짜리 건물 5개동(사무실, 숙직실, 창고, 사택 등)이 있었다고 한다. 만약 이 건물이 보존되었더라면 장호원 전매서 자리와 더불어 이천과 경기도의 담배역사를 증언해 주는 중요한 자산이었을 것이라는 아쉬움을 떨치기 어렵다. 1990년대만 해도 이천 곳곳에 남아있었던 담배건조장들도 이제는 거의 다 사라지고 말았다.

장호원 전매서 자리도 진덕범 씨가 떠나고 나면 경기조합과 같은 운명을 맞을 가능성이 높다. 그래도 아직은 기울어가는 벽이나마 버티고 있는 창고, 일제강점기 시절 모습을 그대로 간직한 사택의 방과 마루, 화장실과 아궁이 모두가 더 이상 버티기 어려울 듯하다. 흡연자들이 설 자리가 없을 정도로 세태가 변해버린 것은 사실이지만, 80년 세월을 서민들의 애환을 달래준 건물을 이렇게 담배 연기처럼 사라지게 방치해서는 안 된다는 것쯤은 애연가가 아니더라도 인정할 게다.

| 도움말 주신 분 |

진덕범 옛 장호원 전매서 관리인

| 참고자료 |

이천시지편찬위원회, 『利川市誌 4-정치와 경제』, 2001.

경기도, 『경기도 근대문화유산 조사 및 목록화 보고서』, 2004.

북부엽연초생산협동조합 홈페이지 http://www.bbyc.com

엽연초생산협동조합중앙회 홈페이지 http://www.yyc.or.kr

26부

파주

01
갈곡리 성당

답사일 : 2018년 11월 16일

칡덩굴 우거진 마을로 피신한 천주교인들

칡은 생명력이 질기다. 추운 겨울, 줄기는 죽어도 뿌리는 살아남는다. 한창 자랄 때는 한철에 18m까지 자란다. 붉은빛이 감도는 자주색 칡꽃은 향기 또한 좋다.

파주 갈곡리 성당 입구

파주 갈곡리 성당이 위치한 동네는 예로부터 '칡울(칠울)'이라 불렸다. 한국 천주교회사에 갈곡리 성당은 칠울 공소, 치울 공소, 갈곡리 공소라는 이름으로 등장한다. 갈곡리의 갈 역시 칡 갈葛 자를 쓴다.

갈곡리 성당은 파주시 법원읍에서 양주시 은현 · 광적면 방향으로 10리쯤 떨어져 있다. 도로명 주소는 법원읍 화합로 466번길 25. 성당 뒤로 자웅산(249m)과 노고산(400m)이 가리고 보호하듯 자리 잡았다. 성당 동쪽 고개는 스르내미 고개라 불린다. 어른 스무 명은 모여야 안심하고 넘을 수 있다 해서 붙은 이름이다.

120여 년 전인 1896년 무렵 일군의 천주교인이 칡이나 무성하던 오지인 칠울로 터전을 옮겼다. 김근배, 김영배, 박베드로 등 이주민들은 원래 우골(양주시 광적면 우고리)에 살던 교인들이었다. 우묵하고 깊은 골짜기인 우골은 도망 다니는 천주교인들이 숨어 살기 좋았다.

우골에 은거한 교인들은 원래 박해를 피해 강원도 풍수원에 살았다고 한다. 잘 알려져 있듯이, 피난 천주교인들은 옹기를 굽고 내다 팔아 생활 방편으로 삼는 경우가 많았다. 우골에 정착한 교인들은 가리비 공소를 세웠다. 우골 교인 일부가 칠울로 옮겨간 이유도 칠울에 옹기 만들기에 적합한 진흙이 좋고, 인근 산에서 옹기 구울 땔감을 쉽게 구할 수 있었기 때문이었다고 한다. 칠울에 정착한 옹기장이 교인들은 1896년에서 1899년 사이 공소를 세웠다. 칠울 공소의 시작이다.

갈곡리 성당은 2018년 12월 8일을 120주년 기념 미사일로 결정했다. 정확한 기록은 남아있지 않지만, 1898년을 공식 역사의 시작점으로 잡은 것이다. 설립일은 성당 주보성인의 대축일로 정했다. 이에 앞서 의정부교구는 2018년 8월

갈곡리 성당 정면

14일 갈곡리 공소를 준본당으로 승격시키는 동시에 김치호 베네딕토 신부와 김정숙 마리안나 수녀를 기리는 순교자 기념 순례지로 지정했다. 120년 삶의 터전과 신앙의 중심을 칡의 생명력으로 지켜온 결실이었다.

미군 종군신부의 도움으로 성당을 짓고

현재의 갈곡리 성당 건물은 1955년 세워졌다. 이전 건물은 한국전쟁의 전화를 피하지 못하고 1951년 불타버렸다. 신도들은 1952년 작은 강당을 짓기 시작해 이듬해 완공을 보았다. 하지만 칠울 교우촌의 신도들을 수용하려면 더 큰 성당이 필요했다. 미군 해병대의 에드워드 마티노(Edward Martineau) 종군신부와 한국 해병대의 김창석 타대오 종군신부가 모금운동에 나섰다. 마티노 신부와 김 신부는 청년 성가대를 조직하여 전방 지역 미군 부대를 돌며 건립 기금을 모았다고 한다. 칠울 주민들은 기쁜 마음으로 공사 일손을 도왔다.

> 1955년1월9일 미 해병대 군종심 마 에드워드 신부에 의하여 한국 해병대 김다두 신부의 협조로 이룩된 이 성당에 대하여 감사하는 마음으로 이 비를 세운다.

성당 입구 오른쪽 에 서 있는 사은비의 한국어 부분이다. 사은비는 1978년

3월에 세워졌는데, 에드워드 마티노 신부는 '마 에드워드 신부'로, 김창석 타대오 신부는 '김다두 신부'로 표기되어 있다. (영문 부분에는 풀 네임으로 되어 있다.)

갈곡리 성당의 외양은 의정부주교좌성당(의정부시 의정부2동)과 똑 닮았다. 의정부주교좌성당 역시 1953년 미군 군종신부(로제스키 신부)의 지원으로 설립되었다. 그래서 두 성당은 쌍둥이 성당이라고 불린다. 차이점이 있다면 갈곡리 상당 쪽이 의정부주교좌성당보다 직선적인 모습을 더 보인다는 정도다.

두 성당은 모두 석조로 되어 있다. 한국전쟁 전후의 성당 건축을 보면, 화강석을 사용한 경우가 많다. 당시에는 붉은 벽돌보다 석재가 비용 면에서 더 유리했기 때문이라고 한다. 석재는 양주 덕정리 돌산에서 가져왔다. 문화재청 국가문화유산포털의 설명에 따르면 1950년대 성당건축은 일제강점기보다 훨씬 단순해졌다고 한다. 내부의 열주列柱가 사라지고 수직 수평의 분절이 약화되었다는 것이다. 하지만 종탑이라든가 정면의 양식적 형태와 상세한 요소는 그대로라고 한다. 이러한 유형은 양식樣式 변형 양옥 성당이라고 분류된다.

실제로 갈곡리 성당은 전면 출입구 위로 종탑이 있고, 내부 신자석은 열주

갈곡리 성당 정면

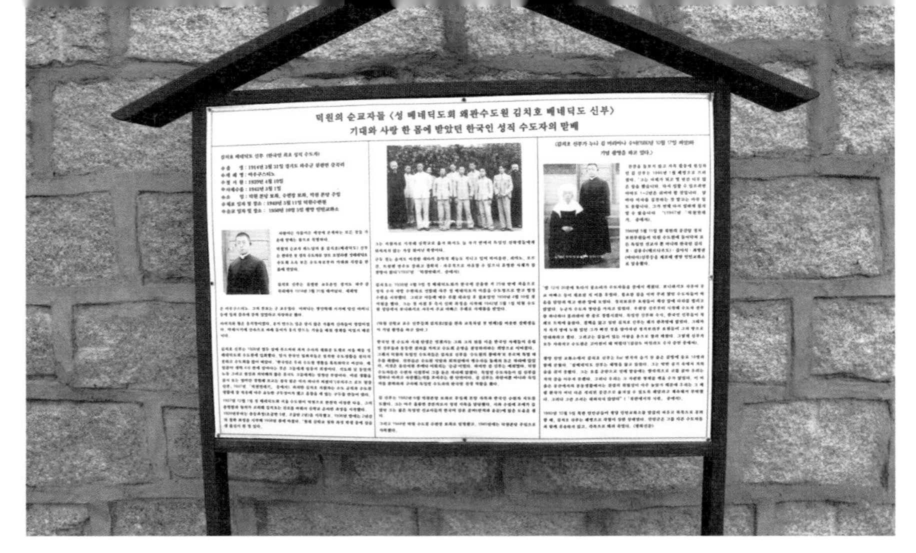

본당 앞 갈곡리 출신 순교자 김치호 베네딕도 신부에 대한 안내판

로 분할하지 않았다. 양쪽 벽쪽으로 각각 3개의 작은 지지대만 세워져 있다. 제대祭臺 뒤의 공간은 깊이감이 강조되어 있다. 서양 고딕성당 같은 웅장함은 없

1955년 미 해병대에 의해 성당이 건립되었음을 알려주는 사은비. 본당 왼쪽에 있다

사은비 비문

으나, 내부의 지지대와 제대의 깊이감이 강조되어 경건한 분위기가 나도록 지어졌다. 성당 뒤쪽으로 돌아가서 보면 제대쪽(앱스)에 5각형 석조가 분명하게 드러난다. 전체적으로 기능을 중시하는 동시에 석조 성당답게 작고 견고한 성채처럼 보이도록 건축되었다.

성당 전면 왼쪽은 석재의 색깔이 다른데, 보일러실을 만들기 위해 증축한 부분이라고 한다. 성당 리모델링은 20년 전에 진행되었다. 종탑부를 손 보고, 창틀을 나무에서 새시로 교체했으며, 스테인드글라스로 장식했다. 성당 바닥도 나무에서 시멘트로 바꾸었다. 성당 옆으로는 아름드리나무들이 성당을 보호하듯 서 있다.

갈곡리 성당은 성당 건물도 아름답지만, 성당 옆 마당이 시원하게 탁 트여 눈길을 끈다. 마당이라기보다는 광장이라 불러야 할 듯하다. 성당 옆으로 조성된 광장은 야외 제단도 마련돼 있고, 제단 양쪽으로 야외 운동장에서 흔히 볼 수 있는 스탠드도 다섯 단으로 설치되어 있다. "1983년 이곳 야외에서 김수환 추기경께서 집전하신 성체대회가 개최되기도 했지요. 제단은 당시에 설치됐습

내부 장식기둥과 창호. 스테인드글라스와 조화를 이룬다

본당 내부. 기둥의 모습이 눈에 띈다

니다.” (김민철 안드레아 갈곡리 성당 주임신부)

오랜 시간 공소였던 성당의 넓은 광장은 이채롭다. “원래 논이었다고 해요. 성당 건축에 도움을 주신 에드워드 마티노 신부님이 아예 논까지 공소 부지로 사들이셨다고 해요. 마을 주민이 곧 신도니까, 이 논에서 농사를 지어서 양식도

본당 오른쪽 측면

본당 뒷면. 튀어나온 부분이 오각면체 모양이다

마련하고, 공소 운영 경비도 충당하라는 뜻이었을 겁니다." (김민철 신부) 논은 1983년에 매립되어 광장으로 변했다.

성당 정면에서 조금 떨어진 곳에 칠올 강당이 있다. 앞에 쓴 대로 한국전쟁 때 불타서 1953년 신도들이 지었다는 공소다. 원래 초가였는데, 2008년 대대적으로 손을 봐 지금은 기와집 형태다. 대들보와 서까래는 원래 지은대로 두었고, 지붕과 바닥만 새로 놓았다고 한다. 칠올 강당은 1955년 새 성당이 지어지고, 이듬해 당시 서울교구장이던 노기남 주교의 주례로 축성된 이래 신자들의 모임방으로 이용되었다. 현재 칠올 강당은 피정의 집으로 쓰인다. 칠올 강당보다 앞서 일제강점기까지 쓰인 공소 건물은 앞 개울 근처 버스정류장 맞은편에 있었다고 한다.

정면 왼쪽 부분은 증축된 보일러실. 돌의 재질과 쌓은 방식이 확연히 다르다.

38위에 대한 시복시성 예비심사 공고

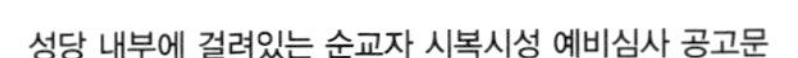

성당 내부에 걸려있는 순교자 시복시성 예비심사 공고문

머릿돌. 1955. 1. 9 라는 정초일이 선명하게 보인다

사제 배출 마을로 소문난 갈곡리

갈곡리는 사제를 많이 배출한 마을로도 유명하다. 김민철 신부는 이 마을이 배출한 성직자만 20명이 넘는다고 했다. 한국인으로서는 첫 순교성직자인 김치호 신부를 비롯해 최창무 대주교(전 광주대교구장), 김남수 신부, 최영식 신부, 김충수 신부 등이 칠올 출신이다. 김치호 신부의 누나인 김정숙 수녀를 비롯해 수녀도 6명에 이르고, 수사들도 나왔다.

남아 있는 자료에 따르면, 1910년대 칠올 신도는 180명이 조금 안 되고, 1920년대에는 240명이 넘었다가, 옹기업이 쇠퇴한 1930년대엔 90명까지 줄었다. 척

본당 주변의 큰 나무들. 성당의 역사를 말해주는 듯하다

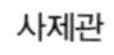
사제관

김민철 안드레아 신부

박한 오지여서 인구의 변동이 꽤 심했다고 추정된다. 1970년대 초까지만 해도 마을 전체 인구가 60여 세대 300명이었다가 1976년에는 28세대로 감소했다. 그런데 마을 전체 가구 가운데 단 3가구만 제외하고 모두 신자였다고 한다. 칠올 마을이 생겨난 이래 120여 년의 세월 동안 말 그대로 탄탄한 신앙공동체가 유지돼온 것이다. 칡처럼 질긴 신앙의 뿌리라는 표현이 썩 어울린다.

갈곡리 성당 정면 왼쪽에는 이 성당을 순교자 순례지 성당으로 지정받게 한 김치호 베네딕도 신부와 그의 누이 김정숙 마리아나 수녀의 생애와 순교 과정을 알려주는 안내판이 세워져 있다. 김 신부는 1914년생으로 갈곡리 출신이다. 김신부의 부모는 모두 독실한 천주교인이었고, 아버지와 형은 옹기장이였다. 안내판에는 김 신부의 사진, 남매의 사진, 신학생 시절 사진과 함께 김 신부의 행적과 순교 과정을 기록한 평화신문 기사가 자세히 소개돼 있다.

본당 주변의 큰 나무들. 성당의 역사를 말해주는 듯하다

갈곡리는 높은 산으로 둘러싸여 있다.
박해시대가 끝났는데도 이곳 신자들은 그 사실을 모르고 숨어 살았다고 한다

김 신부는 1926년 열두 살의 나이에 수사修士의 제화공 도제로 수도원에 들어갔다. 그는 유능한 구두장이로 성장했고, 성 베네딕도회 서울 수도원이 함경남도 덕원(문천·원산의 옛 지명)으로 옮겨간 다음 신학생이 되었다. 1942년 신부 서품을 받았고, 덕원 본당 보좌신부와 주임신부를 지냈다. 김 신부는 독일어 실력이 뛰어났고, 라틴어에서도 두각을 나타냈다고 한다. 김 신부는 결핵을 앓으면서도 사목 활동에 열성을 보였으나, 1949년 평양 인민교화소에 수용되어 있다가 1950년 순교했다. 김정숙 마리아나 수녀 역시 같은 해 같은 달에 순교한 것으로 전해진다. 김 신부는 성 베네딕도회 왜관수도원이 추진 중인 시복시성 대상자 36인 가운데 1인에 포함되어 있다.

갈곡리 성당은 '성모무염시태 교회'다. 성모무염시태란 성모 마리아가 잉

태의 순간부터 하느님의 은혜와 특권으로 그리고 예수 그리스도의 공로로 원죄의 흠이 없다는 가톨릭의 교리를 일컫는다. 성당의 야외 광장 스탠드 위에 성모 마리아의 상이 기도하는 자세로 서 있다. 갈곡리 성당의 아름다우면서도 경건한 경내를 천천히, 칡울의 역사를 묵상하면서 돌고 나면, 성당뿐만 아니라 성당 일대, 나아가 마을 전체가 의미 깊은 역사의 한 페이지라는 걸 새삼 실감할 수 있다.

| 도움말 주신분 |

김민철 갈곡리 성당 주임신부

| 참고자료 |

양인성, 파주지역의 천주교 요람 – 갈곡리 성당, 『천주교 야당 맑은연못 성당』 홈페이지 http://www.catholic1.or.kr/?c=3/20&uid=1846

의정부교구 파주 갈곡리성당–형식적 아름다움보다 신앙 본연의 아름다움 간직한 성당, 가톨릭평화신문 2017년4월23일.

문화재청 국가문화유산포털 http://www.heritage.go.kr/heri/cul/culSelectDetail.do?VdkVgwKey=31,00990000,31&pageNo=5_2_1_0

지혜의 샘 http://jwisdom.or.kr/holyland/2468

02
임진각 일대

답사일 : 2018년 11월 16일

남북공동성명의 산물

파주시 문산읍 마정리 임진각으로 가는 길은 입구부터 어수선했다. 관광지인 탓일까, 거대한 공사장 가림막이 주차장에서 입구로 올라가는 길을 막고 서 있

임진각으로 올라가는 입구

임진각

어서였을까? '한반도 생태평화 종합관광센터'를 짓는 공사라고 했다. 공사장 옆 DMZ 생태관광 매표소를 지나자 높다란 '바이킹'이 시야에 들어왔다. 저건 또 뭐지? '평화랜드'라 명명된 놀이시설이라고 했다. 임진각으로 올라가는 입구에 세워놓은 큰 글자판 근처에 어린이들을 태운 노란 버스가 서 있다. 차에서 내린 인솔 교사는 어린이들을 글자판 앞에서 포즈를 취하게 하고 사진을 찍었다. 촬영이 끝나자마자 교사는 아이들을 버스에 태우고 출발했다. 어린이들에게 임진각은 어떤 장소로 기억될까? 놀이공원? 안보 견학? 평화가 뭔지 알쏭달쏭 했던 곳? 그냥 소풍지?

임진각 일원은 1972년 남북공동성명이 발표된 후 조성이 시작됐다. 군사분계선이 7㎞밖에 떨어져 있지 않지만 민간인 출입을 허용하기 좋고, 임진강이 굽이쳐 흘러 상징성이 높은 장소였다. 1972년 지하 1층, 지상 3층짜리 임진각이 건립됐다. 이후 임진각 뒤쪽으로 다양한 안보 관련 기념조형물이 계속 들어섰다.

망향의 노래비

임진각을 찾는 실향민의 발길이 이어진 데다, KBS가 1983년 방영한 '이산가족을 찾습니다'가 국민의 관심을 집중시킨 덕에, 1985년 임진각 앞에 망배단이 갖춰졌다. 합동 제사와 차례를 올리고, 경모 행사를 치르기 위해서였다. 임진각은 망향의 대명사가 되었다.

2000년 6 · 15 남북 정상의 선언 이후엔 평화의 메시지를 세계를 향해 발신하는 장소라는 의미가 덧붙여졌다. 경기도는 2005년 임진각 동쪽 넓은 터에 평화와 문화와 생태라는 21세기 가치를 내세운 평화누리공원을 조성했다. 지금의 임진각 일원은 이처럼 한국 현대사의 변곡점들을 거치면서 강조되는 관념이 누적되어 여러 층위가 포개진 채 현재에 이르고 있다.

한국전쟁과 임진강 철교

임진각 일대는 한국전쟁 당시 치열한 격전지였다. 서울~신의주 경의선이 지나가는 중요한 길목이기 때문이다. 경의선이 1906년 개통될 당시 임진강을 건너가는 철교는 하나였다. 일제는 1938년 중국 침략 목적으로 임진강 철교를 1개 더 만들어, 상행선 철교와 하행선 철교로 분리했다. 경의선은 1949년 9월부터 운행을 중단했다. 남북연석회의 당시인 1947년 서울~평양 임시열차가 운행되었을 뿐이다. 개전 초기 북한군은 임진강 철교를 장악했다. 1950년 11월 경의선을 되찾으면서 열차 운행이 잠시 재개되었으나, 중국군 참전으로 다시 빼앗기고 만다. 임진강 철교는 1950년 말 미군이 후퇴할 때 상행선과 하행선 모두 완전히 폭파되고 말았다. 교각만 흉물스럽게 남았다.

유네스코 세계기록유산 등재 안내판

전쟁 기간 중인 1951년 하반기에 임진강을 건너기 위한 임시 가설교가 존재했다. 휴전 협상을 위해 임진강 건너 판문점으로 오가야 했기 때문이다. 하지만 임시 가설교는 홍수에 취약했다. 결국 두 개의 부서진 철교 가운데 서쪽, 임진각에서 보면 왼쪽 철교를 복구하기로 했다. 한국 정부와 미군이 공동으로 1952년 복구를 마쳤다. 대신 기차가 다니는 길이 아니라 차량이 다니는 다리였다. 임시 가설교는 이후 유실된 것으로 추정된다.

복구된 다리는 독개다리라 불렸다. 다리는 남쪽 문산읍 마정리와 북쪽 장단면 노상리를 연결하는데, 노상리에 있는 마을 이름에서 따왔다. 독개다리는 휴전협정에 따른 포로 교환 이후에 '자유의 다리'라는 이름을 얻었다. 1953년 8월 3일부터 9월 6일까지 한국군과 유엔군 포로 1만2,773명이 이 다리를 건너 돌아왔기 때문이다. 돌아온 포로들은 차량으로, 복구된 다리를 건넌 다음 걸어

임진각 북쪽 시설물 안내도

서 목제 다리를 넘어왔다.

여기서 다리 이름을 둘러싼 혼란을 지적해 둘 필요가 있다. 현재 자유의 다리라고 하면 임진강 철교와는 별개로 망배단 뒤쪽에 놓인 목조다리를 가리킨다. 더군다나 2016년 한국전쟁 때 파괴된 동쪽 철교의 남쪽 구간 일부에 '내일의 기적소리'라 명명한 시설을 만들고 '독개다리 스카이워크'라고 부르면서 독개다리와 자유의 다리가 원래 어떤 다리를 가리키는지 혼동을 준다. 더구나, 다리에 관한 설명 자료들 가운데 자유의 다리는 1951년에 만들어졌던 임시 가설교를 지칭하며, 임시 가설교가 유실된 이후 목조로 다른 장소에 다리를 만들어 자유의 다리라고 부른다는 설명도 있어 더 헷갈린다.

하지만 자료들을 종합해 보면, 오늘날 자유의 다리라 부르는 목제 다리는 1952년 복구된 임진강 철교와 국도 1호선을 연결하기 위해 놓은 다리이므로 원래 자유의 다리가 맞는다는 주장이 더 신빙성이 있어 보인다. (이기상, 『색다른 파주 이야기』 e-book 참조) 파주 역사를 연구하는 이기상은 당시 차량이 통행했던 복구된 임진강 철교와 이어진 현재의 자유의 다리까지 모두가 자유의 다리라 불리다가, 임진강 철교가 다시 철도 교량이 되면서, 목재 다리만 자유의 다리라 부르게 되었다고 본다. 이 주장을 취한다면, 2016년 설치된 독개다리 스카이워크 '내일의 기적소리'는 독개다리라는 예전의 명칭만 가져다 붙인 셈이 된다. (정확한 사실은 향후 밝혀져야 할 과제이다. 이 글에서는 이제부터 혼란을 줄이기 위해 현재 명칭에 맞춰 지칭하기로 한다.)

어쨌든, 자유의 다리는 망배단 뒤에 있다. 길이 83m, 폭 4.5m, 높이 8m인 자유의 다리 남쪽 입구에는 헌병 캐릭터가 세워져 있고, 북쪽 끝은 막혀 있다. 민통선이기 때문이다. 막힌 부분에는 태극기와 통일 염원 구호들이 적힌 깃발들이 가득 붙어 있다. 판문점의 '돌아오지 않는 다리'와 함께 한국전쟁의 비극

군사시설 지하벙커 전시관 진입로

망배단

성을 상기시키는 자유의 다리는 1996년 경기도 기념물 제162호로 지정되었다. 망배단과 자유의 다리 아래에는 한반도 모형으로 만들어진 연못과 정자가 설치돼 있다. 연못과 정자는 2000년대 들어 조성되었다.

자유의 다리는 철로가 아닌 육로로서 1998년 통일대교가 완성되기 전까지 통일로로 연결되었다. 1972년 남북의 밀사도 이곳을 거쳐 오고 갔다. 민통선 안으로 들고 나는 차들도 이 다리를 거쳐야 했다. 차량 왕복 교행이 불가능해 한쪽에서 진행하면 다른 쪽에서는 기다렸다가 지나가야 했다.

장단역 증기기관차가 여기 놓인 사연

자유의 다리 옆에 녹슬고 총탄 구멍투성이인 기관차 한 대가 전시돼 있다. 2004년 등록문화재 제 78호로 지정된 근대문화유산이다. 정식 명칭은 '경의선 장단역 증기기관차 화통'이나, 등록문화재 지정 때 화통은 명칭에서 삭

망배단 뒤 산책로에서 본 자유의 다리

경의선 임진각 통문

자유의 다리 교각

제했다. 임진각 관광지 안내판에는 증기기관차가 여기에 놓이게 된 경위가 간략히 서술돼 있으나, 자세하지는 않다. 원래 증기기관차 화통은 명칭에서 알 수 있듯이 장단역 남쪽 50m 지점에 있었다. 2004년 등록문화재가 된 후 손질을 거쳐 옮겨왔다. 장단역은 한국전쟁 시기에 파괴되어 있고, 민간인이 출입할 수 없는 지역에 폐허만 존재한다. 구 장단역지 역시 등록문화재 제77호이지만 갈 수 없는 위치이기에 이전 결정이 내려졌다.

장단역 증기기관차는 1943년 일본에서 제작된 '마터2형'이다. 마터란 'Mountain'을 일본식으로 줄여 붙인 명칭이다. 짐작되듯이 산악지형에서 힘을 낼 수 있게 제작된 기관차다. 시속 80㎞ 속도로 18t이 넘는 화물열차를 끌 수 있게 설계되었다. 경의선에 투입된 이 증기기관차는 해방 후 원래 북측이 사용했다. 전쟁 중에 미군이 손에 넣게 되어 군수품과 식량을 수송하는 역할을 했다. 증기기관차는 1950년 12월 31일 전방으로 가는 식량 등 물자를 싣고 개성역을

장단역 증기기관차 전면

출발했다. 하지만 중국군의 대공세에 막혀 황해도 평산군 한포역에서 퇴각해야 했다.

기관차는 개성역에서 차량을 정비해서 물자를 서울 방면으로 먼저 보내고, 마지막으로 출발했다. 하지만 장단역에 이르렀을 때 미군이 기관차를 향해 무차별 총격을 가했다. 기관차가 다시 북한군 손에 들어갈 것을 우려한 조치였다. 미군에 의해 파괴되었다는 사실은 마지막 기관사인 한준기 씨의 증언으로 확인된다. 기관차는 버려졌다. 북한은 이 증기기관차에 달려 있던 화물칸은 떼어가고, 무차별 발포로 못 쓰게 된 기관차는 파괴하여 버렸다. 장단역은 이후 미군 폭격으로 무너졌다. 치명상을 입은 증기기관차는 이후 50년 넘게 그 자리에 방치되었다.

임진각에 전시된 장단역 증기기관차 안내판에 따르면, 폐허 속에 버려져 있던 기차의 화통에서 뽕나무 한 그루가 자랐다고 한다. 50년 세월이니 뽕나무는 제법 컸다. 방치된 기관차는 2004년 뒤늦게 근대문화유산으로서 가치를 인정받았다. 경기도와 포스코는 증기기관차를 손보기로 협약을 맺었다. 흥미로운 점은 반세기 슬었던 녹을 벗겨내고 그 자리에 현대 기술로 전시하기 좋게 녹을 다시 입혔다는 사실이다. 확인된 총탄 자국만 1,020군데로 기록되었다.

장단역 증기기관차

장단역 증기기관차는 독개다리 스카이워크 앞에 머리를 서울 쪽으로 향한 채 서 있다. 레일은 장단역 자리에서 가져온 레일과 침목으로 깔았다. 증기기관차를 옮겨올 때 수습된 기관차의 파편 292점과 레일 관련 132점도 함께 가져다 2009년부터 기관차 옆에 전시하고 있다. 화통에서 자라던 뽕나무 역시 이곳으로 옮겨 와 심어놓았다. 파편 전시물과 뽕나무 뒤에는 철책이 이어져 있다. 민간인 출입 통제 지역임을 알리는 철책은 임진각이 어떤 곳인지 실감하게 한다. 철책에는 방문객들이 걸어놓은 형형색색의 소원 리본이 줄줄이 걸려 있다.

철책에 걸린 색색의 소원리본

독개다리 스카이워크에서

다시 달리고 싶은 철마는 장단역 증기기관차뿐만이 아니다.

자유의 다리 남쪽 입구

남쪽으로 조금 내려가면 작은 기관차가 한 대 더 서 있다. '미카 244호' 기관차다. 미카 244호 바로 뒤는 철도가 중단된 지점이다. 여기서 6*km* 남쪽으로 더 내려가면 경의선 문산역이 나온다. 현재 경의선은 문산역까지만 다닌다. 2009년 경의선이 전철로 바뀌었을 때도 최종 역은 문산역이었다. 원래 문산역 다음에는 임진역이 있고, 다음 역은 장단역이다. 임진역과 장단역은 전쟁 시기에 사라졌다. 미카 244호 옆에는 임진역의 모습을 작게 재현한 임진역이 세워졌는데, 현재는 매점일 따름이다.

임진강 철교를 건너가면 도라산역이 있다. 도라산역은 애초 경의선에 존재했던 역이 아니라, 임진역과 장단역지 사이에 2002년 새로 건립된 역이다. 도라산역에서 1*km* 더 올라가야 장단역지다. 지금의 경의선은 도라산역에 가지 않는다. DMZ트레인을 타야 임진강 철교를 지나 도라산역에 닿을 수 있다. 개성공단 가동으로 2007년 12월부터 문산~봉동 간 화물열차가 운행했으나, 지금은 중단된 상태다. 열차는 평화의 레일이 깔려야 달린다. 장단역 증기기관차 앞에는 경의선의 주요 역과 역 간 운행 거리를 표시한 침목과 레일이 설치돼 있다.

장단역 증기기관차 뒤 북쪽으로는 앞에서도 언급한 독개다리 스카이워크 '내일을 위한 기적소리'는 유료시설이다. 2층으로 된 스카이워크는 입구 바닥에 노란색 선이 선명하다. 민통선이라는 표시다. 원래 민간인이 출입할 수 없으나, 관광용 시설이므로 개장 시간에는 출입이 가능하다. 철교 재현 구간, 객차 재현 구간, 철로 재현 구간을 지나, 끝부분에서 교각만 남은 예전 철로를 관망할 수 있다. 바닥에는 매직 글라스로 교각에 남은 총탄 흔적, 스카이워크 아래 생태 둠벙을 맨눈으로 보게 해 놓았다. 2층 관망대에서도 동쪽 통일대교와 서쪽 임

경의선 임진각 철교

진강 철교, 북쪽 교각이 보인다. 임진각 옥상에서 보이는 경관을 가까이서 관망할 수 있게 해 놓은 것이다. 스카이워크의 길이는 105m다.

장단역 증기기관차가 방치되었을 때 화차에서 자랐다는 뽕나무

통일공원과 평화누리

임진각 뒤편은 통일공원이라고 부른다. 통일공원에는 다양한 조형물이 세워져 있다. 조형물들은 설립 시기도, 설립 주체가 제각각이다. 형태와 미관이 다른 건 당연하지만, 하나씩 들여다보면 어리둥절해진다. 임진강 지역 전적비, 미 육군 제187 공수전투단 기념비, 미국 전 대통령 트루먼 동상, 인디언 머리 형상 기념비, 김포국제공항 폭발사고 희생자 추모비, 통일의 탑, 미안마 아웅산 순국 외교사절 위령탑과 충혼비, 황진이 비, 미군참전 기념비, 민족정기 현창탑, 세 여인상(신사임당 · 유관순 · 이화림)……. 도무지 맥락을 짐작하기 어렵다. 심지어 설립 주체를 둘러싸고 의혹이 제기되는 조형물까지 있다.

임진각 관광지는 공식적으로 "분단의 아픔을 되새기며, 통일을 염원하는 대표적인 통일안보관광지"로 소개된다. 실향민과 이산가족 관련 망배단과 망향

스카이워크 입구

시설, 경의선 철도와 관련된 다양한 전시물, 한국전쟁 당시의 지하벙커에서 아트 스페이스로 변모한 'BEAT 131', 각종 전전비와 전쟁 관련 기념비는 임진각 관광지의 존재 이유와 직결된다. 하지만 '안보'를 끌어다 붙인 상관없어 보이는

바닥의 노란선이 민간인 통제선이다. 스카이워크만 특별히 개방된다

평화의 종각

조형물들은 도대체 어떻게 이해해야 할까? 관광지라고는 하지만 놀이시설이 꼭 설치돼야 했을까?

선의로 해석하자면, 1970년대 임진각을 지을 당시부터 명확한 개념 없이 거의 자연발생적으로 관광지가 확장되다 보니 생겨난 현상이라고 볼 수 있다. 분단 현실을 진단하는 다양한 관점이 모여서 일종의 '잡탕'이 탄생했고, 이 역시 한국 사회의 역동성이자 다양성을 드러내 준다는 해석도 가능하다. 이질적인 공간을 둘러보며 반면교사로 삼을 수도 있다. 하지만 놀이기구 하나를 설치하더라도 평화를 열어가는 미래라는 관점에서 깊이 고민했어야 하지 않나 하는 아쉬움을 떨치기 어렵다.

철도중단점 앞에 놓인 증기기관차

그나마 위안이 되는 시설이 임진각 동쪽으로 펼쳐져 있어 다행이다. 2000

넌대 들어 건립된 평화의 종과 종각, 동쪽 너른 언덕에 만들어진 평화누리공원은 평화와 문화라는 일관된 콘셉트 기획되었다. 2005년 세계평화축전을 계기로 조성되기 시작한 평화누리공원은 "냉전의 상징인 임진각을 화해와 상생, 평화와 희망, 통일의 상징으로 전환시키자"는 취지에 맞춰 설계되었다. 나눔을 주제로 한 생명촛불 파빌리온, 통일기원 돌무지, 대형 공연이 가능한 음악의 언덕, 거인 모양의 조형물과 3,000개의 바람개비 조형물 등이 대표적이다. 경기도의 제야는 평화의 종 타종으로 진행되고, 평화누리의 기획 공연과 연계된다.

임진각 평화누리

임진각 관광지의 미래

임진각 관광지를 찾는 발길은 연간 300만 명으로 추산된다. 외국인도 늘고 있다. 임진각 일대를 꼼꼼히 돌아보려면 하루해가 짧다. 분단, 전쟁, 이산, 망향, 안보, 생명, 평화, 생태 등등 생각을 떨치기 쉽지 않은 주제들을 상기시키는 전시물과 시설들이 계속 발목을 잡는다. '잃어버린 30년'이라는 가요를 새긴 〈망향의 노래비〉 앞에 서면 1983년 이산가족 찾기 생방송이 떠오른다. 무려 453시간 45분이나 방송되면서, 1만여 명이 이산가족을 찾았다. 당시 비디오테이프 등 관련 기록물 2만522점은 2015년 세계기록유산에 등재되었다. 고령의 이산가족은 계속 세상을 떠나는데, 남과 북은 아직도 상시 상봉의 문을 열지 못하고 있다.

경의선 위로 다시 철마가 달리게 하려면 무엇을 어떻게 해야 할까. 경의선이 복원되면 교각만 남은 철로는 그 위에 다시 복원될까. 아니면 두 개의 철교 말고 새로운 철교를 임진강 위로 놓아야 할까. 하지만 남과 북은 2018년 복원에 원칙적으로 합의해놓고도 더 이상 진척을 시키지 못하고 있는 게 엄연한 현실이다.

임진각이 언제까지 관광지가 역할을 감당할지는 알 수 없는 노릇이다. 지층이 쌓이듯 세월의 흐름을 따라 누적된 의미 층위들을 이제라도 바로잡겠다고 인위적 질서를 부여하는 일은 가능하지도 않고, 바람직하지도 않다. 그렇다 하더라도, 한국 현대사의 중요한 단층을 생생하게 드러내주는 국민관광지를 마냥 방치할 수도 없는 노릇이다. 임진각 일대의 모습을 참신한 시각으로 새롭게 바라보고 새롭게 이야기하는 지혜를 널리 모색할 때가 되었다.

| 참고자료 |

박은영, "녹슨 기관차의 알레고리", 『미술사논단』 37호, 2013.

문화재청, 『2004 한국의 근대문화유산 – 가려 뽑은 등록문화재 30선』, 2004.

파주시지 편찬위원회, 『파주시지』, 2009.

이기상, 『색다른 파주 이야기』 e-book, 2017.

유영호, "냉전의 흔적, 『임진각』", 『통일뉴스』, 2007년 12월 20일.

박한나, "막다른 곳에서 평화의 통로가 될 임진각", 민주화기념사업회 웹진 민주주의, 2018년 10월 5일.

03
파주의 읍면사무소

답사일 : 2009년 5월 18일

면사무소와 근대

근대를 제도로 파악할 때 말단 행정기관은 중요한 근대의 첨병 가운데 하나다. '면사무소'로 상징되는 일선 행정기관이 설치되었다는 사실은 '위로부터의 근

구 파평면 사무소. 정문이 잠겨 있어 원경을 찍을 수밖에 없었다

구 파평면 보건지소

대'가 전국 규모로 제도화되기 시작했다는 의미다. 이들 말단 행정기관은 전근대와 근대의 문턱에 서 있는 관할 인구를 근대화시키는, 권위 주의적 도구로 작동했다. 일제 강점기 '면서기'가 가졌던 막강한 권한은 이로부터 비롯됐다. '면서기'는 이전과는 다른 행정 절차를 집행하고, 국가가 부과하는 의무를 전달함으로써 면민들을 '근대국가'의 구성원으로 포섭하는 기능을 했다.

전근대의 백성들은 '면사무소'를 통해 자신들이 근대 국민이 되는 과정을 비교적 자연스럽게 받아들였다. 전근대 국가일 때도 말단 행정기관은 존재했으므로, 면사무소라는 근대의 지방행정기관은 그 근대성보다는 또 하나의 다른 관청으로 인식되었다. 행정의 이념과 내용이 근본적으로 달라졌지만, '백성'은 이를 인식하지 못하고 과거 '왕조식 관-민관계'의 연장선상에서 근대를 피동적으로 수용해 나간 것이다. 더욱이 일제의 지배는 '효율적 근대이식'만을 목표로 했기에 면사무소와 면서기는 시종일관 권위주의적으로 작동했다.

해방 후에도 오랫동안 독재정권은 '면사무소'를 통제와 동원의 도구로 활용했다. 따라서 면사무소와 '면서기'의 권위는 한동안 계속되었다. 식량증산이 국가 목표일 때는 이를 독려하는 최일선 행정기관이 면사무소였고, 반공이라는 '국가이념'이 강조될 때는 이를 면민들에게 피부로 실감케 하는 기능이 면사

구 광탄면 보건지소. 현재 1층만 모종을 판매하는 매장으로 활용되고 있다

무소에 주어졌다. 면 사무소는 생활의 거의 모든 영역을 담당하는 '관청'일 따름이었다. 면 직원들은 국가가 부과하고 할당하고 지시하고 하달하는 과제들을 어떻게든 면민들에게 전달하고 독려하여 달성해야 했다.

면사무소가 문턱 높은 관청이 아니라 '행정서비스'를 제공하는 말단 기관이라는 인식은 80년대 말 민주화 이후에나 현실화하였다. 산업화 시기를 거치면서 더 이상 농업생산 목표 달성에 매달리지 않게 되었고, 동원과 통제라는 행정외적 업무로부터도 놓여나기 시작했다. 지방자치제가 부활할 무렵부터는 복지 업무가 크게 늘었다. 면의 기능도 면민들의 삶의 질을 높이는 데 도움을 주는 행정기관으로 바뀌었기 때문이다.

물론 도시화가 급속하게 진전되는 지역에서는 오히려 면사무소의 업무량이 폭주하기도 하고, 아예 면사무소가 사라진 곳도 적지 않다. 그러나 면사무소는 이제 더 이상 근대의 전위병이 아니다. 면민들에게 봉사하고, '더 잘 사는 면'을 만드는데 일조하는 기관일 뿐이다. 면민들도 이제는 무심히 면사무소에 들러 민원서류를 떼고, 행정적 도움을 요청한다. 21세기 초엽의 면사무소는 일상의 근대를 유지시키는 틀로서 평범한 제 역할을 할 따름이다.

파주시에는 지난 50년대에 지어진 면사무소가 세 곳 남아있다. 파평면사

구 파평면 사무소 진입로

무소와 광탄면사무소, 그리고 교하읍사무소다. 파평과 광탄은 새 청사를 지었으나, 옛 청사가 허물어지지 않고 남아 있는 경우이고, 교하읍은 50년 이상 써온 건물을 현재도 사용하고 있는 경우다. 다른 읍면은 대부분 옛 청사를 허물어 지금은 흔적을 찾기 어렵다. 이제는 빈 공간이 된 옛 면소는 그것대로, 아직 쓰이는 청사는 또 그것대로 면사무소의 근현대사를 말없이 증언하고 있다.

옛 파평면사무소

'농부랑어부랑'. 2009년 5월 현재 옛 파평면사무소는 엉뚱하게도 식당 간판을 달고 있다. 게다가 꽤 너른 마당 앞에 선 철문이 굳게 닫혀 출입조차 할 수 없다. 이곳 파평면 율곡1리 이장인 장풍일 씨는 "오리고기를 주

구 광탄면 사무소

로 팔던 식당이 문을 닫은 지도 여러 해 된다."고 했다. 식당을 하기 전 이 건물은 양계장으로 쓰였다. 석축 건물인 면사무소 슬레이트 지붕에는 그 때의 흔적인 듯 '양계장 환기창'이 설치돼 있다. 그 입구 오른쪽에 있는 옛 보건지소 자리 역시 출입이 불가능했다.

자유로에서 적성을 거쳐 철원으로 통하는 38번 국도변 율곡1리에 있던 면사무소가 금파1리로 옮겨 간 것은 1979년경이다. 이후 면사무소 건물은 서울에 거주하던 이재혁 씨(건축업)가 불하받았다고 장 이장은 기억하고 있다. 이 씨는 여기서 양계장을 하다가 다른 사람에게 소유권을 넘겼다. 교하 사람이 이를 인수해 식당을 열었지만 영업이 잘 되지 않았다고 한다. 30여 가구에 불과한 율곡1리에서 이만한 식당이 채산을 맞추기는 어려웠을 듯하다.

일제강점기에 파평면의 면소재지는 두포리다. 따라서 당시에는 면사무소가 그곳에 있었다. 율곡1리로 옮겨온 것은 1958년경이다. 그러니까 율곡1리가 면소재지 역할을 했던 세월은 20년 남짓이다. 군사보호구역으로 묶여 건축이 어려웠던 금파1리에 면사무소, 소방서, 농협 등이 한꺼번에 들어서는 미니 행정복합지역이 생기면서 면사무소도 그쪽으로 옮겨갔다. 장 이장은 "요즘이라면 마을마다 이해관계가 얽혀 면사무소 옮기기가 쉽지 않았을 테지만, 당시만 해도 이전에 어떤 이견도 없었다."고 한다.

지금도 마찬가지지만 당시 파평은 '최북단 접적지역'으로 인식되었다. 이른바 북파주(문산, 파평, 적성, 법원) 지역에 속하는 한적한 면이었다. 그러므로 면행정도 단순했다. 파평면사무소에 근무하는 공무원은 12명가량이었다. 면사무소 주변에 음식점이 단 한 곳에 불과한 오지였지만, 공무원들은 너도나도 이곳 근무를 원했다. 일이 적은 '휴양근무지'로 여겼기 때문이다. 당시 율곡1리에는

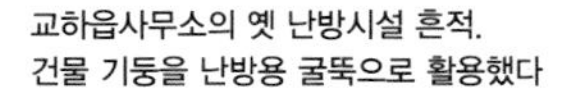

교하읍사무소의 옛 난방시설 흔적.
건물 기둥을 난방용 굴뚝으로 활용했다

교하읍 사무소 증축 부분.
전면은 2층, 후면은 1층이었던 부분 위로 증축했다

옹기가마가 많았다. 70년대 초반까지도 장인匠人 소리를 듣는 옹기장이들이 생존해 있었지만, 지금은 모두 작고하고, 가마들도 폐쇄되었다.

장 이장은 면사무소의 주요 업무가 퇴비독려였다고 기억한다. 50~60년대 행정의 최대목표가 식량 증산이었기 때문이다. 면민들은 면소에서 비료와 농약을 공급받았다. 새마을운동이 시작되면서부터는 슬레이트 지붕개량사업이 면사무소의 주요 업무가 되었다. 장 이장 집도 그때 초가를 걷어내고 슬레이트를 얹었었다. 그러나 지금은 옛 면소재지 시절을 기억하는 마을 사람은 거의 남아있지 않다고 한다.

"보존상태요? 보시다시피 건물 뼈대는 튼튼합니다. 돌로 지어졌거든요. 하지만 내부는 잘 모르겠어요. 몇 년 전 식당을 할 때 딱 한 번 가봤습니다." 옛 면사무소를 어떻게 활용했으면 좋겠느냐는 질문에 장 이장은 "이제는 개인소유가 된 건물과 땅을 어떻게 하겠느냐?"고 반문하며, "힘없는 파평면에서 결정할 수는 없는 문제"라고 말했다. 장 이장과 헤어지고 나서 다시 굳게 닫힌 철문 사이로 옛 면사무소 건물을 들여다보았지만, 한때 파평면의 중심이었던 건물은 을씨년스러운 얼굴로 무덤덤히 서 있었다.

옛 광탄면사무소

광탄면 신산2리 노인회관에서 만난 마을 어른들은 옛 광탄면사무소가 전쟁 이후 지어졌다고 증언했다. 6 · 25 전에는 이 일대에 집이 서너 채밖에 없었다는 것이다. 1995년 늦가을 현재의 면사무소로 신축 이전하기 전까지 옛 광탄면사무소는 40년가량 광탄면의 중심지 역할을 한 셈이다.

교하읍 사무소 측면

교하읍사무소 창문. 외벽과 창문의 조화를 고려해 건축했다

옛 면사무소는 광탄농협 바로 옆에 있다. 지금도 이곳은 광탄의 번화가다. 편도 1차선 좁은 도로변이지만 교통량이 많고, 각종 점포가 늘어서 있다. 미색 타일로 외장을 한 옛 면사무소 건물은 현재 광탄농협 소유다. 건물이 낡아 그런지 옛 면소는 굳게 잠겨 있다. 면소 오른쪽 붉은 벽돌로 지어진 건물은 보건지소 자리다. 현재 이곳 1층은 각종 채소와 꽃모종을 파는 임시 매장으로 쓰인다.

예전 이곳 면사무소에서 근무했던 김종기 씨(지방행정동우회 파주지회 사무국장)는 70년대 이곳 면 직원이 20명 남짓이었다고 기억했다. 앞 건물은 면사무소였고, 뒤 건물은 숙직실과 화장실 등이 있는 부속건물이었다고 한다. 김 사무국장은 70년 광탄면 산업담당으로 공무원 생활을 시작했다.

"당시 산업이라는 게 농업 아닙니까. 그때는 '녹색혁명'이라는 슬로건 아래 식량증산운동을 벌일 때였지요. 통일벼 심기, 퇴비 독려 그런 거 하느라 부락(마읍)에서 상주하다시피 했지요." 현장행정을 하느라 집에 들어가지 못하는 날도 많았다고 한다. 지금처럼 민원서류를 떼러 오는 면민도 많지 않았다. 먹지를 받치고 손으로 민원서류를 작성하던 시절이었는데도 민원창구는 그리 붐비지 않았다.

면 행정은 종합행정이었다. 취학통지서도 면사무소에서 발급했고, 입영통지서도 면사무소를 거쳤다. "그럼, 나도 면사무소에서 영장 받고 군대 갔다 왔는 걸." 신산2리 토박이인 정영시 씨(74)의 회고다.

광탄 등 북파주 지역 면사무소의 중요한 역할 가운데 하나는 지역 주둔 군부대와 유대를 유지하는 것이었다고 한다. 민간인 출입통제 지역이 많아 출입영농을 하는 면민들이 많았기 때문에 이들에게 편의를 제공하려면 군인들과 친해질 필요가 있었다. 특히 읍면장들은 부대장들과 좋은 관계를 만들기 위해 각별히 신경을 써야 했다.

교하읍사무소 전경

"지금은 많이 좋아졌지요. 농업행정 비중은 갈수록 줄어들었고, 대신 90년대 이후엔 복지행정이 크게

옛 교하우체국 관사

늘었습니다." 김 사무국장은 새마을이다, 안보다 해서 고생 많았던 면 행정 시대는 지나갔다고 했다. 군郡의 수족으로서 온갖 잡무를 다 해내야 했던 과거를 회상하면 감회가 새롭다는 것이다.

신산1리로 옮겨 간 광탄면사무소는 한때 과거 농경용구나 옛 생활자료 등을 모아 작은 생활사박물관을 꾸린 적이 있었다고 한다. 해가 다르게 변하는 광탄의 옛 모습을 돌아보자는 취지로 시작된 일이었다. 그러나 그때 모았던 자료를 파주시 역사 자료실로 이관했다는 이야기만 전할 뿐 현재 면사무소에 근무하는 직원들조차 그런 박물관이 있었다는 사실을 기억하지 못했다. 이들에게 옛 면사무소 청사에 대해 물어보았으나, "이미 농협으로 넘어간 건물을 이제 와서 뭐 하려고 묻느냐"는 반문만 돌아왔다.

교하읍사무소

교하읍 교하리 388-3번지(교하로 64)에 가면 아담하고 아름다운 읍사무소 건물을 만날 수 있다. 1956년 8월 미군의 도움으로 지어진 건물이다. 화강암 석재로

옛 교하우체국 관사 내부

된 이 2층짜리 읍청사는 50년 넘게 교하를 지키고 있다. 일제강점기 관공서를 연상케 하는 이 건물은 그러나 전혀 위압적이지 않고 친근하다. 규모가 웅장하지 않은 데다 현관 테라스까지 같은 재질과 규격의 화강석으로 미적 감각을 살려 지었기 때문이다.

물론 원형 그대로는 아니다. 지난 1992년, 2002년, 2005년 등 3차례 증축을 했다. 2005년에는 내부를 리모델링했다. 그 과정에서 원래는 합각이던 지붕이 평슬라브로 바뀌었다. 원래 입면도 상으로 니은자 형에 뒤쪽 한 측면만 1층 형태였으나, 증축 과정에서 그곳마저 2층을 올려 정육면체에 가까워졌다. 1층 현관을 거쳐 바로 2층으로 올라가게 되어 있던 계단도 약간 측면으로 옮겨 나선형으로 돌아 올라가도록 바꾸었다. 늘어나는 행정수요 때문에 건물 오른쪽에 잇대어 새로운 사무실을 짓기도 했다. 그럼에도 불구하고 전체적인 외관과 건물 분위기는 원형을 살리려고 애쓴 흔적이 역력하다.

"한때 파주시에서 우리 교하읍사무소를 근대문화유산으로 지정하려는 움직임이 있었다고 들었습니다." 1980년부터 교하읍에서 근무했다는 김진태 교하읍 총무팀장은 "전국에서 가장 아름다운 읍사무소가 아니겠느냐"는 질문에 "아마도 그럴 것"이라고 답했다. 건물 왼쪽에 조성한 쉼터와 향나무, 목련나무, 등나무 등 조경도 건물의 운치를 살리는데 한몫을 하는 듯하다.

읍사무소 부지는 면적은 2,679㎡(812평)이고, 기존 건축물 연면적 877㎡에 증축 면적이 479㎡다. 지어질 당시에는 근동에서 가장 우뚝한 건물이었다고 한다. 교하는 원래 조선 건국 때 수도 후보지로 올랐었고, 현대에 들어서도 통일 한국의 새 수도 적지로 꼽힐 만큼 들이 너르고 땅이 기름지며 풍수지리적으로 좋은 조건을 갖춘 곳으로 유명하다. 그 탓인지 지금은 운정지구, 운정2지구, 교하지구 등 신도시 개발이 한창이다. 한때 전형적인 농촌 지역인 교하가 첨단 도시로 탈바꿈하는 과정을 교하읍사무소는 고스란히 지켜본 셈이다.

"인구와 업무량이 파주시 읍면동 가운데 최고입니다. 예전에는 농업행정이 가장 중요한 업무였는데 지금은 도시업무 뒤처리하느라 정신이 없지요." 청사 구석구석을 함께 다니며 설명해준 김 팀장은 격세지감이라는 말을 실감한다고 했다. 교하읍사무소는 신도시가 들어서는 지역과는 떨어져 있어 아직은 한적한 편이다. 하지만 개발이 다 끝나면 이 아름다운 교하읍사무소의 운명은 또 어떻게 달라질지 모른다.

교하읍사무소와 담장을 맞댄 옛 교하우체국과 우체국 관사도 흥미롭다. 기와를 얹은 60년대 우체국이 그대로 남아있기 때문이다. 읍사무소 옆길로 들어가면 기와집 우체국 옆에 작은 철근콘크리트 우체국 건물이 나란히 서 있다. 기와 우체국에서 현대식 우체국으로 바뀌었다가 지금은 그 우체국마저도 신도시 쪽으로 이전했다. 관사 자리에는 60년대부터 이곳 별정우체국을 운영했던 김현욱 씨 집이 그대로 있다. 이 집에는 김 씨의 아들 가족이 지금도 산다. 기와 우체국 자리는 집주인의 서재로 바뀌었다.

이 땅의 근대화 과정에서 우체국이 갖는 의미는 작지 않다. 체신은 근대의 제도 가운데 가장 즉각적으로 그 효과를 실감할 수 있는 시스템이기 때문이다. 갑신정변이 우정국 낙성식을 계기로 발생했다는 한국 근대사의 경험은 그런 점에서 매우 상징적이다. 더욱이 체신이 국가기구로 확고해진 상황에서 개인이 운영하는 별정우체국은 각별히 다뤄볼 만하다. 60년대 이 별정우체국을 통해 오간 사연들은 곧 일상의 현대사라 해도 과언이 아닐 것이다.

옛 교하우체국들. 기와 우체국에서 바로 옆 신축 우체국으로 옮겨간 듯하다. 이 마저도 이제는 문을 닫았다.

옛 파평면사무소 건물의 활용방안은 두 가지로 생각해볼 수 있다. 첫째는 옹기장이 많았던 율곡1리의 과거와 연계해 옹기박물관 등을 건립하는 방안이다. 이곳이 한때 근대 지방행정의 최일선이었다는 사실을 알리면서 동시에 이제는 찾아보기 힘든 옹기가마와 옹기장들의 숨결을 되살린다면 관광의 측면에서도 효과를 기대할 수 있을 것이다. 둘째, 멀리 통일시대를 내다보면서 이곳을 접경 지역 지방 행정사를 증언해 주는 자료관으로 활용하는 방안을 생각해볼 수 있다. 두 방식 모두 현재 버려져 곧 폐가가 될 운명에 처한 옛 면사무소를 유지 보존하면서 되살릴 수 있는 길이다. 파주시가 제고장의 근현대사를 진정으로 보전하려는 의지가 있다면 소유권을 되찾는 일은 문제가 되지 않는다고 본다.

옛 광탄면사무소 자리는 활용방안을 찾기가 상대적으로 쉽지 않다. 조밀한 시가지의 특성과 건물의 보전상태가 썩 좋지 않기 때문이다. 그렇지만 한때 광탄면에서 생활사박물관을 열기도 했던 만큼 이곳도 리모델링하고, 파주 동부의 근현대 자료들을 다시 한번 수집해 전시하는 공간으로 탈바꿈하는 방안을 생각해볼 수 있다. 소유주가 광탄농협이므로 농업 관련 자료관으로도 활용할 수 있을 것이다. 2009년 5월 현재 파주시가 근현대사 자료들을 모아 정리하고 있다. 그러나 파주시가 넓은 만큼 광탄 쪽에 또 다른 자료관을 만든다고 해서 문제가 되지는 않을 것이다.

교하읍사무소는 하루빨리 근대문화유산으로 지정토록 해야 한다고 본다. 교하에 신도시가 건설되는 사정을 감안하면, 원형이 훼손되기 전에 서둘러야 한다. 신도시가 모두 완공되면 교하는 행정구역이 개편될 수도 있기 때문이다. 교하읍사무소와 더불어 교하우체국 자리도 보전하고 활용하는 방안을 모색해야 할 것으로 판단된다.

| 도움말 주신 분 |

민태승 파주문화원 원장
서교송 파주문화원 사무국장
김종기 지방행정동우회 파주시지부 사무국장
장풍일 파주시 파평면 율곡1리 이장
정영시 파주시 광탄면 신산2리 주민
오준일 파주시 광탄면 신산2리 주민
김진태 파주시 교하읍 총무팀장

| 참고자료 |

『경기도 근대문화유산 조사 및 목록화 보고서』, 2004

27부

평택

01
대한성공회 대안리교회

답사일 : 2010년 4월 13일

구진개에 남은 75년 한옥 성당

평택시 현덕면 대안4리 1220 대한성공회 대안리교회를 찾는 일은 쉽지 않다. 업데이트하지 않은 내비게이션에는 대안리교회가 나오지 않는다. 대안4리의 중심지인 마을회관 앞에서도 교회처럼 생긴 건물은 찾아보기 어렵다. 마을 사람들에게 물어 샛길을 타고 올라가야 언덕 중턱에 있는 교회를 겨우 발견할 수 있다. 하지만 이 한옥이 교회라는 건 가까이 다가가서 문설주에 붙은 대안리교회라는 현판을 보고서야 확인 가능하다. 만약 현판이 없다면 이 건물은 그냥 오래된 한옥일 뿐이다.

1936년에 9월에 촬영한 헌당 기념사진을 보면 이 교회는 팔작지붕에 번듯한 외관을 갖춘 예배당이다. 교회 옆에 붙은 초가집은 사택이다. 그리고 교회 앞으로는 집이 한 채도 없다. 74년 전에는 언덕 위에 새로 지은 끼끗한 교회였음을 알 수 있다. 사진에는 나타나지 않지만 사진 왼쪽으로 조금만 나가면 바로 바다다. 이 교회 종탑에서 훤히 내려다보이는 바다는 아산만이다.

대안리교회의 애초 이름은 구진교회다. 업데이트 하지 않은 네비게이션에는 여전히 구진개교회로 표시된다. "한 8년 전에 교회 이름을 바꿨어요. 구진이라는 이름은 구진개라는 마을 이름에서 따왔지요. 구진은 원래 멋진 이름이에요. 갈매기 구鷗 자에 나루 진津 자를 써서 갈매기 나는 곳이라는 뜻이니까 멋진 이름 아닙니까. 바로 저 너머가 바다구요. 그런데 구진이라고 하면 왠지 어감이 좋지 않다는 말이 많아서 대안교회로 바꾼 겁니다." 대안리교회 한기조 신자회장(68세)의 말이다.

교회 건물을 찬찬히 관찰해보면 매우 섬세하게 신경을 쓴 흔적이 발견된다. 예컨대 교회 뒷벽 위쪽에는 색이 다른 벽돌을 써서 십자가 모양을 만들어 놓았다. 교회 안 대들보에는 '천주강생일천구백삼십육년유월구일입주상량'이라 쓴 상량문이 뚜렷하다. 교회 건물은 이제 낡았지만, 안팎의 골조와 외관은 74년 전 그대로라고 한다. 다만, 예전 초가집 사택을 교회와 연결하여 이었

대안리교회 입구

대안리교회 측면

고, 지붕 기와를 양기와로 교체했을 뿐이다. "20여 년 전에 안중교회에 유재호 신부님이 계실 무렵에 지금처럼 개축을 했어요." 한기조 신자회장의 부인 이계향 씨(59세)는 그렇게 기억하고 있다. 개축할 때 벽체 밑부분에 합판을 대었으나 벽체는 원래 것이고, 바닥은 골마루였는데, 보일러 난방을 위해 현재처럼 바꾸었다.

교회 안에는 호르겔 오르간 등 지금은 골동품 가게에서나 볼 수 있을 듯한 오래된 오르간 3대가 있다. 세례식 때 쓰는 성구 받침이라든가 촛대 등도 이 교회의 역사를 말해주는 증거물이다. 교회 입구 처마에 달린 종도 교회 건립 당시의 종이라고 한다. 교회 내부 창호도 그대로

기와집 부분이 원래 대안리교회이고,
붉은 색 칠을 한 함석 부분이 원래는 초가였던 사택이다. 이를 이어 붙였다.

다. 대지 477평, 예배당 내부 30평 규모인 대안리교회 전체가 1930년대 중반에서 현재에 이르는 근현대 유산이다.

대안리교회 처마

평택지역 대한성공회 선교역사

"이 교회를 지을 때 영국인 선교사들이 배로 목재 등을 실어 왔다고 해요. 올해 92세 되신 부친(한봉우 옹)이 어렸을 때 교회 지을 재목을 지키곤 했다는 얘기를 들었습니다. 지금이야 신도수가 다섯 가정에 15명 정도에 불과하지만, 당시엔 교인이 많았대요. 인근 물미, 건갈리, 덕목리, 신양리 등에서도 여기 교회를 다녔으니까요." 한기조 회장은 20여 년 전만 해도 신도가 20가구는 되었다고 했다. 이처럼 지금은 아주 작은 벽지 교회로 변했지만, 평택지역 대한성공회의 전도 역사는 1세기가 넘는다. 그 역사를 간단히 살펴보기로 한다.

대한성공회 평택교회 인터넷 카페(http://cafe.daum.net/graceofgod)에 따르면 평택지역에 성공회를 전한 인물은 고요한(Jone Charles Corfe) 초대 주교다. 그는 초기 선교기인 1904년까지 15년간 한국에 처음으로 성공회를 전파하였다. 그

대안리교회 내부

는 재직 중 마지막 사업으로 서울, 인천, 강화 다음에 네 번째로 수원지방의 선교를 시작했다. 특히 경기도 평택과 충북 청주 · 진천으로 이어지는 교세 확장이 코프 주교가 머문 기간에 이루어졌다. 1904년 수원지방을 거점으로 경기 남부지역의 선교가 활성화되었다.

"평택지역 대한성공회의 시작은 1906년 설립된 팽성읍 객사리의 '성요한 교회'이다. 초대 김인순 전도사가 초가집에 교회를 세우고 '신명학교'를 세우고 아동교육을 먼저 시작하였다. 1908년 진위면의 '산직말 교회', 칠원리의 '성바나바 교회', 1909년 진위면에 '성모 마리아 교회', 1927년 '덕우리교회', 1934년 '안중교회', 1936년 '구진개(現 대안리)교회'가 설립되었으며 객사리와 안중교회는 학교를 세워 지역사회에 선도적인 역할로 교세를 크게 신장시켰다.

교회 입구 종.
1936년 준공 당시의 것이다.

이처럼 선교 초기부터 우리 평택지역의 성공회는 많은 지역에서 왕성하게 교세가 확장되었으나 일제 말기의 탄압과 한국전쟁을 거치면서 교세가 급격히 축소되었다. 불행히도 안중의 '덕우리교회', '송탄의 '칠원리교회' 진위의 '봉남교회' 서탄의 '사리교회' 등이 여러 가지 어려운 여건으로 유지 발전되지 못하고 안타까움 속에 폐쇄되었다."

예전 오르간

이 기록은 평택지역 대한성공회가 100년 넘는 역사를 가지고 있으며, 성요한교회를 비롯해 6개의 교회가 차례로 지어진 후 1936년 들어 구진개교회가 설립되었다고 설명하고 있다. 대한성공회는 교회 외에도 교육사업 등에 힘을 쏟았다는 사실도 알 수 있다. 이 기록에는 나오지 않으나 영국인 선교사들은 교회를 세우는 과정에서 교회 건물을 한옥으로 지었다. 이는 성공회의 토착화를 위한 노력이었다.

평택지역에 대한성공회가 전교되는 과정에서 특기해둘 점이 있다. 김 아타나시우스 전도사의 행적이다. 박성복 평택문화원 상임이사가 평택의 근현대 사진을 모아 2005년 펴낸『사진속 평택의 자화상1』에 보면 김 아타나시우스라는 인물의 사진이 2장 있다. 그의 가족사진(1908년 진위면 견산리) 밑 설명에는 다음과 같이 기록돼 있다. "김 아타나시우스 전도사는 성공회 진위 산직말교회 전도사로 재직하면서 산직말은 물론 인근 지역까지 전도활동을 활발히 전개한 인물이다." 그가 "전도복장"으로 찍힌 사진(역시 1908년 진위면 견산리)의 설명은 이렇다. "그는 신실한 신앙인으로써 항상 나무 십자가를 등에 지고 다니면서 전도사업을 수행했다. 이 인물사진에서도 십자가를 등에 맨 모습을 볼 수 있으며, 가방에 끈을 달아 어깨에 둘러맨 것 등이 당시

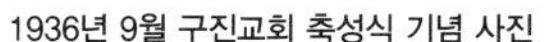

1936년 9월 구진교회 축성식 기념 사진

1909년 촬영한 진위 성모마리아 교회와 교인들

로는 생소해 보일 듯하다."

김 아타나시우스의 생몰 연대나 활동에 대한 기록은 이 외에 입수하지 못하였다. 따라서 그가 구진개교회(대안리교회) 설립에도 관여했는지는 확실치 않다. 하지만 그가 초기 평택지역 전교의 터전을 닦음으로써 오늘날의 대안리교회가 있을 수 있다는 사실만큼은 확실하다고 보아야 할 것이다. 아울러 교인이 크게 축소된 대안리교회와는 달리 평택교회나 안중교회는 오늘날에도 활발한 교세를 보인다. 하지만 이들 교회의 선교 초기 건물은 화재나 신축 등으로 남아 있지 않은 반면 대안리교회는 당시의 교회 건물을 그대로 이어가고 있다.

남은 과제

"대안리교회를 다들 '못자리 교회'라고 부릅니다. 거의 50년간 주임신부가 공석인 채 신학생, 전도사, 부제들이 잠깐씩 다녀가서 큰 인물이 되셨거든요. 지금부터 32년 전에 현재 서울교구 주교이신 김근상 주교님께서 우리 교회 전도사로 계셨지요. 아마 김 주교님이 여기 계실 때 기와집 교회와 초가집 사택을 이어

붙였을 겁니다." 한기조 회장에 따르면 그나마 신학생, 전도사, 부제가 와 있던 시절은 행복한 시절이고, 아예 목회할 사제가 없어서 교회를 비워놓고 주일에 안중교회에 가서 미사를 올리던 시절도 있었다고 했다. 이런 상황은 지난해 최수재 신부가 관리사제로 부임할 때까지 계속되었다.

"6 · 25 때만 해도 많은 신부님들과 신도들이 우리 교회로 피난을 오셨다고 해요. 저희 시어머니 말씀이 그때 피난민들 밥해 먹이느라고 고생했다는 얘기를 들었습니다." 이계향 씨의 전언이다. 어쩌면 대안리교회의 한옥 예배처소가 지금껏 잘 보전될 수 있었던 것은 역설적으로 이처럼 신도가 줄어들었기 때문인지도 모른다.

지난 시대 도시화에 따라 농촌 인구가 줄어들었고 이에 따라 대안리 교인이 감소한 것은 어쩔 수 없는 시대의 추세일 것이다. 그렇다 하더라도 74년을

팽성읍 객사리 성요한소년학교 학생들(1906년)

버틴 한옥 성당이 여전히 건재하다는 것은 대한성공회로서는 축복일 터이다. '잘 나가는 교회' 위주로 교회사를 서술하는 게 거스를 수 없는 대세인 것은 분명하지만 이런 작은 교회를 잊어서는 안 되리라고 본다. 아산만을 끼고 한때 대한성공회의 전교를 위해 힘썼던 사람들의 역사를 더 늦기 전에 갈무리 해 둘 수는 없는 것일까? 대안리교회 주보에는 다음과 같은 기도문이 실려 있다.

"정의의 하느님, 불의한 권세를 심판하시며 억울한 이들을 돌보아주시나이다. 비옵나니, 의로움을 분별하는 지혜와 실천하는 용기를 주시어, 우리로 하여금 하느님 나라를 이 땅에 이르게 하소서."

| 도움말 주신 분 |

박성복 평택문화원 상임이사
한기조 대안교회 신자회장
이계향 대안교회 신도(한기조씨 부인)

| 참고자료 |

박성복, 『사진속 평택의 자화상1』, 평택문화원, 2005.
http://www.skh.or.kr/ 대한성공회 홈페이지
http://cafe.daum.net/graceofgod 대한성공회 평택교회 인터넷 카페

02
서정동 성당 구 본당(현 소화 데레사 유치원)

답사일 : 2010년 4월 13일

언덕에 자리 잡은 경건한 성당

서정동 성당은 서정리역 앞에서 두 시 방향 언덕 위에 있다. 역 일대에 건물이 많이 들어섰지만, 성당은 단연 돋보인다. 얼핏 보면 성당은 두 개처럼 보인다.

서정동 옛 성당의 현재 모습

서정리역에서 바라본 서정동 성당

1952년에 평택에 주둔했던 미군 병사가 촬영한 서정리 성당과 주변 풍경.
지금의 1번 국도인 듯한 도로와 주변 인가에 비해 고풍스럽고 아름답다. 성당 옆 건물은 사제관으로 추정된다.
(평택문화원 박성복 상임이사 제공)

옆면을 보이는 연붉은 성당과 뒷면이 드러낸 우람한 검붉은 성당이 나란히 있다. 하지만 연붉게 보이는 건물은 더 이상 성당이 아니다. 검붉은 건물이 현재의 서정동 성당 본당이고, 연붉은 건물은 예전 본당이자 지금은 '소화 데레사 유치원'이다.

서정동 옛 성당의 종탑부

주소가 평택시 서정동 344번지인 이 유치원, 즉 옛 서정동 성당은 1938년 10월에 세워져 55년간 본당으로 쓰이다가 1993년 새 성당 건물이 들어선 이후 유치원이 되었다. 옛 성당을 허물지 않고 용도를 바꾼 것이다. 1952년에 찍은 사진을 보면 옛 성당은 더욱 도드라진다. 주변에 민가가 몇 채 보일 뿐 허허벌판 언덕 위에 로마네스크 양식의 성당과 사제관이 서 있다. 당시 서정리 일대에서는 훌륭한 종교적 상징인 동시에 멋진 랜드 마크였을 듯하다.

옛 성당은 건축면적 374㎡에 지상 2층 벽돌 건물이다. 종탑 부분과 성당 본체는 1952년 사진과 동일하다. 다만 본체 뒷부분의 둥근 형태는 후에 개축한 것으로 추정된다. 성당 내부는 유치원으로 완전히 개조되어 본당 시절의 흔적을 찾아볼 수 없다. 그러나 벽체와 지붕은 예전 형태를 유지하고 있다. 벽체 군데군데 새롭게 벽돌로 보수한 흔적만 보인다. 성당의 출입구는 서정리역 방향

옛 서정동 성당의 출입구

의 반대편에 있다. 따라서 전체적 외관은 70년이 넘도록 제 모습을 잃지 않은 셈이다. 옛 성당에서 쓰이던 종도 남아있다. 이 종은 새 성당 출입구 옆에 전시되어 있다. 아쉬운 점은 1952년 사진에 보이는 사제관 역시 고풍스러운 양식이나 현재는 헐리어 보이지 않는다는 점이다. 대신 그 자리에는 신축 사제관이 들어섰다.

『평택 성당 70년사』에 따르면 옛 서정리 성당이 자리 잡은 위치는 원래 일본인들의 신사神社자리였다고 한다. 신사가 맞은편 산으로 이전하면서 내놓은 땅을 몰리마르(Molimard, 牟 요셉) 신부가 자신의 재산을 다 털고 신자들이 낸 돈을 합해 200여 평 사들였다는 것이다. 파리외방선교사였던 몰리마르 신부는 포교사업의 수호자인 소화 데레사 성녀(1873~1897)의 특별한 은총을 간구하며 1936년부터 건립 사업을 추진하여 2년 후 성당을 완공시키고 그해 10월 초대 본당신부로 부임하였다. 몰리마르 신부의 간구 덕분인지 성당은 55년간 소임을 다하고, 이제는 수호 성녀의 이름을 따 '소화 데레사 유치원'이 되었다. 성당의 마당에는 지금도 소화 데레사 성녀의 동상이 있다. 유치원은 성당과 함께 있는 수녀원에서 운영한다.

서정동 성당은 지난 2008년 본당 승격 70주년을 맞았다. 하지만 아직 70년

옛 서정동 성당 측면

옛 서정동 성당 후면. 후에 잇대어 증축한 것으로 보인다

사를 정리해 내놓지 못한 상태다. 70년사 준비 작업을 맡았던 김일기 씨(신도)에 따르면 "초창기 역사는 70~80% 정도 자료 수집을 마쳤고, 현대 부분은 작업 중이었는데 교회 내 이견 때문에 진척이 되지 않고 있다."고 한다. 이홍주 사목회장은 "책자 형태보다는 디지털 자료(CD-ROM) 형태로 만들기로 했으나 이마저도 아직 완성이 안 되었다"고 했다. 송탄 가톨릭의 모태이자 지역 교육 운동에도 앞장섰던 성당의 역사가 정리되지 못한 점은 아쉬운 대목이다. 아래에서는 『수원교구 50년사』와 『평택 성당 70년사』의 기록을 중심으로 옛 성당 건축 과정과 이후 발전에 대해 정리해보기로 한다.

몰리마르 신부의 탁견

평택지역에 천주교가 전파된 기원은 18세기 말로 거슬러 올라간다. 조선인 최초의 영세자인 이승훈李承薰이 1789년 평택현감으로 부임하면서 전교활동에 나선 것이다. 그러나 서정리를 포함한 송탄지역에서 신도가 생긴 것은 1930년대 초반으로 추정된다. 1934년경에는 이미 신도가 150명으로 크게 늘어나 평택 성당의 공소가 설치되었다. 프랑스 출신 사제 몰리마르 신부(1897~1950)는 1928년 평택 성당 본당신부로 주재하게 되었는데, 곧 서정리를 주목하였다. 몰리마르 신부는 1934년 5월 서정리에 임시로 한옥 사제관을 지었다. 서정동 성당의 역사는 이때로부터 기산한다.

그가 서정리를 눈여겨본 것은 경부선 철도가 지나가는 지역으로서 향후 발전 가능성이 높은 지역이라고 판단했기 때문이다. 서정리 사제관 봉헌미사를 소개한 〈경향잡지〉 제783호(1934년 6월 15일 발행)는 "서정리로 말하면 여러 공소의 중심지가 될 뿐 아니라 장차 희망이 다대하므로"라고 기술하고 있다.(『수원교구 50년사』, 535쪽에서 재인용) 이는 곧 몰리마르 신부의 시각이었다고 추정된다. 그는 일찍이 미래의 가능성을 내다볼 줄 아는 탁견의 소유자였던 듯하다. 위치 또한 앞서 언급한 대로 일본 신사가 이전해 간 언덕으로서, 이 또한 탁월한 선택이었다고 할 수 있다.

서정동 성당의 오른쪽 측면에 있는 출입구. 지금은 유치원 놀이터로 통한다

사제관을 지은 뒤 몰리말르 신부는 성당 신축공사에 착수하여 1934년 9월에는 500명 수용규모의 성당을 신축하였다고 한다. 주보 성인은 소화 데레사 성녀였다. 신축 이후 몰리마르 신부가 평택 성당에서 격주에 한 번씩 자전거를 타고 서정리 성당에 가서 미사를 봉헌하였다는 기록으로 미루어 이 성당은 아직 본당으로 승격하지는 못한 듯하다. 그런데 주목할 점은 이 성당 건축과 관련된 〈경향잡지〉 제797호(1935년 1월15일 발행)의 기록이다. "교우들이 본당신부를 돕기 위하여 공미를 수합하기 시작한 지 50일 만에 백여 원의 대금을 봉헌하고 계속하여 활동 중이

현재의 성당과 옛 성당(유치원)

라 하며……”(『평택 성당 70년사』 105쪽에서 재인용)

“공미를 모아 백여 원을 봉헌했다”는 한 가지 사실만으로도 서정리 교우들의 열성을 짐작케 한다. 백 원은 당시의 화폐가치로 결코 적은 돈이 아니었다. 공미란 신자들이 교무금이나 성당 신축기금 등으로 바치던 쌀을 말한다.

프랑스인 신부와 조선인 신자들이 온 힘을 다했음을 짐작할 수 있다. 그런데, 이 성당은 임시 건물이었던 듯하다. 1937년 휴가를 얻어 본국으로 돌아갔던 몰리마르 신부는 1년이 채 안 되어 다시 평택 성당 본당신부로 돌아왔으며, 오자마자 자신이 ‘소박한 사제관’이라고 불렀던 서정리 사제관과 임시 성당 대신 서양식 성당 신축을 정식으로 추진하였다. 몰리마르 신부는 1938년 10월 마침내 지금의 옛 성당(‘소화 데레사 유치원’)을 완공함과 동시에 본당으로 승격한 서정리 성당의 초대 본당신부로 부임하였다.

몰리마르 신부는 대단히 검소하고 헌신적인 사제였다. 『평택 성당 70년사』에 채록된 증언(당시 서정리역 역무원으로 근무했던 장순영 씨)에 따르면 몰리마르 신부는 "서정리 성당에 계실 때 신부님은 식복사도 없이 대부분 당신 혼자서 커피 한 잔에 빵 몇 조각으로 식사를 하시곤 했다. 이 모습이 신자들이 보기에 너무도 민망하여, 후에 저와 결혼한 이이표李二杓가 사제관에 가서 식사 준비를 도와드리고, 한 벌뿐인 해진 수단과 양말을 꿰매드리곤 했다."고 한다.(111쪽) 이처럼 평택 성당과 서정리 성당에 애정을 쏟으며 청빈하게 살았던 몰리마르 신부는 6 · 25 발발 후 인민군에게 체포되어 1950년 9월26일 대전 목동 프란치스꼬 수도원에서 학살당했다고 한다.(『수원교구 50년사』, 536쪽.)

옛 성당 종탑에 있던 종

6 · 25 당시에는 전쟁으로 인해 서정리 성당의 문서가 모두 소실되었고, 전쟁 후에는 한동안 사제 없는 본당으로 남아있기도 했다. 서정리 성당은 1952년 류수철(도미니코) 신부가 제3대 주임신부로 부임하면서 교육사업 등 활발한 활동을 재개했다. 1959년까지 재임한 류 신부는 오늘날의 효명중고등학교를 탄생시켰다. 이후 1963년 서정리 성당은 수원교구가 설정되면서 서울대교구에

성당 마당에 세워진 소화 데레사 수녀상

서 수원교구로 편입되었다. 현재의 성당은 1989년 1,000평 규모로 기공하여 1993년 10월 봉헌되었다. 프랑스인 몰리마르 신부에 의해 세워진 성당은 54년만인 1992년 본당 출신 사제로는 처음으로 한국외방선교회 소속 이후진(마티아) 신부를 배출하였다.

송탄 가톨릭의 중심

"수원교구 평택대리구 송탄지구 내에 다섯 개 성당이 있습니다. 서정, 송탄, 송서, 송현, 북리 성당이지요. 이 가운데서 서정동 성당이 모태라고 할 수 있지요. 그 외 성당은 여기서 분가해 나간 셈이니까요."(이홍주 사목회장) 서정리 성당은 해방 이후에도 모범적인 교회를 만드는 데 힘썼다. 몰리마르 신부가 재임할 당시부터 총회장을 맡은 권영두(가밀로) 씨를 비롯한 신도들의 열성이 대단했기 때문이다. 당시 사정을 엿볼 수 있는 〈경향잡지〉 제985호(1947년 4월 1일 발행) 기사를 다시 한 번 재인용한다.

"경기 서정리 지방 새말 공소는 빈한한 교우들이 백 명도 못되는 작은 공소이나 교회 유지의 사상은 10여 년 앞서 나가고 있어 금춘만 하여도 교무금과 본당신부 생활비 보조의 공미, 풍금을 사기 위한 헌금 등을 합하면 1만6천 원,

매인 평균 1백60원에 해당한 실적을 내었으며 신학교 유지비로 7천5백 원을 헌납하여 성의만 있으면 교회 유지는 문제없다는 실례를 보여주었는데, 이는 당지當地 권 가밀로 회장의 표양과 교화의 영향으로 공소 교유들의 사상이 개발된 연고이라는 바 노 주교 각하께서는 동 회장을 서정리 지방의 총회장으로 임명하였다 한다."(『수원교구 50년사』, 536쪽에서 재인용.)

그뿐 아니라 앞에서도 언급했듯이 서정동 성당은 효명중고를 세움으로써 지역 교육 사업에도 큰 몫을 감당하였다. 3대 주임신부인 류수철 신부는 1953년 5월 인근 미군 부대 가톨릭 신자 장병들의 도움으로 목조 교사 75평을 짓고 효명曉明고등공민학교를 개설하였다. 이 학교는 1954년 7월 12일자로 효명중학교 인가를 받았고, 9월에는 미군 839부대(현 K-55)의 지원으로 285평 규모의 교사 증축공사에 들어가 이듬해 4월 낙성식을 가졌다. 이후 고등학교를 병설하여 실업계 공업학교를 거쳐 효명종합고등학교로 발전시켰다.

어느 지역이나 교회사와 향토사는 떼려야 뗄 수 없는 관계를 갖는다. 따라서 서정동 성당의 역사는 특정 종교의 역사가 아니라 곧 서정리, 나아가 송탄과 평택의 삶의 역사이기도 하다. '서정동 성당 70년사'는 이미 시점을 놓쳤지만, 교회의 틀을 넘어 지역사의 차원에서 지금이라도 정리될 필요가 있다. 아울러 옛 성당 건물이 지금도 여전히 고상한 자태를 잃지 않고 있으므로 이 건물을 지역 근현대사의 상징으로 활용하는 방안도 폭넓게 고려되어야 할 것이다. 특히 서정동 옛 성당은 건축사적으로도 중요한 자료로 판단된다.

| 도움말 주신 분 |

이홍주 서정동성당 사목회장

김일기 서정동성당 신도

박성복 평택문화원 상임이사

서태정 평택문화원 학예연구사

| 참고자료 |

『평택성당 70년사』

『수원교구 50년사』

박성복, 『사진속 평택의 자화상 1』, 평택문화원, 2005.

경기도, 『경기도 근대문화유산 조사 및 목록화 보고서』, 2004.

03
수의제작에 평생 바친 평택 운정리 한상길 씨

답사일 : 2010년 4월 13일

3대를 이어온 솜씨와 자부심

평택시 현덕면 운정리 36번지에 사는 한상길 씨는 1927년생이다. 올해 여든넷 되는 한 씨는 열네 살 무렵에 수의壽衣 짓는 법을 배웠다. 그러니까 70년 동안

삼베에 대해 설명하는 한상길 할머니 부부

할머니가 지은 수의 저고리

수의를 지어온 셈이다. 한 씨는 원래 오성면 양교리 사람으로, 여덟 살 때부터 어머니 수성 최씨(1887년생)으로부터 바느질을 배우기 시작했다고 한다. 손매가 야무졌던 한 씨는 곧 어머니로부터 수의 제작법을 전수받았다. 어머니 또한 시어머니, 즉 한 씨의 할머니 풍양 조 씨(1855년생)에게서 수의 짓는 법을 이어받았다. 그러므로 이 집안 수의 솜씨는 3대에 걸쳐 전해 내려온 셈이다. 한 씨 또한 둘째 며느리(1954년생)에게 가문의 전통을 물려주고 있다. 한 세기도 넘게 시어머니-며느리-딸-며느리로 집안의 수의 만드는 법이 전수되는 셈이다.

"제대로 사는 집에서는 아무리 종이 많아도 그들에게 수의를 짓게 하지는 않았어요. 집안에서 직접 장만했지. 땅속에 들어가면 모른다고 아무거나 쓰면 안 되잖아요. 일생 입는 옷 중에서 가장 소중한 옷인데. 요즘 사람들은 그걸 몰라." 한 할머니는 수의를 지을 때 엄격하게 지켜야 할 법도가 있다고 했다. "전통적으로 수의는 왼바느질을 하는 거예요. 외로(왼쪽으로) 여서 가는 거지. 수의를 짓다가 바느질을 잃어버려도 안 돼. 망인에게 좋지 않아요. 수의를 만들다가 수의를 넘어 다녀서도 안 되고." 한 할머니는 그 법식을 그대로 따른다.

한 할머니는 열여섯에 두 살 많은 신랑(김문경)에게 시집왔다. 정신대에 끌려가는 걸 피하기 위해서였다고 한다. 그런데 오자마자 바느질 솜씨 야무지고, 수의 잘 짓는다고 소문이 나서 문중이나 동네에 초상이 나면 불려 다니기 시작했다. "가서 밤을 새워 일을 해주었지. 그런데, 대동아전쟁이다, 6 · 25다 사람이 좀 많이 죽었어요? 쉴 틈이 없었어. 내가 지은 수의 입고 저승 가신 분이 수천 명이 넘을 거야." 그러니까 한 할머니는 '근대적 주검'에 '전통적 수의' 입혀 보내는 일을 70년 가까이 해왔다고 할 수 있다.

"요즘은 꼴뚜기도 망둥이도 수의 만들잖아요, 왜. 장례식장에서는 그렇게 만든 걸 바가지 씌우고 말이야." 한 할머니는 질 낮은 삼베를 기계 재봉질로 "드르륵 박아" 값만 비싸게 매기는 풍토를 매우 못마땅해 한다. "돌아가신 분이 수의에 푹 싸이게 해야 자손들이 복을 받는 거예요. 망자는 전혀 생각하지 않고 형식적으로 입혀놓으면 그만이라고 생각하면 오산이야. 한번은 이런 일도 있었

한상길 할머니는 팔뚝이 자다

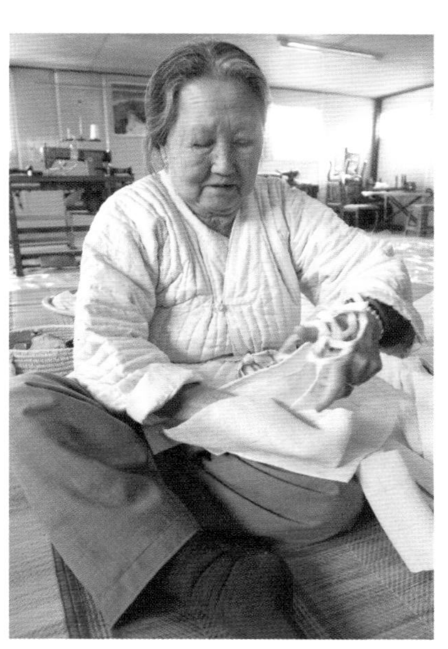

악수에 대해 설명하는 한상길 할머니

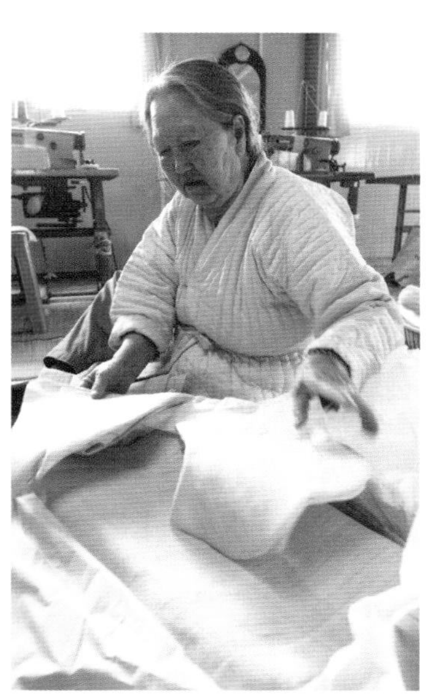

할머니가 지은 수의 버선

어요. 누군가 염포와 염이불을 일곱 자로 하라고 우기는 거라. 수의는 이어붙일 수 없으니까 그렇게 하면 모자란다고 누누이 설명을 해주었는데도 그냥 하래. 결국 염습할 때 길이가 짧아서 망자 몸이 아주 불편해져 버렸지. 그 후손이 잘되지 못했어요."

수의를 만들다 한평생을 보낸 한 할머니의 작업장은 운정리 36번지 자택 옆에 있다. 가건물 형태인 이 작업장은 할머니의 솜씨와 정성이 인정받아 1999년 경기으뜸이로 선정된 뒤 일감이 밀려 마련한 곳이다. 할머니는 자신이 지은 수의에 '명가수품名歌壽品'이라는 이름을 붙였다. "돈 준다고 아무나 만들어주지 않아요. 내 꺼가(것이) 좋다고 하는 말이 아니라 망자에게 정성을 들여야 한다는 거야."

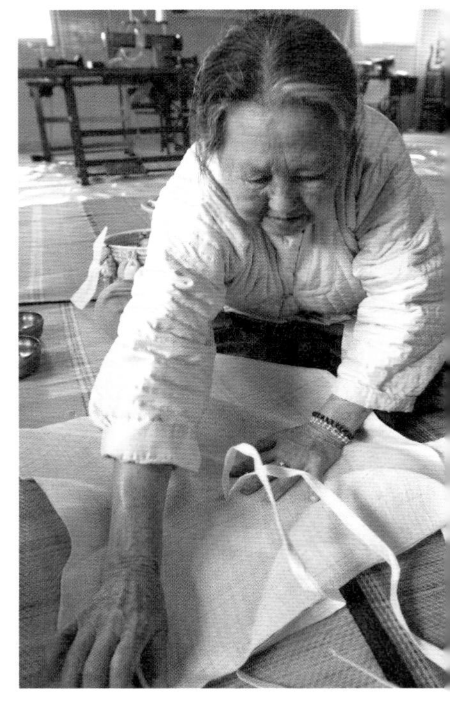

멱목(얼굴을 덮는 삼베)

"내 팔뚝이 자尺"

수의 한 벌을 짓자면 천연삼베 약 여섯 필이 들어간다. 한 필이 40자이고, 한 자는 50㎝이므로 한 벌에 삼베가 약 120m 필요하다. 한 할머니의 말로는 "200~250자 잡으면 된다."고 한다. 한 할머니 작업장에는 손때가 반들반들 오른 자가 있다. 하지만 이 자는 별 소용이 없다. 고인을 한 번 척 보면 견적이 나오고, 팔뚝으로 재면 여축없이 치수가 나오기 때문이란다.

조갑낭과 두발낭

수의는 9종류가 한 세트를 이룬다. 첫째, 염포殮布. 염할 때 시체를 묶는 삼베다. 둘째, 심의深衣. 도포 또는 두루마기다. 셋째, 염의殮衣. 상하 의복을 일컫는다. 남성용일 경우 바지, 저고리, 여성용일 경우 치마, 저고리, 속바지를 만든다. 넷째, 말襪. 버선이다. 다섯째, 침枕. 베개인데, 속에는 모래나 종이를 넣는다. 여섯째, 조갑낭爪甲囊. 손톱, 발톱을 넣는 주머니다. 일곱째, 두발낭頭髮囊. 머리카락을 잘라서 넣는 주머니다. 여덟째, 멱목冪目. 얼굴을 덮는 명주나 삼베를 지칭한다. 아홉째, 악수幄手. 손을 덮는 명주나 삼베다. 이들 아홉 가지를 통틀어 '구품수의九品壽衣'라 한다.

전통수의는 앞서도 언급했듯이 왼쪽 바느질에 왼쪽으로 여민다. 남자 바지는 사포(여분의 조각 천)을 대고, 여자 바지는 풍채(바람막이)를 달아서 왼쪽으로 여민다. 두루마기(심의)는 무(양쪽으로 넓게 붙인 사포)를 다는 것이 원칙이다. 모든 수치는 짝수가 아닌 홀수로 놓고, 묶고 매듭짓는 것도 왼쪽으로 한다. "요즘은 원칙을 잘 안 지켜. 예를 들어서 멱목을 자루처럼 만들어서 씌워. 그게 뭐야. 멱목도 엄연히 의복인데 정성을 들여서 제대로 만들어야지."

가윗밥으로 만든 식탁보

수의가 언제부터 망인에게 꼭 입혀 보내야 하는 옷으로 정착되었는지 정확한 기록은 없다. 대체로 조선 시대 중기 이래로 장례풍습으로 자리 잡은 것으

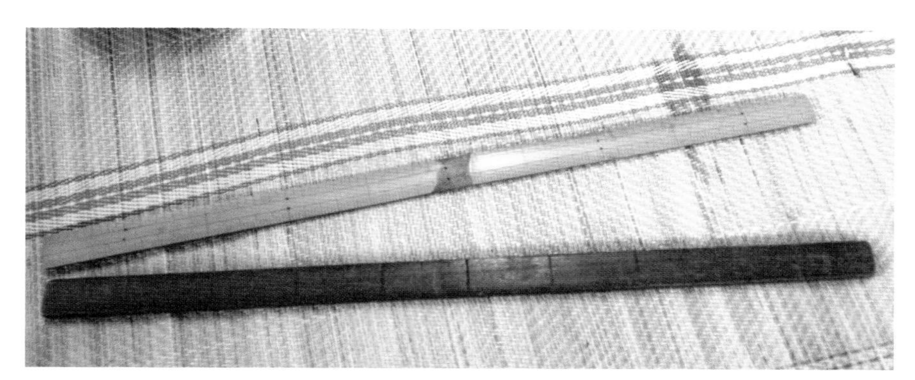
수택이 반들반들한 할머니의 자

로 보인다. 그보다 더 늦추어 잡아 근대에 보편화한 풍습으로 보는 견해도 있다. 경기도의 경우 근대 이전 넉넉하지 못한 집안에서는 일상복 중에서 가장 깨끗한 옷을 입혀 보내는 것이 상례였다고 한다. 하지만 반상이 엄연했던 시절은 물론이고 이전 왕조에서도 왕이나 귀족, 양반은 정성 들여 지은 한 벌 옷을 입혀 장례를 치렀다. 수의는 주로 삼베로 짓는다. "그래야 수의와 육신과 흙이 함께 가지." 즉 잘 삭아 흙으로 돌아가도록 하기 위해서다. 부잣집에서 명주를 쓰는 경우가 없지 않으나 삼베가 훨씬 잘 썩기 때문에 수의 감으로 적당하다. 모시는 '자손의 머리가 희게 된다.' 해서 잘 쓰지 않는다.

수의는 이승과 저승을 이어주는 옷이다. 삶과 죽음이 이어진다고 보는 믿음의 산물이다. 예를 들어 손을 싸는 악수와 발에 신는 버선은 내세로 가면서 자신의 업보에 따라 가시밭길 혹은 불길을 헤치고 가는 일이 있더라고 손과 발을 다치지 말라는 배려다. 버선이나 꽃신은 그래서 항상 겹으로 지었다. 수의에는 또 주머니가 없다. 넣어 가지고 갈 것이 없기 때문이다. 빨아 입을 일이 없으므로 동정 깃을 달지 않는다. 즉 저고리 동정을 아예 달지 않거나, 달더라도 종이심을 받치지 않는다.

자손이 미리 수의를 준비하면 부모가 장수한다는 속설은 나름대로 근거가 있다. 죽음을 미리 준비하는 데서 오는 심리적 안정감이 자손에게는 더욱 효성을 드리게 하고, 부모에게는 안도감을 준다는 해석이 가능하다. 수의는 윤달에 준비하면 좋다는 속설도 있다. 윤달은 신의 노여움을 사지 않고 신명의 감시를 받지 않기 때문에 탈이 없다고 여긴 데서 나온 믿음이다. 하지만 한 할머니는 고개를 갸우뚱한다. "글쎄요. 내가 보기엔 윤달은 별 상관이 없는 거 같아. 차라리 유일酉日에 가져가는 게 후손에게 길해요. 유일은 수의하기 좋은 날이거든."

그러나 한 할머니는 왜 유일이 좋은지는 설명을 하지 않았는데, 아마도 오랜 세월 자신의 경험에서 우러나온 징크스인 듯하다.

저승에서 되돌아온 사연

한 할머니가 그런저런 믿음을 지키는 데는 사연이 있다. 1971년 무렵, 그러니까 한 할머니가 40대 중반일 때 꾼 꿈 때문이다. "그때 우리 큰 애가 월남에 파병 나가 있을 때예요. 한겨울이었는데, 내가 크게 앓아누웠어. 용하다는 한의원은 다 찾아 다녔는데 백약이 무효야. 양의원에서는 수술을 하라는데 안 한다 그러고 집에 왔어요. 그래 누웠다가 비몽사몽간에 희한한 꿈을 꿨어. 소가 수천 마리 들어 있는 광에 내가 갇혀 있는 거라. 어디선가 소리가 들리는데, '여기는 사람 사는 곳이 아니니 빨리 길을 찾아 나가라!' 그러는 거야. 그래 어찌어찌 길을 찾아 나오니까. 남자 둘이 큰 책을 넘기고 있어. 그러면서 '당신은 이제 명부에 들어가야 한다' 그래요. 그래서 내가 사정사정했지. 아들이 아직 어리니까 보내 달라고. 하도 사정을 하니까 백지 한 장을 떼 주면서 '그럼 가서 좋은 일 많이 하고 오라' 그러더군. 그 꿈을 꾸고 나서 우리 영감님이 낯선 한약방 한의사에게 왕진을 요청했어요. 그 한의사가 약을 두 첩 지어주고 갔는데, 그것 먹고 그 지독하던 통증이 싹 사라졌어. 그 후로 약 한 알 안 먹고 지금까지 건강해요."

한 할머니는 꿈속 '저승사자'가 떼어준 백지가 바로 삼베천이라고 믿는다. 물론 당시에도 한 할머니는 여전히 친척, 친지 초상집에 가서 수의를 지어주느라 바빴다. 하지만 그 꿈을 꾸고 난 이후로는 수의 제작에 더 정성을 들였다고 했다. "돈 벌 욕심도 없어요. 덤으로 사는 인생인데, 좋은 일 많이 하고 가야지."

할머니의 남편은 경찰공무원으로 퇴직했다. 할아버지는 마나님이 워낙 솜

한상길 할머니가 써온 다듬잇돌

씨가 좋고, 꿈 사연도 있고 해서 할머니가 수의 만들러 분주히 다니는 걸 오히려 권한다. 원래 초상집에 가서 수의를 지으려면 밤을 새기 일쑤인데도 불평이 없었다고 했다. 할머니는 평택에서 수원으로 통학을 하는 아들 밥을 해 먹이기

할머니가 만든 삼베 잠방이

위해 밤을 꼬박 새고 새벽에 집에 와서 밥을 짓는 날이 많았다. 한 할머니는 그렇게 2남 1녀를 키웠다. 지금은 세 살배기 증손녀까지 두었다. 그래도 여전히 작업장에 나와 일을 한다.

한 할머니는 수의만이 아니라 옷감과 가위, 바늘만 있으면 못 만드는 게 없다. 모시로 만든 할아버지와 아들, 딸, 손자, 손녀, 증손녀의 모시 적삼과 삼베 잠방이까지 직접 해 입힌다. 한 할머니가 만든 이 여름옷은 백화점 명품보다 낫다는 소리를 듣는다. 할머니는 이들 옷에 직접 수를 놓기도 하는데, 그 솜씨 또한 빼어나다. 할머니는 또 버리는 게 없다. 가위밥(삼베 등을 마름질 하면서 남은 자투리 천)을 모아서 식탁보를 만들기도 하는데, "동네 아주머니들이 서로 달라고 아우성"이라고 한다. 한 할머니는 지금도 바늘귀를 직접 꿴다.

| 도움말 주신 분 |

서태정 평택문화원 학예연구사
한상길 경기으뜸이(수의제작)
김문경 한상길 씨 남편

| 참고자료 |

평택문화원, 『평택민속지 상』, 2009.

04
안재홍 생가

답사일 : 2009년 7월 7일

평택 출신의 지식인 안재홍

민세 안재홍安在鴻(1891~1965)은 납북 지식인이다. 1950년 납북 이후 잊혔던 중도파 4인 가운데 한 사람인 민세 안재홍은 항일운동가로, 언론인으로, 사학자로,

평택시 고덕면 두릉리에 있는 민세 안재홍 선생 생가

안재홍 생가 측면

정치가로 민족사에 커다란 족적을 남겼음에도 최근까지 그 이름이 묻혔던 인물이다. 독립운동가로서는 경이적인 기록인 9번 투옥과 신간회 운동 주도 등 국내 항일운동의 핵심 인물이었고, 언론인으로 민세는 여러 차례 필화사건과 투옥을 통해 기자정신을 실천한 인물이며, 신민족주의론을 제창하면서, 한국 고대사 연구와 일제식민사관 비판, 조선학운동 주창과 실학 연구 등을 통해 당대의 사상가이자 역사학자로, 해방 후에는 신 국가 건설과 민족통일을 위해 노력한 인물이기도 했다.

1947년 남조선 과도정부의 입법위원을 거쳐 민정장관을 지냈던 안재홍은 1948년 5월 10일 실시되었던 제헌국회의원 선거 뒤 민정장관을 사임하고 중앙농민학교를 경영했다. 1950년 5월 30일 제2대 국회의원 선거 때 안재홍은 자신의 고향인 평택군에서 무소속으로 출마해 압도적 지지를 받아 국회에 진출했

두릉리 전경

다. 독립운동가였고 민정장관을 지냈던 안재홍에 대한 평택군민의 지지는 압도적이었다. 그러나 안재홍은 1950년 한국전쟁의 전란 속에서 실종되었는데 후일 납북된 것으로 밝혀졌고 납북 15년 만인 1965년 북한에서 사망했다.

고덕면 두릉리 안재홍 생가

수도권 전철 1호선 서정리역에서 청북 방향으로 가다 보면 고덕면 두릉리가 나온다. 평야지대에 낮게 엎드려 있는 마을이다. 이곳에 민세 안재홍의 생가가 있다. 게루지라고 불렸던 자연마을의 진입로를 따라 들어가다가 작은 표지판을 따라 우측으로 돌면 퇴락한 집들이 눈에 들어오고 조금 더 들어가다 보면 완만한 경사지에 남향으로 자리 잡고 있는 깨끗한 한옥이 나타난다. 고덕면 두릉리 646번지.

이 집은 안재홍 선생이 실제 태어난 곳이 아니다. 결혼한 뒤 분가해 줄곧 산 집이다. 그는 큰아버지 집에서 태어났다. 그가 태어난 집도 같은 동네인 두릉리 진입로 쪽에 있었는데 안채 초가에 사랑채 기와집 구조의 집이었다. 지금은 헐리고 집터만 남아있다.

서울에서 언론인으로 활동하던 1936년 그는 정필성이라는 청년을 남경에 있는 민족혁명당의 김두봉에게 추천했다는 연고로 종로경찰서에 수감(군관학교학생사건)됐었다. 이후 보석되어 그는 현재 생가로 복원된 집에 내려와 상고사에 관한 책을 쓰기 시작했다. 그는 우리나라의 역사를 정리하기 위해 『조선상고사감』이라는 책을 이 집의 사랑채에서 썼다. 일제 강점하에서 조선학운동의 산실과 같은 곳인 이 사랑채는 선생의 생전에는 초가였다가 1960년대에 기와로 바뀌었다. 가족들이 관리의 불편함 때문에 지붕만 바꿔서 지금까지 유지해오고 있다.

안재홍 생가 대문

현재의 집은 1994~1995년 안채, 사랑채, 담장, 화장실, 대문 등이 보수된 것이다. 20세기 들어 전통가옥들이 생활의 편의를 수용하여 변화하게 되는데 이 집의 경우가 변화된 경기지역 살림집의 모습을 잘 보여주고 있다. 현재 안마당을 사이에 두고 안채와 사랑채가 마주 보고 배치되어 있다. 안채와 사랑채가 안마당을 중심으로 ㄷ자형의 배치를 이루고 있으며, 사랑채 동쪽에 대문이 있다.

안채는 경기도지방의 전형적인 'ㄱ'자형 집이다. 대청을 중심으로 오른쪽에 건넌방이 있고 왼쪽에는 안방이 자리 잡고 있으며, 그 앞으로 부엌과 부엌광, 나무간이 연결되어 있다. 특히 부엌과 대청 사이에 있는 연결 통로는 이 집만의 특색이다. 사랑채는 '一'자형 평면으로 지붕은 옆면에서 볼 때 여덟 팔八자 모양의 팔작지붕이다. 가운데에 대청을 두고 오른쪽에 온돌방, 왼쪽에는 대청보다 한 단 높여 만든 누마루가 연결되어 있다. 대청과 온돌방 전면에는 툇마루가 있으며, 잘 다듬은 초석을 놓고 각기둥을 세웠다. 누마루 하부는 장초석을 사용하였으며 함실아궁이가 설치되어 있다. 전통가옥의 형태를 유지하면서도

안재홍 선생이 태어난 집이 있던 자리.(민세선생은 큰아버지의 집에서 태어났다)

유리창을 설치하는 등 시대적인 변화를 적절히 가미하고 있다. 상량문에 의하면 안채는 1914년, 사랑채는 1932년에 건립되었다.

두릉리 안재홍의 집은 그 지역 3.1만세운동의 계기가 되기도 했다. 4월 2일 만세 시위 후에도 분위기가 지속되자 일본 경찰과 수비대는 평택자위대와 함께 현지에 출동하여 부근 촌락을 순찰했다. 시위가 재발하지 않도록 억압하던 중 안재홍의 집을 수색하자 주민들이 격분하여 만세를 부르며 반항하였다. 이에 경찰들은 군중에게 발포하여 6~7명이 부상당하였다.

이 집은 1992년 12월 31일 경기도기념물 제135호로 지정되었다. 올해는 안재홍 선생 서거 44주년 추모식이 3.1절에 이곳에서 열리기도 했다. 또 생가의 복원 중수식도 함께 개최됐다. 평택시는 4억 원을 들여 지난해부터 안재홍 생가의 안채 일부를 원형 복원하고 사랑채와 담 등을 보수했다.

생가 안뜰에 있는 150년 된 향나무와 우물

사랑채 뒷모습

생가에 남은 민세 선생의 흔적

민세 안재홍 생가에는 여러 가지 선생의 흔적이 남아있다. 초가집과 사랑채, 당시 사용하던 우물과 민세가 가장 좋아하던 꽃인 '능소화' 등이 있다. 민세 생가로 들어서면 가장 먼저 눈에 들어오는 것이 우물 옆에 있는 150년 가까이 된 향나무다. 이 향나무는 안재홍 선생이 분가하여 옮겨 심은 것이다. 일제 강점기 때부터 큰아들 정용과 친분이 있던 이병철 전 삼성회장이 1970년대 중반에 민세 선생의 집에 왔다가 향나무를 보고 반해서 당시 돈 300만 원에 사겠다고 했는데 가족들이 뿌리쳤다는 일화도 남아있다. 2007년 가을에 경기도 보호수로 지정됐다.

선생이 능소화를 좋아해서 과거 집 담장에는 꽃이 화사하게 피어 있었지만 지금은 생가에 잇대인 다른 집 담장에만 능소화가 남아있다. 2001년에 서울에서 내려와 살고 있는 며느리 김순경 씨에 따르면 능소화 덩굴이 담장을 망가뜨려 밖으로 옮겼다는 것. 선생은 능소화에 얽힌 애절한 전설 때문에 이 꽃을 아꼈다고 한다.

능소화는 지금은 흔한 꽃이지만 옛날에는 양반집 뜰에서나 볼 수 있는 꽃이었다. 옛사람들은 이 꽃을 '구중궁궐의 꽃'이라 불렀다. 궁궐에 소화라는 어여쁜 궁녀가 있었는데 임금의 눈에 띄어 하룻밤 사이에 빈의 자리에 오르게 되었다는 것. 하지만 그 이후 임금은 그녀를 찾지 않았고 그녀는 다른 이들의 시샘과 음모로 궁궐의 가장 깊은 곳으로 밀려나 기거하게 되었다. 소화는 혹시라도 임금이 자신을 찾지 않을까 하여 담장 너머를 보며 하염없이 기다리다가 결국 상사병으로 죽고 말았다. 가엾은 여인은 초상도 치러지지 않은 채 담장 가에 묻혔고 그곳에서 꽃이 피었다. 조금이라도 더 멀리 밖을 내다보려고 높게 자라 꽃잎을 벌린 능소화였다. 민세 선생은 일제에 짓밟힌 우리 민족의 해방염원이 이 꽃의 마음과 같다는 생각에서 능소화를 좋아했다고 한다.

민세 선생은 두릉리 칩거 중에 사랑채에서 동네 아이들에게 글과 한민족의 정신을 가르치기도

집안에서 본 문간채

안채 내부에 걸린 안재홍 선생 초상화

했는데 평소에는 인자하다가도 숙제를 안 해오는 아이들에게는 엄하게 꾸짖으며 회초리를 들었다. "우리가 공부를 안 해서 일본에게 나라를 빼앗겼으니, 너희들은 배우는 일에 힘써야 하고 그래야 나라를 되찾을 수 있다"며 혼을 냈다고 한다. 어려서 민세 선생에게 글을 배운 동네 사람들은 선생을 '회초리 할아버지'로 기억한다.

민세 생가의 가치

민세 안재홍 생가는 고덕국제평화도시 건설 예정지역 내에 있어 잠재성이 큰 지역이다. 이곳은 다른 독립운동가들의 생가와 달리 비교적 원형이 잘 유지되고 있다. 향나무, 우물, 능소화, 사랑채, 안채 상량문 등 안재홍의 삶을 그대로 추체험할 수 있는 공간으로 가치가 크다.

한국전쟁 중 납북되어 1965년 3월 1일 평양에서 별세한 이후 잊혔던 안재홍은 1989년 정부로부터 대한민국 건국훈장 대통령장을 받으면서 평택의 대표적 인물로 다시 부각됐다. 지난 2003년 국가보훈처는 안재홍 생가를 시민 · 청소년들이 선열들의 애국정신을 배울 수 있는 '현충시설물'로 지정해 관리해 오고 있다.

민세 생가는 '게루지'라는 마을에 위치하여 방문객들로 하여금 자연스러움을 느낄 수 있도록 해준다. 독립된 집 한 채가 아니라 마을과 함께 이해되고 있는 것이다. 교육과 계몽의 중요성을 강조하며 마을 어린이들을 가르치던 교육자로서의 모습, 매일 새벽 인근 월명산을 오르며 항일의 뜻을 키워나갔던 민세의 흔적이 마을에 생생히 살아 있는 것이다.

민세 생가는 평택지역에 거의 유일하게 남아 있는 안채의 초가집과 누마루 형식의 사랑채를 가지고 있는 등 한옥의 특성을 잘 간직한 공간이다. 이 지역은 고덕국제화예정지구 편입 예정지로서, 향후 구획확정이 되면 마을 전체가 사라지는 상황에 처하고, 현재의 도시외곽지역에서 새로운 도시의 중심부로 편입될 가능성도 있기에 생가와 인근 마을을 연계 보존할 수 있는 방법이 고민돼야 할 것으로 보인다.

| 도움말 주신 분 |

박성복 평택문화원 상임이사
김순경 안재홍 선생 큰며느리

| 참고자료 |

평택시사편찬위원회, 『평택시사』, 2001
『경기도 근대문화유산 조사 및 목록화 보고서』, 2004
정윤재, 『다사리국가론-민세 안재홍의 사상과 행동』, 백산서당, 1999
전봉관, 『항일민족운동가 생가의 장소마케팅(Place-marketing)을 통한 국가보훈의식 함양 연구
- 민족운동가 안재홍 생가를 중심으로』, 살림, 2005
황우갑, 『나와 나라와 누리가 함께』, (사)민세안재홍선생기념사업회, 2007
http://www.minse21.or.kr/ (민세안재홍선생기념사업회)

05
평택 소금공장

답사일 : 2009년 7월 7일

소금은 '소금小金'

소금은 옛날부터 식생활에 꼭 필요했지만, 생산량이 적었기에 그만큼 귀했던 물건이다. 이름부터가 농경사회에서 없어서는 안됐던 '소牛'와 '금金'처럼 귀하

평택시 원평동 원평힘찬1길에 있는 경기소금공장(원평동 80번지). 1960년대부터 재제염을 생산하던 곳이다

소금공장이 들어서 있는 곳은 예전 전기회사 자리다

다는 뜻에서 붙여졌으며 언제부턴가 '작은 금' 즉, 소금小金으로 불렸다. 이처럼 소금은 귀한 것이었기에 시대를 막론하고 국가의 관리품목이었으며 중요한 재정 세원이 되기도 했다. 또한 오랫동안 사용되면서 일정한 소비패턴이 정착되었고, 주술적 물질로서의 관념도 형성될 만큼 중요한 조미료였다.

고려시대에는 도염원都鹽院에서 소금 전매제가 시행되었으며, 조선시대에는 연안의 주요 군마다 염장鹽場을 설치하여 관가에서 소금을 구웠고 백성들은 미포와 환물하기도 했다. 궁가宮家와 아문衙門이 경영하는 생산지의 소금은 일부 현물로 수납하고, 일반 민영은 세금을 부과해 왔다. 그 후 한말을 거쳐 일제강점기가 되자 소금은 완전히 전매제專賣制가 되었고, 1961년에 염전매법이 폐지되자 종전의 국유염전과 민영업계로 양분되었다.

조선시대까지의 소금은 가마를 이용해 바닷물을 끓여 만든 자염煮鹽이었는데 일제강점기를 전후해서 소금밭에서 바람과 햇빛을 이용하여 생산한 천일

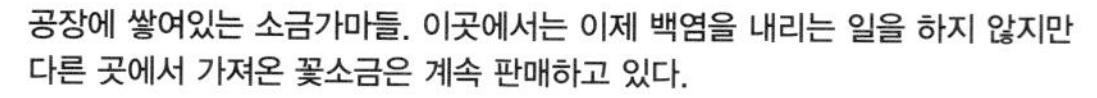

공장에 쌓여있는 소금가마들. 이곳에서는 이제 백염을 내리는 일을 하지 않지만
다른 곳에서 가져온 꽃소금은 계속 판매하고 있다.

경기소금공장 내에 있는 작은 방들은
현재 외국인노동자 등에게 세를 주고 있다

염으로 점차 바뀌게 되었다. 일제는 조선을 침탈하는 과정에서 재원확보를 위해 소금을 주목하고 전매제를 실시하며 생산방식의 변화와 유통을 주도했다. 소금은 외부세력의 강압적 힘에 의해 충돌, 접합, 그리고 변화의 과정을 겪은 또 하나의 근대화의 표상이라 할 수 있을 것이다.

해방 후 한국의 소금산업은 한국전쟁 중인 1952년 소금증산 5개년 계획으로 민영염전이 개발되었고 1955년에는 자급자족에 이르렀으며, 1960년대 염전매법의 폐지와 수입 소금 가격의 폭등으로 서해안 일대에 민간염전이 급속도로 늘어났다. 하지만 수요에 비해 소금 공급이 많아지면서 염전은 얼마 지나지 않아 줄어들기 시작했다. 또 공업단지 개발과 함께 정부가 천일염전을 폐지하는 생산자에게 일정액의 지원과 보상을 해주는 정책을 사용하면서 서해안 천일염 생산지가 급격히 줄어들었다.

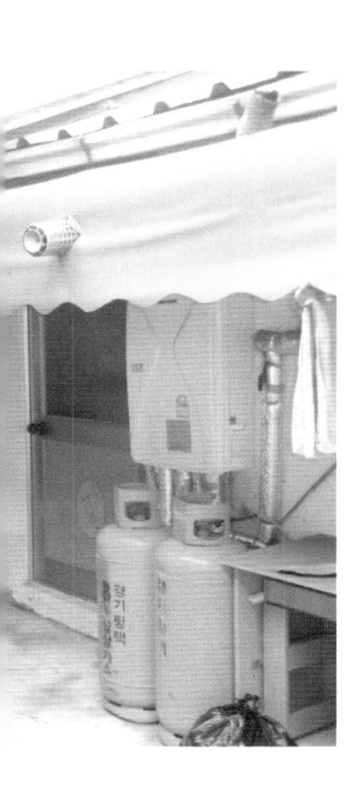

평택과 소금

염전의 개발은 주로 서해안과 남해안을 중심으로 전개되었는데 평택 역시 교통요충지이자 바다에 연한 지역이어서 염전이 생겨났고 소금 가공 및 유통업이 성행했다.

『평택시사』에 따르면 평택은 조선 후기에 이미 수운을 통한 다양한 유통구조를 가진 지역이었다. 당시의 유통은 여객주인旅客主人을 정점으로 이루어졌다. 여객주인은 화물을 매집 혹은 위탁받아, 이를 상선을 이용해 하천 상류의 내륙지방에 판매하였다. 포구에 집산되는 중심적인 상품은 미곡을 중심으로 하는 곡물과 소금을 중심으로 하는 수산물이었다.

요컨대 평택지역은 서울과 충청, 전라도를 잇는 다양한 교통로, 즉 서울~제주로와 서울~충청 수영로, 그리고 서산, 당진~서울 간의 도로가 지나는 교통의 요지에 있었고, 주변에 수원과 안성 같은 상업 도회지가 있었기 때문에 일찍부터 상업이 발달할 수 있었다.

박성복 평택문화원 상임이사는 아산만 초입부인 원정리에 염전이 많았다고 했다. 도시화와 산업화가 진행되면서 염전은 다 사라졌지만 한때는 평택이 소금 생산지이자 유통 중심지로서 기능했다는 것이다. 1905년에 경부선 철도역이 생기면서 기차를 이용해 소금을 수송했다고 한다. 수운水運에서 철도로 물자수송의 수단이 바뀌면서 평택역 뒤쪽이 발달했었는데 본정통이라고 불리던 그곳에 은행이나 군청 등 주요 기관이 몰려 있었다고 했다.

'평양감사보다 소금장수'

평택 통복시장 부근의 옛 소금거리는 토박이주민들에게 소금이 산처럼 쌓여있던 곳으로 기억된다. 이 일대는 평택지역의 소금거래 중심지였다. 가까이에 통복장이 열렸고 1973년 아산만 방조제로 물길이 막히기 전까지는 소금배가 들어왔다. 이 지역에서 50년간 살아온 통복동 주민 이종복 씨는 이곳에 열두어 평 되는 소금집이 두어 곳 있었다고 했다.

"거기 소금집이 백염 내리는 곳이었어. 한 열댓 평정도 되는 집이 두어 곳 있었는데 지금은 한 집만 남았지. 나도 거기서 소금을 대고 먹었지. 처음엔 꽃소금이 없었어. 모두 굵은 소금(천일염)이었지. 60년대엔 굵은 소금 한 가마가 쌀 서너말값이야. 그땐 소금 장수들 잘나갔지. 예전에 거기는 소금 천지였어. 산더미처럼 쌓아놨었어. 아산만 막기 전에는 통복천으로 새우젓배 같은 작은 배도 들어왔고 지금은 없어졌지만 팽성 계양포구에 소금배 들어오면 100근(60kg)짜리 천 포씩 차로 실어다가 야적해뒀지. 예전엔 푸대가 없었어. 전부 100근짜리 가마였지. 여기서 안성 등 각처로 소금이 나갔어. 도매집에서 소금 떼어다가 조금씩 짊어지거나 자전거에 실어서 동네마다 다니며 팔기도 했어. 일제 때는 평택공단자리에 염전도 많았다고 그러더구만. 여기 통복장이 5일, 10일 그렇게 열렸는데(현재는 상설시장) 꽤 컸었어. 김장 때는 사람들이 몰려와서 가마니로 떼가기도 했지."

한때 소금으로 잘나가던 시절에 대한 기억이다. 소금은 백금처럼 귀한 물건이었으니까 돈벌이가 되었을 것이다. 우리 속담에 '평양감사보다 소금장수'라는 것이 있다. 이유 없이 싱글벙글 웃는 사람을 가리켜 '소금장수 사위 보았나'라는 말도 있다. 그만큼 예전부터 소금은 돈이 되는 사업이었다.

전에 소금집이 있던 곳(원평동 79번지). 초가형태였는데 불이나 없어지고 새로 지어졌다. 현재는 일반주택으로 쓰이고 있다

평택지역은 보부상의 위세가 큰 지역이었고 그것은 현대에까지 소금장수의 전통을 유지시켰다. 18세기부터 평택은 서천-비안-남포-보령-홍주-결성-해미-서산-태안-당진-면천-아산-직산-평택으로 연결되는 항로가 있었다. 당시 그 해로의 중심 역할을 담당한 포구가 바로 소금배가 많이 드나들던 둔포였다. 금강 상류와 아산만의 포구 상업이 활성화되면서 등장한 둔포장은 진위, 양성, 직산, 성환, 천안, 온양, 아산 등 사방 60~70리 지역의 유통 중심지 기능을 하였다. 둔포의 여객주인은 휘하에 보부상단을 거느리고 각 지역의 장시를 장악했고 둔포를 거점으로 하는 보부상단은 그 유통권에 포섭된 아산과 평택을 관할하였다. 당시 둔포 보부상의 규모는 평택, 아산 양 군에 5백 명이었다고 하며, 이중 평택에 사는 보부상의 수만도 200명에 달했다고 한다. 이런 보부상의 전통을 바탕으로 평택의 소금장사는 20세기 중반까지 그 명성을 이어갔다.

간수 내리는 통

경기소금공장과 '주부표 꽃소금'

평택시 통복동 통복시장 오거리에서 굴다리를 지나 조금 올라가다 보면 원평동 원평힘찬1길이 나온다. 이곳에 경기소금공장(원평동 80번지)이란 낡은 건물이 있다. 1960년대부터 재제염을 생산하던 곳이다.

재제염은 흔히 백염, 꽃소금 등으로 불렸다. 재제염은 천일염을 녹인 뒤 재차 가공한 것이다. 재제염은 구한말부터 개항지에서 생산해온 소금으로, 조선인들에게는 천일염의 판매가 쉽지 않자 가공을 하여 우리나라의 전통 소금인 자염의 성질과 비슷하게 한 것이다.

경기소금공장은 이 일대에 남은 유일한 소금집이다. 현재는 백염을 내리는 일은 그만뒀지만, 아직도 학천 꽃소금을 가져다가 팔고 있다. 공장은 부근에서 여러 번 장소를 옮겨가며 현재까지 50년간 장사를 하고 있다. 공장이 처음 세워진 것은 1961년이다. 통복시장이 있는 낙촌의 논배미에 첫 공장이 세워졌고 1965년경 새우젓 도가가 있던 원평동 79번지로 옮겼다. 당시에는 공장이 81평짜리 초가집이었으나 화재로 소실되어 옛 전기회사 자리였던 80번지(현 소금집)로 다시 옮겼다.

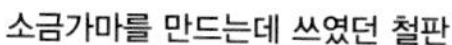
소금가마를 만드는데 쓰였던 철판

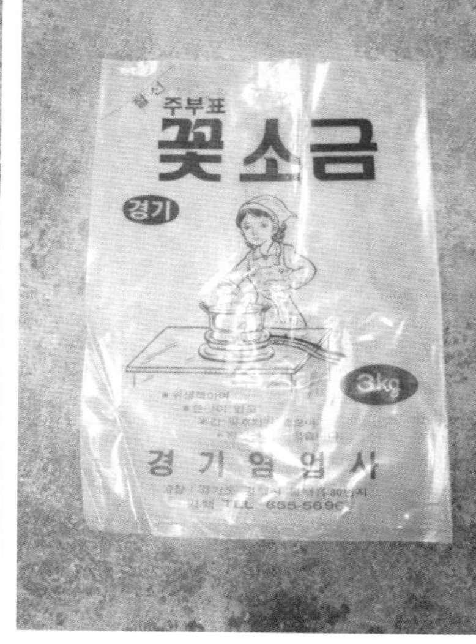

경기소금공장에서 생산해온 '주부표 꽃소금' 봉지

경기소금공장의 사장은 최정식 씨다. 그는 충남 도고 출신으로 16세 때 서울 영등포에 있는 소금공장에서 일하며 백염 내리는 기술을 배웠다. 몇 년간 기술을 익혀 서울에서 소금공장을 차렸으나 시에서 못하게 해 이곳 평택으로 공장을 이전했다. 그는 평택에서 성공적으로 자리를 잡았으나 한때는 공장을 자신의 친형에게 넘기고 청주로 이주해 선반기술을 배워 철공일을 하기도 했다. 하지만 사업실패로 철공일을 그만두고 1975년에 다시 평택으로 돌아와 30여 년째 소금 장사를 하고 있다.

그는 백염白鹽 내리는 일을 오랫동안 해왔다. 큰 나무통에 천일염을 녹여 바대푸대, 모래 등으로 걸러낸 다음 다시 가마에서 100도 정도로 끓여내 하얀 소금을 만든다고 했다. "큰 나무탱크에서 일곱 번이나 정제한 간수는 수돗물보다도 깨끗해요. 그리고 100도로 끓이면 녹물이 제거되지." 천일염을 다시 자염 생산 방식과 유사한 방법으로 재가공하는 것이다. 지금은 이곳에서 생산은 하지 않고 판매만 하고 있으나 아직도 천안 성환에 공장을 가지고 있다고 했다.

그는 백염을 내리기 위한 천일염을 둔포에서 많이 가져왔다고 한다. 오래전부터 소금배가 많이 드나들던 둔포에서 트럭으로 소금을 실어 왔다는 것. 아산의 선장에서도 소금을 들여왔었는데 삽교천이 막힌 후로는 중단되었다고 했다. 그도 한때는 종업원을 서너 명씩 두고 공장을 돌렸던 적이 있었다고 했다. 지금은 부인 김난초 씨와 둘이서 소금집을 운영하고 있다. '주부표 꽃소금'이란 초기의 상표를 아직도 여전히 쓰고 있지만 이젠 모두 잘나가던 옛이야기가 되었다.

박성복 평택문화원 상임이사

"지금은 이렇게 다 쭈그러들었지만 예전에는 배 튕기면서 장사를 한 적도 있었어요. 잘나갈 땐 돈을 꽤 많이 만졌지요. 그땐 매일 술 먹고 놀았을 정도니까. 백염을 내려서 통복시장에 있는 육삼상회, 정 씨, 이 씨, 최 씨네에 팔았었는데 소금이 귀했으니까 여기저기서 주문도 많았어요. 나무 장사 하던 형도 이 사업을 하면서 수십 억 재산을 모았어요."

최정식 씨는 소금 장수로 다니기도 했다. 소금 장수는 아주 오래된 직업의 하나이다. 하다못해 삼국지의 관우도 소금장수 출신이다. 소금 장수에 얽힌 설화는 우리나라에도 셀 수 없이 많다. 그는 1950~60년대까지 존재했던 마지막 소금장수의 모습을 이야기했다.

"처음에는 대가구(대나무 함)에다가 소금을 넣어서 안중, 오산, 천안, 온양, 안성으로 돌아다니면서 팔았어요. 대가구 하나에 소금이 5~6말 정도 들어갔는데 그거 하나로 보리쌀을 한두 가마씩 벌어서 돌아왔지요. 등짐으로 지고 다녔는데 이문이 꽤 많이 남는 장사였어요. 박애병원이 들어선 갈대밭이 당시 평당 5원이었는데, 그때 투자 좀 했으면 지금 큰돈 벌었을 텐데." 그는 아쉽게 입맛을 다셨다.

남겨진 문제

근대 이후 소금의 변천은 새로운 제염법의 등장과 함께 빠른 속도로 과거를 폐기하는 방식으로 진행되어 왔다. 따라서 평택지역의 소금 생산 및 유통의 역사 역시 그 흔적을 찾기 어려울 정도로 단절과 망각의 과정을 거듭해 왔다. 소금창고와 염전, 소금공장 등이 분명히 존재했고 한때 지역경제의 중요한 몫을 담당했음에도 불구하고 현재는 거의 모든 것이 사라졌다.

과거의 시간은 한 번 존재했다가 그냥 덧없이 사라지는 것이 아니라 끊임없이 현재성으로 재해석된 모습으로 다시 오는 것이어야 당대의 문화는 보다 풍성한 색채를 지닐 수 있다. 따라서 평택의 소금에 대해서는 과거의 모습을 생생하게 기록해두는 작업이 진행될 필요가 있다. 지역문화원 등이 그러한 작업에 가장 적임이나 여러 가지 이유로 적극적으로 나서지 못하고 있는 실정이다. 노인들의 머릿속에 흐릿하게 남아있다가 조만간 사라질 기억들. 현재로서는 그것이 유일한 과거로의 끈이므로 구술사의 형태로 지난 시간을 잡아두는 일이 시급하다.

| 도움말 주신 분 |

박성복 평택문화원 상임이사

최정식 경기소금공장 사장

이종복 원평동 주민

| 참고자료 |

평택시사편찬위원회, 『평택시사』, 2001

『경기도 근대문화유산 조사 및 목록화 보고서』, 2004

함경식 · 정종희 · 양호철, 『소금, 이야기』, 동아일보사, 2008

유승훈, 『우리나라 제염업과 소금민속』, 민속원, 2008

28부

포천

경기그레이트북스 20

01
동농 이해조 묘역

답사일 : 2010년 3월 9일

뒤늦게 재발견된 '신소설의 아버지'

동농 이해조(東儂 李海朝)의 묘역은 포천시 신북면 신평리 131번지 경복대학교 안에 있다. 이 대학 정문에서 도로를 따라 조금 올라가면서 오른쪽 야산으로 통

동농 이해조 묘역

하는 길옆에 묘소가 보인다. 하지만 안내판이 없으므로 유심히 살펴야 발견할 수 있다. 봉분 앞 상석과 비석은 최근에야 단장이 되었다. 중학교 국어 교과서에도 나오는 신소설의 개척자 묘역이라고 믿기 어려울 정도다.

동농의 생가 자리는 더 형편없다. 묘소에서 경복대 체육관을 지나 축구장 뒤편 축대 근처가 생가 터로 확인된 곳이다. 생가는 온데간데없고 그냥 축석만 쌓여 있다. 그나마 이 생가 터는 2005년에 발족한 '동농 이해조선생 기념사업회' 홍을표 회장이 신북면 신평리 121번지라는 지번만 전해 듣고 수소문한 끝에 겨우 찾아냈다고 한다. 묘역 부근이 정리되고 비석이라도 세우게 된 것도 기념사업회가 생기고 난 다음의 일이다.

동농이 그동안 고향 포천에서도 홀대를 받은 이유는 두 가지로 정리할 수 있다. 우선 동농은 조선 인조의 셋째 아들 인평대군의 후손이다. 하지만 동농의 선조가 넷째 아들 용성대군의 양자로 입적했기 때문에 인평대군 종친회에서 동농 집안을 소홀히 한 측면이 있다. 그런 연유로 훗날 후손들이 땅을 경복대에 넘기는 과정에서 묘소와 생가를 제대로 보존하기 어려웠을 것이다.

게다가 동농은 구소설과 현대소설 사이에 큰 다리를 놓은 큰 인물이지만 친일 시비로부터 자유롭지 못했다. 그는 국치 후 총독부 기관지인 〈매일신보〉에 1913년까지 재직하면서 계속 연재소설을 썼다. 「화세계」, 「월화가인」, 「화의혈」, 「구의산」, 「옥중화」 등이 그때 쓴 작품들이다. 동농이 적극적인 친일을 한 증거는 없지만 이런 사실로 인해 그는 오랫동안 '친일' 혐의를 벗어나기 어려웠다. 특히 면암 최익현을 대표 인물로 꼽는, 강직하고 보수적인 포천의 정서는 동농을 적극 부일 협력한 친일파까지는 아니라 하더라도 "어쨌든 일본 통치에 저항하지 않고 수동적으로라도 동조한 인사"로 간주하는 경향이 있었다.

뒤쪽에서 본 동농 묘역. 앞에 보이는 건물이 경복대학교 체육관이다

"아닙니다. 동농 선생이 〈매일신보〉에 근무한 것은 엄연한 사실입니다만, 당시로서는 글을 쓸 매체가 그 외에는 없었지요. 작가가 작품을 쓸 지면이 없다는 건 큰 고통이기 때문에 〈매일신보〉에 들어갔다고 봅니다. 선생은 이미 국치 이전에 〈제국신문〉에 수많은 작품을 연재하면서 필명을 날리고 있던 신소설 작가 아닙니까? 더군다나 선생은 〈매일신보〉에 잠시 있다가 1913년에는 붓을 꺾고 고향 포천에 내려와서 판소리계 가곡을 집대성하는 일에 매진하셨지요. 그 결과물인 『정선 조선가곡』이 그분의 유작입니다." 홍을표 기념사업회장은 2008년 4월에 친일인명사전편찬위원회와 민족문제연구소가 발표한 4,766명의 친일 인사 명단에 동농은 없었다는 점이 선생이 친일파가 아니라는 확실한 증거라고 말했다.

국문학자 홍정선 교수(인하대)도 동농의 행적으로 미루어 친일이라고 단정하기는 어렵다는 입장이다. 홍 교수는 동농이 쓴 글 중에 의도적으로 일본을 지지한 내용이 없고, 그의 묘비명에 새겨진 '중추원 의관議官'이라는 벼슬도 당시

축대 가운데 지점쯤이 동농의 생가터다

공직자 명단 어디에도 이해조라는 이름을 찾을 수 없는 만큼, 일제의 벼슬을 한 것이 아니라 유명무실한 직함을 받은 데 불과할 것이라고 추정했다.('동농 이해조 선생 기념사업회 홈페이지'에 실린 '이해조, 그는 누구인가' 참조.) 홍 교수는 2009년 8월 개최된 기념 심포지엄에서도 일각에서 지적하는 동농의 친일적 글은 논리의 비약이라고 주장했다.(홍정선, '경술국치 이후의 문학적 변모에 대하여,' 『동농 이해조선생 기념 심포지엄 자료집』.)

동농의 묘역과 생가는 여전히 초라하다. 하지만 이와 같은 적극적 재해석에 힘입어 동농은 신소설 시대 최고의 작가이자, 포천이 낳은 인물로 새롭게 조명받기 시작했다. 제때 과거를 청산하지 못한 우리의 근대사가 동농을 그저 문학사 속의 인물로만 박제화 했고, 게다가 제대로 평가하지도 못하게 발목을 잡아 온 셈이다.

동농의 묘비

동농 묘비 뒷면

동농에 대한 새로운 평가

"이해조문학의 궤적은 신소설의 전진과 붕괴, 그 전체상을 가장 충실하게 반영하였으니, 이해조는 신소설과 이광수李光洙 이후를 연결하는 가장 중요한 고리라는 문학사적 위치가 확연하다. 다시 말하면 이인직이 아니라 이해조를 신소설시대의 중심에 둘 때 우리 초기 소설사의 올바른 맥락이 재구성된다는 점이다. 요컨대 이해조는 긍정적 측면과 부정적 측면을 아울러서 신소설시대 최고의 작가였다." (최원식, '누가 신소설 최고의 작가인가?-菊初 李人稙과 東儂 李海朝,' 『동농 이해조 선생 기념 심포지엄 자료집』, 14쪽.)

국문학자 최원식 교수(인하대)가 이인직과 이해조의 문학을 비교 검토한 후에 내린 최종 결론 부분이다. 국초 이인직이 『혈의누』를 발표한 해와 동농이 처녀작 『잠상태』를 〈소년한반도〉에 발표한 해는 같은 1906년이다. 하지만 두 신소설의 개척자는 인생행로가 비슷한 듯하면서도 판이하게 달랐고 작품세계와 당시 정세를 보는 눈도 달랐다.

애국계몽기 친일문학의 선두주자 이인직은 일본 유학파다. 그는 러일전쟁 발발 후 일본군 통역으로 귀국해 언론인이자 작가로서 활약했다. 그는 일본 자유민권파의 영향 아래 조선왕조와 조선의 전통과는 완전히 단절된 근대를 꿈꾸었다. 그는 이완용 내각의 기관지인 〈대한신문〉의 사장을 지낸, "이완용의 오른팔"이었다.

동농도 언론인의 길을 걸었다. 1869년생인 그는 1907년 민족운동 계열의 〈제국신문〉에 기자로 입사해 수많은 신소설 작품을 연재했다. 그는 국채보상운동과 철도 이권 회수를 주창하는 광무사光武社의 발기인 가운데 한 사람이었고, 국권회복을 외친 대한협회에도 관계했으며, 기호흥학회의 월보 편집인 등을 맡기도 했다. 동농은 강유위康有爲(1858~1927), 양계초梁啓超(1873~1929) 등 중국 변법파의 영향을 받았다. 그는 『음빙실문집』을 탐독하면서 세계를 보는 눈을 키웠다.

"동농 선생도 '근대적 인간형'을 형상화하는 데 주력했습니다. 하지만 이인직과는 달리 전통을 근본적으로 부정하지는 않았습니다. 중체서용中體西用의 정신이랄까요. 동농 선생은 전통적 가치의 부정적인 면은 철저하게 배격해야 한다고 보았지만 유교개혁 등을 통해 근대를 지향해야 한다고 주장했습니다." 홍일표 회장은 동농의 정신에 새롭게 주목해야 하는 이유를 다음과 같이 설명했다.

"100년 전 우리나라의 화두가 근대화라고 할 때, 서세동점의 높은 파고를

80주기 추도식에서 추도사를 낭독하는 홍일표 회장

현명하게 넘지 못한 것이 사실이지요. 모던 소사이어티(modern society)에 대한 대응에 늦었던 겁니다. 국초는 이를 혁명적 단절을 통해 극복하려 했다면, 동농은 중체서용을 주장했습니다. 100년이 지난 지금 우리는 글로벌라이제이션이라는 화두를 안고 있습니다. 바로 이 점에서 동농의 정신이 중요합니다. 당시와 내용은 다르겠지만 오늘날 '중체서용'을 잘 음미하면 새로운 파고에 현명하게 대처할 수 있지 않겠습니까?"

동농이 쓴 신소설은 모두 53편이다. 〈제국신문〉에 쓴 「고목화」「빈상설」「구마검」「홍도화」「쌍옥적」(최초의 추리소설), 〈매일신보〉에 연재한 「화세계」「화의혈」「구의산」, 1910년 '광학서포'에서 출간한 『자유종』 등이 그의 대표작이라 할 수 있다. 동농은 우산거사牛山居士, 선음자善飮子, 하관생遐觀生, 석춘자惜春子 등의 필명으로 작품을 발표했다. 동농은 또한 춘향전, 심청전, 흥부전 등을 각색한 판소리계 소설 「옥중화」「강상련」「연의각」 등을 발표했고, 조지 워싱턴의 전기 『화성돈전』과 역사소설 「홍장군전」「한씨보응록」을 집필하기도 했으며 「윤리학」이라는 논문을 쓰기도 했다.

동농의 작품에 일관된 주제의식은 근대정신, 즉 근대적 유형의 인간을 형상화하는 일이었다. 동농은 봉건관료, 축첩제, 미신 등을 비판하고 자유연애 등을 주장하는 가정소설을 많이 썼다. 예를 들어 「구마검」은 굿을 통해 질병을 치료하는 미신문제를 고발하는 성격을 갖는데, 여기 등장하는 근대적 인물들(함일청, 함종표)과 옛 가치관을 신봉하는 인물(최 씨 부인, 안잠 노파)을 대립 시켜, 합리적이고 과학적 사고를 하는 근대적 인물들이 결국 승리하는 소설적 구도를 보여준다.

동농 작품의 또 다른 특징은 재미를 추구했다는 점이다. 통속성이라고 할 수 있는 이러한 재미 추구는 계몽의 효과를 극대화하기 위한 동농의 의도적 전략이었다고 볼 수 있다. 「빈상설」 「구마검」 「화의혈」 「화세계」 등이 통쾌한 복수로 결말을 짓는다든가, 「빈상설」 「원앙도」 「홍도화」 등의 작품에서는 인신매

79주기 추도식 광경

빈상설 표지

매, 사기, 도박 등 다양한 인물군이 빚어내는 에피소드를 통해 읽는 재미를 주려고 애를 썼다.

그런데, 이러한 그의 전략은 양반제적 신분질서를 비롯한 전통질서가 붕괴하는 당대의 사회상을 보여주려는 의도 또한 담고 있다. "동농 선생 작품에는 일반 역사서에서는 찾아보기 어려운 당시의 사회와 풍습, 언어 등이 잘 드러나 있습니다. 선생의 소설관은 스스로 밝혔듯이 '빙공착영憑空捉影', 즉 픽션으로 그림자를 포착하겠다는 것이지요. 요즘 말로 하면 리얼리즘 작가라고 할 수 있습니다. 선생의 소설을 통해 당시 사람들의 속살을 보는 재미는 어떤 역사서보다 낫지요."(홍일표 회장) 동농 소설의 통속성은 앞서 인용한 최원식 교수의 지적처럼 신소설의 긍정적 측면과 부정적 측면을 동시에 보여주는데, 이를 엮어가는 솜씨에 있어서는 당대 최고였다고 할 수 있다.

『자유종』 100주년 행사 계획

올해는 동농의 대표작 중의 대표작 『자유종』이 발간된 지 100주년을 맞는 해다. 홍 회장은 『자유종』이야말로 "경술국치 한 달 전 급박한 환경에서 집필된 기념비적 작품"이라고 극찬한다. 박태상 교수(방송대)도 『자유종』이야말로 동농의 사상가로서의 면모를 집대성한 작품이라고 평가한다. 이러한 평가는 대부

기념 심포지엄 광경

분의 국문학자가 대체로 동의한다. 『경기문학지도 2』에서 『자유종』을 소개 평가하는 대목을 보자. "개명한 네 사람의 양반 여성을 내세워 기존의 사상체계에 대해 신랄한 비판을 가한 이 소설은 진정한 사상은 백성으로부터 나온다는 평범한 진리를 계몽하는 뜻을" 담고 있으며 "여성의 사회적 지위 향상, 신교육의 고취, 사회 풍속의 개량 등을 꾀한, 당시로 보면 봉건제도의 구습에 통렬한 비판을 가한 작품이었다.(경기문화재단, 『경기문학지도 2』, 290~291쪽.)

여성의 자각을 촉구한 이 작품은 이미 100년 전에 "페미니즘 소설의 물꼬를 튼 작품"이라고 할 수 있다. "흥미로운 점은 동농의 손녀 이우정 교수(1923~2002)가 이러한 정신을 고스란히 물려받았다는 것이지요."(홍일표 회장) 이 교수는 한신대와 서울여대에서 두 차례나 해직되는 어려움 속에서도 노동운동, 인권운동, 여성운동에 일생을 헌신했다. 이 교수는 1987년 한국여성단체연합회 회장을 지내면서 기층여성들의 권익옹호 등에 전력을 다했고, 『한국교회 여성 백년』 『여성신학의 이해』 등의 저서를 남겼다.

'동농 이해조선생 기념사업회'는 『자유종』 발간 100주년을 맞아 다양한 행

「자유종 」 표지

사를 준비하고 있다. 우선 동농 소설의 초간본, 중간본 등을 모두 찾아내 영인해서, 7월부터 12월까지 6개월간 포천시에 있는 4곳의 시립도서관에서 특별전시회를 가질 예정이다. 또한 페미니즘 소설의 뿌리인 『자유종』을 기리기 위해 현시대의 대표적인 여성작가를 초청해 강연회도 개최할 예정이다. 『자유종』을 두 가지 버전의 연극으로 만들어 무대에 올리는 사업도 추진 중이다. 6월29일부터 7월11일까지 동숭예술회관에서 공연될 이 공연은 앞 5일은 『자유종』 당초 버전을 각색한 무대이고, 뒤 5일은 2010년 판으로 개작한 희곡을 바탕으로 이뤄진다. 한 세기를 사이에 둔 여성문제의 현주소를 비교해서 음미해보자는 취지다.

"기념사업회가 2005년 발족되었을 때만 해도 포천에서 도움을 받기 어려웠습니다. 마음고생이 많았지요. 그러나 지금은 시에서도 적극적으로 지원해 줍니다. 도서특별전 예산도 포천시에서 지원하기로 했지요. 경기문화재단에서도 적극 도와주기로 했고요." 기념사업회는 2006년 6월 10일에 동농 79주기 추도식을 공식적으로 묘역에서 올렸다. 동농이 작고한 1927년 음력 5월 27일을 양력으로 환산하면 6월 10일이기 때문에 그 후로 해마다 6월 10일에 추도식을 갖고 있다. 돌보는 이 없어 쓸쓸했던 동농의 묘역은 기념사업회가 발족하고 추도식을 가지면서 현재의 모습이나마 갖추었다. 기념사업회는 올해 추도식 때는 묘역안내판도 마련할 계획이다.

"이제부터 할 일이 더 많습니다. 생가 복원 문제도 논의를 해봐야 하고, 동농 선생이 세웠다고 알려진 청성제일학교(민립학교) 터도 아직 못 찾았습니다. 청성산 반월산성 근처로 추정되는데 아직 단서를 발견하지 못했습니다. 포천이 낳은 큰 인물인 동농 선생을 더 널리 알리고, 그분 정신을 되살리기 위해 할 일도 많구요." (홍일표 회장)

| 도움말 주신 분 |

홍을표 동농 이해조 선생 기념사업회장
양윤택 포천문화원 부원장

| 참고자료 |

『동농 이해조선생 기념 심포지엄 자료집』, 2009.
경기문화재단, 『경기문학지도 2』, 2000.
http://www.leehaejoe.org 동농이해조선생 기념사업회 홈페이지
방송대학TV090911.wmv 방송대학TV 강좌(진행 박태상 교수)

02
채산사

답사일 : 2010년 3월 9일

전통과 근대의 십자로에 놓인 사당

포천시 신북면 가채리에 있는 채산사茝山祠는 면암勉庵 최익현崔益鉉(1833~1906)을 모신 사당이다. 도끼상소持斧上疏와 "내 목을 자를지언정 머리는 자르지 못한다(此頭可斷 此髮不可斷).", 그리고 대마도 아사순국餓死殉國으로 유명한 바로 그 면암이다. 면암을 모신 사당은 충청남도 청양군 목면의 모덕사慕德祠를 비롯해 전국적으로 약 스무 곳에 이르고, 관련 유적이 서른 곳이 넘는다. 면암이 위리안치圍離安置되었던 제주도와 유배지인 흑산도는 물론이고 면암이 의병을 일으켰던 전라남북도 일대, 순국한 대마도와 황해도 해주에도 면암을 봉향한 사당이 있다. 하지만 가채리 채산사는 근대의 격랑에 초지일관 온몸으로 맞선 면암이 태어나고, 뜻을 굳힌 곳으로 각별한 의미가 있다.

채산사가 있는 마을은 정확히 말해 가채리 중에서도 최가채리다. 가채리는 세 개 마을로 나뉜다. 상가채리라고도 하는 최가채리, 오장동으로도 부르는 이가채리, 하가채리로도 불리는 조가채리. 각각 세 성씨가 집성촌을 이루기에 붙은 마을 이름이다. 최가채리에는 경주 최 씨慶州 崔氏들이 모여 산다. 채산사는 최가채리 서쪽 산기슭에 있다. 채산사는 면암과 함께 그의 손자 염재念齋 최면식崔勉植(1905~1944)을 함께 봉향하는 사당이다. 염재는 조부의 뜻을 이어받아 독립운동을 하다가 공주감옥에서 얻은 고문 형독刑毒으로 해방을 맞지 못하고 작고했다.

채산사에서 산 쪽으로 조금 더 올라간 곳에 있는 청성사淸城祠는 고운孤雲 최치원崔致遠(858~?)을 모신 사당이다. 고운은 당나라에서도 이름을 떨친 신라 하대의 최고의 석학으로서 한국인이라면 모를 수 없는 역사적 인물이다. 국내 모든 향교에서 배향되는 고운의 사당도 그 발자취를 따라 전국에 분포되어 있다. 하지만 이곳 최가채리와 직접적인 연고는 없다. 그런데도 최가채리 최 씨네들은 1935년 당시 포천군 영중면에 있던 사당을 이곳으로 모셔왔다. 고운은 면암의 27대 조상이기도 하다. 청성사와 채산사의 배치는 신라 하대라는 어지러

채산사 입구

채산사 사당

운 시대를 감당했던 고운이 조선 말기 스러지는 국운에 정면으로 맞섰던 후손 면암과 나라를 위해 헌신한 염재를 내려다보고 있는 형상을 상징하는 듯하다.

채산사는 1906년 현 위치에 창건되었다. 창건 관련 기록은 모두 6 · 25 때 소실되어 당시 규모를 알 길이 없으나 현재 사당은 대지면적 743m^2에 건축면적이 33m^2다. 채산사는 식민지 시대 내내 훼철과 복원을 되풀이하였다. 일본군이 부수면 포천 유림이 힘을 모아 다시 세우고, 시간이 흘러 또 훼손하면 또 세우는 식이었다. 1975년 해체 복원된 사당은 정면 3칸, 측면 2칸 겹처마의 맞배지붕이며 초익공을 두고 좌우측 병에 방풍판을 달았다. 사우는 원형 초석 위에 둥근 기둥圓柱을 세웠고, 입구는 맞배지붕의 소슬삼문으로 사당과는 달리 방형 초석에 모난 기둥方柱를 세웠다. 경기도 지정기념물 제30호인 채산사에 염재를 추배한 해는 1986년이다.

"채산사에 모셔진 면암의 영정은 6 · 25 후 도둑을 맞았습니다. 백방으로 찾았으나 끝내 찾지 못했지요. 원래 면암의 영정은 청양 현감을 지낸 분이 여덟 벌을 그려서 그게 전국으로 나누어졌지요. 그래서 개인이 소장하고 있는 영정을 어렵사리 구해다가 채산사에 봉안했습니다."

(최종규(崔宗圭) 포천 명유회장(明儒會長)의 증언)

채산사 입구의 기둥.
아래 위 나무를 이어붙인 흔적이 뚜렷하다.

경기도 지정 유형문화재 제64호인 청성사는 채산사와 거의 같은 규모다. 다만 건물 측면 폭이 채산사에 비해 한 칸 정도 작다. 내부에 들어가면 그 차이를 확연히 볼 수 있다. 청성사의 모든 부재部材는 영중면에서 옮겨올 때 그대로 가져온 것이라고 한다. 청성사와 채산사의 관리 책임자인 최종규 회장은 "채산사도 훼철과 복원을 되풀이했지만 목재 등 건축 부재는 그 전 것을 살려 썼다. 만약 길이가 맞지 않거나 심하게 상했을 경우에는 새 재료를 이어서 건축했다."고 말했다. 실제로 사당과 입구의 목재를 자세히 보면 최 회장 말대로 덧대어 쓴 흔적이 역력하다. 전통을 어떻게 하든 살려가되 그 전통이 어쩔 수 없이 세월을 이기지 못할 경우 새로운 것으로 기워 받치는 정신을 표상하는 듯하다. 고운과 면암의 정신 또한 그런 식으로 이어져 내려오는 게 아닐까? 최종규 회장은 고운의 31대손이자 면암의 4대손, 염재의 손자다.

초지일관 포천 유림의 정신

"채산사는 포천 선비들이 중심이 되어서 환비 한 푼 안 들이고 전국적으로 성금을 모아 건립했지요. 당시 관련 기록은 6·25 때 모두 소실되었습니다. 광복 후에 윤명보尹明譜 선생이 주동이 돼서 모금한 성금 명단은 남아 있는 거로 압니다."(최종규 회장) 최초의 훼철은 1920년 일본군에 의해 저질러졌다. 이를 포천 유림이 나서서 다시 세웠다. 그러나 일본이 패망 직전 다시 사당을 허물었고, 채산사는 수북이 쌓인 부재 더미 상태로 해방을 맞았다. 48년부터 복원 논의가 본격적으로 이루어져 49년에야 복원할 수 있었다. 사당은 1975년 재복원 사업을 통해 지금의 모습을 갖추었다.

채산사 사당 내부

"진실로 오늘의 화패禍敗이유를 찾는다면 그것은 모두 의부依附 이자二字로 집약된다. 갑오 이래 아당俄黨 일당日黨으로 나누어져 혹 아침에는 아당이던 것이 저녁에는 일당이 되고 혹 아침에는 일당이었던 것이 저녁에는 아당이 되어 한편으로는 아라사에 의부하고 한편으로는 일본에 의부하니

채산사 사당 천장

뒤쪽에서 본 채산사. 앞 마을이 최가채리

이는 모두 한결같은 매국의 길뿐이다. 그러니 군신들 가운데 외국에 의부 하는 자는 모두 시조市朝에 내어 베임으로써 일국을 호령한 다음 서둘러 자강의 계책을 도모하여야만 할 것이다." 면암이 72세 되던 1904년 작성한 '관외대명소闕外待命疏'의 한 구절이다. '자주自主'라는 당대의 시대정신을 이보다 더 명쾌하게 표현하기는 어렵다. 이러한 올곧은 정신을 이어받았기에 포천의 유림들은 강직하고 끈질기게 채산사의 건립과 복원을 되풀이할 수 있었을 것이다.

"포천 유림이 강한 이유요? 우선 '생거포천 사거장단'이란 말이 있지요. 살아서는 포천이 좋고, 죽어서 묻힐 곳은 장단이 최고라는 말인데, 그만큼 포천의 산세가 수려해서 예로부터 유명한 유학자들이 서울에서 가까운 포천에 와서 살았지요. 꼭 포천 출신이 아니더라도 노후를 포천에서 보낸 분도 많고, 묘소를 포천에 쓰고 그 후손이 포천으로 이주한 가문도 적지 않지요. 검증해보지는 않았지만, 포천을 연고지로 한 정승, 판서가 전국에서 제일 많았다는 설도 있습니다. 풍수해도 없고, 인심이 좋아서 포천 사람은 무조건 양반으로 대접하기도 했다니까요." 이만구 포천문화원장은 그러하기에 정통 유맥儒脈이 이어질 수 있었을 것이라고 했다.

면암의 손자 염재는 독립운동에 헌신함으로써 할아버지의 자주정신을 이었다. 면암이 1906년 마지막 남긴 상소遺疏에서 "신이 생각컨대 왜적에게는 반드시 망하고야 말 형세가 있으니 멀어도 수십 년을 더 가지 못할 것입니다."라고 한 예언 같은 말을 염재는 실천으로 옮겼다. 22세 되던 1912년 만주 독립운동 세력과 연계를 맺은 염재는 만주와 국내를 드나들면서 군자금 모금에 주력했다. 1918년 체포되어 2년간 옥살이를 하였고, 31세 되던 1921년에도 만주에서 국내로 잠입하여 독립군 군자금 조달활동을 하다가 체포되어 무기징역을 선고받았다. 공주교도소에서 고문으로 형독을 얻어 출옥한 뒤 1944년 작고할 때까지 아픈 몸으로도 독립운동을 계속하였다. 염재에게는 1980년에야 건국포장, 1990년에 건국훈장 애국장이 추서되었다.

염재 최면식 선생 영정

타고장에서 더 높이 우러르는 고운과 면암

포천 유림은 해마다 9월 11일 채산사에서 제향을 올린다. 청성사도 마찬가지다. 면암의 생가 터 근처에는 비석이 세워졌다. 청성문화체육공원에 면암의 동상이 세워지기도 하였다. 면암숭모사업회는 순국 100주기를 맞아 지난 2009년 면암의 '간찰집'을 발간하였다. 하지만 숭모사업회는 불만이 많다.

"면암은 포천이 낳은 가장 큰 인물입니다. 그러나 포천 사람 가운데도 그 사실을 모르는 사람이 많아 답답합니다. 면암이 충청도로 이주한 게 4세 때고, 22세 되던 해에는 다시 가채리로 돌아오셨지요. 여기서 과거 시험공부를 하셨고, 급제를 하셨지요. 그런데도 충청도 분이라니……" 최종규 회장은 충북 청양의 면암 선생 모시기와 포천을 대비하면 안타깝다고 했다. "면암께서 청양에 머무르신 건 60대 때 불과 4년밖에 안 됩니다. 하지만 청양에서는 성역화 사업을 벌이고 상근직원만 3명입니다. 여기 포천에서는 제향이나 지내고 말지요. 후손으로서 얼굴이 뜨뜻합니다."

최 회장은 고운 최치원을 기리는 데 있어서도 불만이 많다. 중국 양주시가 한국보다 훨씬 고운을 높이 받들기 때문이다. 최 회장은 2003년부터 경주 최 씨 중앙종친회장으로서 해마다 10월이면 양주를 방문해왔다고 한다. "처음 가서 보고 깜짝 놀랐습니다. 고운이 근무하시던 터가 그대로 남아 있고 흉상과 친필을 보관하고 있더군요. 2008년에는 고운 기념관이 근사하게 지어졌고, 고운 선생이 사시던 집은 물론이고 다니던 거리에까지 비석을 세워놓았더군요. 양주대학 한국어과에서 고운과 관련된 웅변대회까지 개최했는데, 그곳 학생들이 당시 역사와 고운 선생에 대해 우리보다 더 잘 알더군요."

염재 선생 공적비. 최가채리 마을 입구에 있다

고운 최치원 영정

면암 최익현은 우리 근대사에서 위정척사파 가운데서도 가장 강직했던 인물로 기록된다. 일각에서는 '개화'와 '자주'라는 당대의 과제 앞에서 오로지 '자주'를 앞세운 구시대 선비의 표상으로만 면암을 평가한다. 하지만 면암의 학문과 이상, 실천궁행의 자세는 당대는 물론이고 현재의 관점에서도 다시 궁구해볼 가치가 있다. '자주'가 바탕이 되지 않는 '세계화'는 사상누각이 분명하기 때문이다. 목숨을 내놓고 지조를 지키는 지도자와 학자가 드문 나라에서 면암의 삶은 지금보다 더 높이 기려져 마땅하다.

| 도움말 주신 분 |

최종규 포천 명유회장
이만구 포천문화원장

| 참고자료 |

채산사, 『면암 최익현 선생 약전』, 『염재 최면식 선생 약전』
청성사, 『고운 최치원 선생 약전』
포천문화원, 『포천의 역사를 찾아 떠나는 문화유적답사』, 2007
경기도, 『경기도 근대문화유산 조사 및 목록화 보고서』, 2004
http://www.pcma.or.kr/ 포천문화원 홈페이지

03
포천 산림생산기술연구소와 광릉숲

답사일 : 2009년 4월 21일

광릉숲과 임업시험장의 역사

광릉숲은 근현대 한국 임업연구의 중심역할을 담당해온 곳이다. 포천군 소흘읍과 내촌면, 남양주시 진접읍과 별내면, 의정부시 민락동과 낙양동 등 3개 시군

산림청 국립산림과학원 산림생산기술연구소 전경

1929년에 설립된 조선총독부 임업시험장 광릉출장소 건물이 있던 자리

에 걸쳐있는 광활한 광릉숲은 500년이 넘게 국가로부터 보호를 받으며 울울창창한 숲을 이루었던 덕에 임업연구의 중심지가 될 수 있었다.

이 숲이 수백 년 동안 보존될 수 있었던 것은 세조의 능이 조성되면서부터이다. 이곳은 1468년부터 세조왕릉인 광릉의 부속림이었다. 세조는 풍수지리상 명지인 이곳을 자신의 능지로 결정하면서 능림 주위에 화소火巢를 설치했다. 화소는 능지의 경계선을 따라 폭 1.8m정도의 도랑을 파고 그 안쪽에 흙으로 둑을 쌓은 것을 말하며 능림의 경계선 및 방화선防火線으로 활용되어 왔다. 왕릉과 진입로 주변에는 매년 소나무, 전나무, 잣나무 등의 어린나무를 옮겨 심었으며 일체의 능림 파괴를 엄금하고 이를 위반한 사람은 엄하게 다스렸다.

조선 시대 460년간 천연림이 잘 보호되어 온 이곳에 조선총독부는 1913년 시험 묘포와 시험지를 설치해 조림, 양묘 등의 임업시험을 시작했다. 광릉시험장이 조림과 이용, 시험 등 임업 전 분야에 걸쳐 사업을 추진하게 된 것은 1929년 포천시 소홀읍 직동리 51번지에 중앙임업시험장 광릉출장소(현 산림생산기술연구소)가 정식으로 설치되고부터이다.

조선총독부 임업시험장 광릉출장소는 1929년 6월5일 창설돼 2,191만 4,145㎡의 시험림(수목원, 묘포, 건물부지 포함)을 관장했다.(관리면적은 조선총독부에서 1945년에 발간한 「조선임업사」에 따른 것이며 1919~1924년까지 6년간 실시한 산림조사 결과가 수록되어 있는 〈산림조사부〉에 의하면 광릉 국유림 면적은 2,372만3,861㎡이다.)

광릉출장소는 1945년 9월에 '미 군정청 조선임업시험장 광릉출장소'로 바뀌었다가 이후 1947년에 '국립중앙임업시험장 광릉출장소'로 개칭되었으며 1961년 폐지되었다. 1962년 다시 부활한 출장소는 1967년 '산림청 임업시험장 중부지장'으로 개편, 1987년 '임업연구원 중부임업시험장'으로 확대개편 되었다가 2004년 1월9일부터 '국립산림과학원 산림생산기술연구소'로 바뀌어 오늘에 이르고 있다. 현재 임업시험장의 면적은 2,240만1,572㎡ 정도이나 그중 국립수목원의 관리로 전환된 면적을 제하면 산림생산기술연구소에서 관장하는 면적은 1,122만2,003㎡이다. 이 면적은 전체 광릉시험림 면적의 47%에 해당하고 나머지 53%는 국립수목원에서 관장하고 있다.

광릉숲은 광주산맥의 지맥에 있으며 동쪽에 죽엽산(해발 600m)과 서북쪽 소리봉과 물푸레봉 등으로 둘러싸여 있다. 숲의 규모는 동서 약 4㎞, 남북 8㎞에 달하며 국유림과 사유림으로 구성되어 있는데 사유림은 국유림의 바깥쪽 띠를 형성하고 있다. 1930년대 이전에는 시험림의 90%가 천연림이고 인공림은 불과 10%에 지나지 않았으나 2002년에 조사된 바에 의하면 천연림이 54.6%로 줄었고 인공림이 45.4%를 차지하고 있다. 임상별 구성비는 침엽수림이 53.4%, 활엽수림이 35%, 혼합림이 11.6%이다. 광릉시험림은 1998년 국제장기생태연구지로 등록되기도 했다.

산림생산기술연구소

1929년 6월5일 조선총독부령 제23호 동 고시 제202에 의거 조선총독부 임업시험장 광릉출장소가 현재 산림생산기술연구소 자리인 포천시 소흘읍 직동리에 설치되었다. 출장소에는 기사 1명, 기수 3명, 고원 · 임업수 · 기타 18명 등 총 22명이 배치되었다. 당시의 출장소 건물은 현재 기계창고가 있는 자리에 세워졌었는데 지금은 헐리고 없다. 현재의 연구소 건물은 1993년에 새로 지어진 것이며 1980년대에 지어진 관사 옆에 있다.

김재원 산림생산기술연구소장은 광릉임업시험장의 역사는 서울의 청량리 임업시험장보다 10년이나 더 오래된 '95년'이라고 말한다. 2003년도에 임업연구원이 〈광릉시험림 90년사〉라는 책을 펴내며 제목에 90년이라고 한 것은 1913년부터 일본인들이 묘포장을 운영했기 때문이라는 것이다. 따라서 이곳이 한국의 근대 임업시험과 연구의 발상지라고 강조했다.

광릉임업시험장은 지난 90여 년 동안 숲을 보호하기 위해 각종 위해 요인과 싸움을 벌여왔다. 조선 시대부터 500여 년간 계속되어온 도벌盜伐과의 싸움은 말할 것도 없고 솔잎혹파리 등의 병충해, 토지소유권을 둘러싼 법적 다툼, 관리시행착오로 인한 환경훼손, 군사시설로의 관리전환 등의 시련을 겪어왔다. 하지만 한국전쟁이라는 최악의 위기 상황에서도 살아남은 숲은 많은 사람의 보이지 않은 노력으로 말미암아 오늘날까지 아름다운 자연환경을 지켜내고 있다.

이 숲은 세조의 능으로 결정되고부터 나무는커녕 풀 한 포기도 베지 못하게 법으로 정해 엄격하게 감시했다. 또한, 나무를 함부로 베어서 이 나라의 산 대부분을 민둥산으로 만들어버린 일제강점기에도 조선총독부가 이곳만은 임업시험장으로 보존한 탓에 제 모습을 잃지 않을 수 있었다.

산림생산기술연구소에서 본 광릉숲

일제는 1924년에 삼림보호감시를 위해 '보호주재소'를 설치하기도 했다. 이곳에는 기수 1명 보호원 5명(일본인 2명, 한국인 3명)과 기타 도 · 남벌 방지를 위하여 5~6명을 추가로 상근시켰다. 남양주군 진접읍 장현3리 장승마을 입구에 주재소 자리가 있었으나 지금은 식당인 '늘봄가든'이 들어서 있다. 노인들은 이곳을 '감수청監樹廳'이라고 불렀다고 한다.

그 후 1950년대에는 소흘읍 직동리, 내촌면 마명리 등지에 4개의 보호구를 설치했으며 1960~1970년대에는 보호구를 6개로 늘려 운영했다. 하지만 큰 비가 내리면 양심 없는 공장주가 불어난 물에 공장폐수를 몰래 흘려보내는 경우가 많았듯이 사회적인 혼란기가 닥치면 어김없이 도 · 남벌이 횡행하고는 했다. 야음을 틈타 도벌단이 광릉시험림에서 베어낸 원목을 트럭에 싣고 아무런 제지도 받지 않으며 훔친 나무를 서울로 실어내곤 했다. 임업시험장 직원들은 기동도벌단속반을 편성해 휴일이건 평일이건 밤낮을 가리지 않고 단속을 펼쳤다. 휴일근무수당, 시간외근무수당은 꿈도 꿀 수 없는 열악한 근무환경 속에서

지난 2003년에 조성한 광릉시험림 90주년 기념동산

도 기동도벌단속반으로 차출되면 겨울밤의 추위와 배고픔을 참으며 밤새 잠복 근무를 했다고 한다. 더욱이 도벌꾼을 검거할 때 순순히 손을 내미는 경우는 한 번도 없어 번번이 격투가 벌어졌으며 때로는 도벌꾼이 휘두르는 흉기에 부상을 당하는가 하면 오히려 도벌꾼들에게 직원들이 납치되어 며칠씩 감금을 당하기도 했다. 이와 같이 숲 지킴이로 맹활약을 했던 보호구들은 1986년과 1987년에 모두 폐쇄됐다.

95년의 역사를 자랑하는 '산림청 국립산림과학원 산림생산기술연구소'에는 현재 총 40여 명의 직원이 근무하고 있다. 시험장에서는 임업의 가장 기본이 되는 산림 조성과 산림을 가꾸는 데 필요한 산림 생산기술 분야의 연구를 담당하고 있으며 임업 생산성 향상을 위한 양묘, 갱신 · 육림, 임업 기계화, 임도 등에 관한 연구업무를 수행하고 있다.

국립수목원

광릉숲은 각종 임업시험을 수행하고 있는 시험림으로 오랫동안 일반인의 출입이 금지되었으나 1980년대에 들어서며 각종 시설이 건립됐다.

1981년 이상희 산림청장은 시험림 내에 수목원을 조성하여 산림에 대한 자연학습장, 산림자료 수집, 보존 및 전시, 유전자 보존 및 연구에 활용할 수 있도록 하라는 지시를 내렸다. 이에 따라 전문수목원, 천연수목원, 난대수종 전시용 온실, 산림자료 전시용 산림박물관 등의 조성계획을 수립해 건립공사에 들어가 1986년 말에 완공하고 1987년 4월 5일 식목일을 기하여 광릉수목원 개원식을 가졌다. 수목원과의 연계사업으로 조각이 있는 숲, 명상의 숲, 체력단련 숲 등을 조성하여 1989년 7월 9일 삼림욕장을 개장했으나 너무 많은 사람이 몰려와 무질서하게 이용한 결과 시험림이 부분적으로 파괴되어 개장 후 9년만인 1997년에 폐쇄했다. 한편 1991년에는 수목원 내에 야생동물원을 개장했으나 이 역시 1997년 폐쇄되었다. 이후 1999년 국립수목원이 신설되어 중부임업시험장에서 관리하던 토지와 임목의 상당 부분이 수목원으로 인계되었다.

현재 수목원은 전문수목원, 전시림, 천연수목원으로 대별하여 조성되어 있으며 산림박물관 등의 시설이 들어서 있다. 또한, 산림생물연구의 기초가 되는 표본의 수집 · 보존과 연구를 위해 2003년 산림생물표본관을 건립했다. 전문수목원은 100*ha*에 식물의 생육특성과 용도에 따라 15개 전문수목원으로 세분하여 조성되어 있다. 또 50*ha* 규모의 전시림에는 백합나무, 루브라참나무 등을 위시하여 42종이 식재되어 있다.

천연수목원은 예전에는 400*ha* 규모였으나 국립수목원으로 확대개편 되면서 244*ha*가 늘어나 644*ha*가 되었고 서어나무, 참나무류, 까치박달나무 등이 주요 수종으로 구성돼 온대중부지방의 대표적 활엽수림의 극성상을 이루고 있다. 이 지역은 1929년 광릉출장소 당시부터 학술보존림으로 지정되어 오늘에 이르

산림생산기술연구소 관사

기까지 잘 보전되고 있다.

한편 국립수목원 총면적은 1,112*ha*(2003년 기준, 일반 토지 제외)이며 일반인의 관람은 예약자만을 입장시키고 있다.

| 도움말 주신 분 |

양윤택 포천문화원 부원장
김재원 산림생산연구소장

| 참고자료 |

포천군지편찬위원회, 『포천군지』, 1984
『경기도 근대문화유산 조사 및 목록화 보고서』, 2004
『광릉시험림 90년사』, 임업연구원, 2003
『우리고장 남양주』, 남양주문화원, 1999

04
포천의 한국전쟁 관련 유적

답사일 : 2009년 4월 20일

포천에서는 전쟁의 역사가 여름날 무성한 들풀처럼 발목을 휘감는다. 저녁을 먹고 마을 안길로 어슬렁어슬렁 걸어 나온 산책길에서, 차를 타고 가다 무심히 내다본 차창 밖에서, 아이들 손을 잡고 바람을 쐬러 나온 나들잇길에서 역사는 새삼스럽게 자신의 존재를 드러낸다. 비포장 길에서 차가 지나간 뒤 먼지가 날리듯 역사는 그렇게 묵은 기억 속에서 떠올랐다가 다시 일상 속으로 가라앉는다.

경기도 북부에 위치한 포천시는 해방과 함께 북한에 속했다가 한국전쟁으

한국전쟁이 발발하기 전에 국군이 철근 콘크리트로 만들었던 4개의 진지 중 유일하게 남아있는 기지리 방어진지

로 수복된 일부 지역을 포함하고 있다. 38선을 두고 남북이 대치했던 곳인 만큼 이곳에는 전쟁과 관련된 유적이 많다.

기지리 방어진지

포천의 중심 시가지인 포천동에서 43번 국도를 타고 북쪽으로 가다 보면 도로변 산기슭의 낮은 구릉에 묘지처럼 솟아있는 오래된 군용 벙커를 만나게 된다. 한국전쟁이 발발하기 전, 한국군이 철근 콘크리트로 만들었던 4개의 진지 중 유일하게 남아있는 기지리 방어진지다. 행정구역상으로는 포천시 신북면 기지리 산44번지, 천주산 북록이다.

진지 상부에 흙이 쌓여 나무가 자라고 있다

대공 방호가 된 반지하 형태의 이 진지는 '케이펍'이라는 폐쇄된 공장 바로 옆, 천주산天柱山(424m) 북쪽 자락 산모퉁이를 돌아가는 곳에 있어 눈에 잘 띄지 않는다. 토치카에는 43번 도로와 넓은 저지대를 향해 총안구銃眼口(사격을 하기 위한 구멍)가 여러 개 나 있는데 그 구멍을 통해 포천천과 벌판 등의 인근 지형이 한눈에 내려다보인다.

약 1개 분대 정도가 들어갈 수 있는 크기의 진지는 전체적으로 원형이고 뒤쪽에 나 있는 참호로 출입하게 되어있다.

한국전쟁 중 북한군의 중화기 공격으로 벙커에는 여러 개의 구멍이 나있다

출입구에는 방어벽이 조성되어 있다. 대부분 진지에는 뒤편으로 교통호가 연결되어 있는데 이곳에는 그런 흔적이 보이지 않는다. 벽면과 천장에는 중화기로 인한 커다란 구멍이 여러 곳 뚫려있으며 콘크리트가 깨져 철근이 외부로 드러나 있는 상태이다. 내부는 토사로 1m 정도 묻혀있으며 기단높이는 3.17m, 높이는 2m, 내부면적은 13㎡이다. 주변에는 예쁜 들꽃들이 자라고 있어 전쟁의 상흔을 안고 있는 벙커와 묘한 대조를 이룬다.

조사 당시 진지 내부에는 누군가 제사를 지낸 듯 비닐깔개 위에 돼지머리와 음식이 놓여있었다. 이곳에서는 아무런 공식행사가 열리지 않는 것으로 보아 누군가가 개인적으로 한국전쟁 때 희생된 호국영령을 위로하기 위해 제를 올린 듯했다.

포천군지의 기록에 의하면 이 진지는 1948년 10월에 한국군이 구축한 4개의 진지 중 유일하게 남은 것이라고 한다. 국방부가 펴낸 『호국전몰용사공훈록 8』은 당시 한국군의 38선 부근 진지구축상황이 몹시 열악했음을 보여주고 있

방어진지 뒤쪽에 나있는 출입구

다. 1949년 초 38도선 경비임무가 전환될 때, 국군이 미군으로부터 인수한 진지라고는 남북으로 왕래하는 사람이나 교통을 통제하기 위하여 간선도로변에 설치한 경비초소뿐이었다. 전술적 목적의 방어진지라고는 하나도 없었고, 시설이라야 퀀셋 건물이 고작이었다는 것이다. 이러한 상황에서 국군에 의한 38도선 방어진지 구축공사가 시작되었으나, 전초진지 구축은 북한군 38경비대의 무력도발과 축성자재 지원 부족으로 인하여 계획대로 추진될 수 없었다. 따라서 전쟁이 발발하기 전까지 전방 방어 진지들은 적의 곡사화기에 대항해 병력과 장비를 보호할 수 있는 시설을 갖추지 못했다고 기술하고 있다.

이와 같은 점으로 미루어 볼 때 기지리 방어진지는 상당히 예외적인 벙커였음을 알 수 있다. 포천지역은 서울의 관문과도 같은 중요한 지역으로서 피아간에 중요한 지역이었으므로 방어진지 구축에 더 많은 공을 들였을 수도 있다. 포천에 배치되었던 7사단 제9연대(연대장 윤춘근 중령)는 1950년 봄철부터 진지공사를 추진해 추동리-양문리 간에 경계진지를 구축하고, 천주산과 가랑산 사이에 주진지를 구축하여 방어태세를 갖췄다. 기지리 방어진지는 포천을 사수하는 길목의 주요 진지였던 것이다.

9연대는 사직리(기산리 동북쪽 5km)에서 추동리(포천 서북쪽 11km)까지 26km나

되는 방어선을 펼쳤다. 전쟁이 터지자 불과 3,400명으로 북한의 1개 사단과 1개 기갑연대를 맞아 탄약이 떨어져 진지를 수호할 수 없을 때까지 치열한 전투를 벌였다. 하지만 소련제 T-34 전차를 앞세운 북한군의 공격을 저지할 수는 없었다. 당시 국군이 보유한 57밀리 대전차포나 2.36인치 로켓은 성능이 약하여 정상적인 공격으로는 북한군의 T-34 전차를 파괴할 수 없었다. 결국 제9연대는 중과부적으로 전투력을 거의 상실하고 제1대대만이 겨우 잔여 병력을 수습하여 태릉으로 후퇴했다. 포천에서 38선을 넘어 적의 공격이 개시된 6월 25일 아침부터 27일 이른 아침 의정부의 백석천 저지선까지의 전투 중에 총 1,700여 명이 전사했다.

북한군 전차포 등의 중화기 공격에도 용케 살아남은 기지리 방어진지는 지난 반세기 동안 버려진 채 방치돼왔다. 간혹 호기심 많은 마을 꼬마들만이 이곳을 놀이터 삼아 찾았을 것이다. 최근에 와서 시에서 진지 주변에 철제 보호책을 둘러 보호하고 있으나 관람을 위한 제반 조건은 전무하다. 진지 상부에는 흙이 쌓여 나무가 자라고 있고 벙커 천장에 구멍도 나 있는 상태여서 나무뿌리로 인한 훼손이 심해질 것으로 보인다. 전반적인 보존정비가 필요하다.

포천문화원 양윤택 부원장은 "당시에는 군대의 물자가 변변치 않아서 대개 흙을 파고 진지구축을 하던 형편이었는데 콘크리트로 두껍게 지은 것으로 봐서 상당히 공을 들였던 곳으로 보입니다. 더구나 지금 남아있는 방어진지는 그곳 하나뿐인데 오랫동안 방치되다시피 했어요. 최근 들어 시에서 관리를 한다고는 하지만 변변한 안내시설도 없는 형편입니다. 포화에 부분적으로 깨지긴 했지만 전체적으로 양호하게 남아있는 한국전쟁 유적이니 관리나 활용에 대한 대책이 필요합니다."라고 말했다.

이동면 도평리 수복기념탑都坪里 收復紀念塔**과 삼팔교**三八橋

해방과 동시에 포천은 남북으로 갈리고 말았다. 포천의 북쪽 우측 끝에 위치한 이동면은 38선 이북으로 북한 치하에 들어가 철원군에 소속되었다가 한국전쟁 때 잃었던 땅을 되찾아 1954년 11월 17일 수복지구 임시조치법에 의거 포천군 이동면으로 회복되었다.

오늘날 막걸리와 갈비로 유명한 포천시 이동면에는 이곳이 한때 북한 치하였다는 것을 알려주는 탑이 하나 있다. 47번 국도를 따라 북상하다 보면 우측에 도평1리가 나타난다. 진입로를 따라 마을 안쪽으로 들어가면 사거리 한가운데에 도평리 수복기념탑(이동면 도평1리 197-2)이 있다.

이 탑은 전쟁으로 잃었던 땅을 다시 찾은 것을 기념하는 탑으로 미8군 단장 카터비 중장과 육군 제5군단장 최영희 중장이 공동으로 건립했다. 탑의 기단 높이는 1.3m, 높이는 1.9m이고 기단은 사각으로 되어있어 각 면에 건립연원, 비문을 새겨 넣었다. 탑신은 자연석인데 앞뒤로 '收復紀念塔'이라는 이승만 전 대통령의 휘호를 조각해 넣었다. 1954년 10월 15일 탑 제막식에는 이승만 전 대통령이 참석하기도 했다. 이후 관리하는 사람이 없어 방치되었다가 전적기념물로 지정되면서 행정기관에서 관리하게 되었다.

한편 38선 남측의 일동면과 북측의 이동면 사이에 삼팔교三八橋라는 다리가 있는데 이 다리는 분단의 비극을 상징적으로 보여주고 있다. 해방 직후의 삼팔선은 말이 분단선이지 철조망이나 철벽이 있는 것도 아니어서 마을 사람들에게는 실감할 수 없는 경계선이었다. 사람들은 서로 왕래했고 제사 때나 잔치에도 아무런 거리낌 없이 오고 갔다. 그런데 남북의 화폐가 통용되지 않음으로써 처음으로 불편이 생기기 시작했다. 그 후 일동면과 이동면 사람들은 생활필

방어진지 내부모습

수품을 구하기 위해 서울과 평양까지 가야 하는 불편을 해소하기 위해 서로 물물교환을 시작했다. 이동에서 생산되는 농산물과 우유는 일동의 포목, 해물과 교환되었다. 또 소장사들이 밤에 이동면으로 가서 소를 사 가지고 새벽에 돌아

진지 천장에도 구멍이 나있다

누군가가 제사를 지낸 듯 비닐깔개 위에 돼지머리와 음식이 놓여있다

오기도 했다. 한때 삼팔교는 남북의 물물교환장이 되어 성시를 이루기도 했다.

하지만 1948년 정부 수립을 전후하여 남북의 정부는 38선을 통한 게릴라 침투와 민간인의 월경을 막기 위해 경비초소를 강화했다. 남북의 군사적 대치가 점차 격화되고 경계가 삼엄해져가자 오랫동안 이웃으로 살아온 남촌과 북촌 사람들도 긴장할 수밖에 없었다.

한번은 이북의 소가 고삐를 끊고 내를 건너 월남한 적이 있었는데 이남 사람들이 누구네 소인지 알아보고 어떻게 하면 좋으냐고 의논이 분분했다. 예전 같으면 고삐를 잡아끌어 주인집에 데려다주면 됐으나 대낮에 38선을 넘을 수 없게 됐기 때문이다. 그러던 중 한 노인이 소를 끌고 가서 냇가에 세우고 여러 사람이 고함을 치며 몽둥이로 때려 쫓으면 내를 건너갈 것이라고 해 소가 다시 북으로 돌아간 일도 있었다.

영평천 위에 가로걸린 삼팔교는 원래 평촌교平村橋라는 이름이었으나 전쟁 후 이동면을 수복하면서 당시 분단의 아픔을 기억하는 의미에서 삼팔교로 불리고 있다. 삼팔교는 1970년대에 철근콘크리트 교량으로 다시 지어졌다.

자일리 수복기념탑

포천은 1945년 북위 38도선으로 남북이 나뉘면서 청산青山 · 창수蒼水 · 영중永中 · 영북永北 · 이동二東 · 일동一東면의 일부 지역이 북한 치하로 들어갔다. 이후 한국전쟁이 끝난 1954년 10월 21일 법률 제350호로 "수복지구임시행정조치법"이 시행됨에 따라 관내 12면 88개 리가 완전 수복되었다.

영북면 자일리 역시 1954년 3월 27일 국군에 의해 수복되었고 이를 기념하기 위해 이듬해인 1955년 8월 25일 자일리 511번지에 수복기념탑을 건립했다. 현재 509-1번지 43번 국도가 세 갈래로 갈라지는 지점에 있는 수복기념탑은 2000년 도로확장공사로 인해 옮겨온 것이다. 이곳은 과거에는 노송老松이 꽉 차있어 송정리松亭里라고도 불리던 곳으로 철원군과의 경계여서 도계공원을 조성해 놓았다.

건립은 제1209야전공병단 121대대에서 하였고, 당시 제5군단장 최영희 장군을 위시하여 수도군단장 · 제2사단장 · 제5사단장 · 제21사단장 · 포천군수 · 김태현 씨 등이 기념탑 건립에 기여했다.

8각의 3단 기단 위에 기념탑을 조성했는데 사각기단은 높이 1.3m로 각 면에 탑 조성에 기여한 사람들의 성명, 설립 연원을 기록하고 있으며 탑의 높이는 2.9m이다. 탑신은 자연석으로 이루어져 있으며 전 · 후면에 이승만 전 대통령의 휘호로 '收復紀念塔'이라는 글자가 새겨져 있다.

산정호수와 김일성 별장

산꼭대기에 우물처럼 고여 있다고 해서 산정山井이라 이름 붙여진 산정호수는 1925년 조선총독부가 농업용수로 이용하기 위해 축조한 저수지다. 포천지역에 관개용수를 공급하기 위해 명성산 줄기의 골짜기를 막고 산을 깎아서 저수지로 만든 것이다. 영북면 산정리에 위치한 이 호수는 면적이 257,852㎡에 이르고 최고 수심은 23.5m이다. 호수를 둘러싼 해발 993m의 명성산과 망무봉, 망봉산의 봉우리가 호수에 비칠 때의 경치가 아름답고 주변 경관이 빼어나 1977년 3월에 국민관광지로 지정되었다. 암반으로 일정량 이상의 물이 흘러내리지 않게 만들어 수문을 열어도 바닥이 보이는 일이 없다는 호수답게 가뭄에도 물이 많이 줄지는 않는다. 봄에는 꽃, 여름에는 호수와 계곡의 물, 가을에는 산책로 단풍과 명성산 억새, 겨울에는 빙판과 설경 등 계절별 볼거리가 뚜렷하다.

이 산정호수에는 김일성과 관련된 얘기가 많다. 포천의 북쪽에 위치한 이곳은 한국전쟁 전에는 북한 치하에 놓였었고 38선을 경계로 북쪽의 최전선이었기에 그럴 것이다. 그중에서 가장 널리 알려져 있는 것은 김일성의 별장이 있었다는 얘기다. 기암괴석과 아름다운 호수가 어우러져 장관을 펼쳐내고 있으니 김일성의 별장이 있었을 법하다. 산정호수의 조각공원에서 서쪽 구름다리가 있는 곳으로 산책로를 따라 15분 정도 걸으면 한국전쟁 전까지 김일성 별장이 있었다는 곳이 나온다. 별장 건물은 사라지고 식당이 하나 있는데 김일성 별장 터에 지었다고 이름이 별장식당이다.

강원도 고성 화진포에 있는 김일성 별장은 공식적으로 확인되었지만, 산정호수의 김일성 별장은 소문만 무성할 뿐 아직 진위가 확인된 바 없다. 산정호수의 상인들도 별장이 있었는지에 대해 알지 못한다. 하지만 호수 뒤에 그림처럼 펼쳐진 명성산의 전설에도 김일성에 대한 소문이 따라붙을 정도로 별장은 유명하다. 근거를 확인하지 못한 소문은 사실보다 더 사실같이 사람들의 입을 타고 돌아다닌다. '울 명鳴'자에 '소리 성聲'자를 써 '울음산'으로도 불리는 명

진지 내부 한쪽에는 흙이 천장에 닿을 만큼 쌓여있다.

성산에는 부하 왕건에게 패한 궁예가 산기슭에서 터뜨린 통곡이 산천을 울렸다는 전설이 어려 있고 신라의 마지막 왕자 마의태자가 망국의 한을 가슴에 품고 눈물을 흘렸다는 얘기도 전해온다. 이 아름다운 산의 전설은 한국전으로도 이어진다. 산정호수에 김일성 별장이 남아 있었는데, 이곳을 잃고 그 역시 진한 눈물을 흘렸다는 눈물의 릴레이 전설이다.

이와 관련한 또 하나의 그럴듯한 소문은 강원도 철원의 향토사학자 김영규 씨가 발표한 「1950년 6월 24일(부제: 아직도 끝나지 않은 전쟁)」이란 논문에 나온다. 논문은 철원에 거주하는 12명의 노인들의 증언을 조사해 전쟁으로 잃어버린 철원지역의 현대사를 재구성한 것이다. 이 논문에는 6 · 25전쟁 발발 직전 철원지역에서 북한의 전면 남침 의도를 예견할 수 있는 정황증거들이 포착됐었다는 주장이 담겨있다. 김 씨는 산정호수 김일성 별장에서 인민군 수뇌들이 모여 남침계획을 숙의했다는 '회합설'이 철원에 파다하게 퍼졌던 사실 등을 전쟁준비의 정황증거로 제시하고 있다.

기지리 방어진지 측면

마을이 38선 이북에 위치해 해방과 동시에 북한 치하에 들어갔다가 한국전쟁으로 수복한 것을 기념하는 도평리 수복기념탑

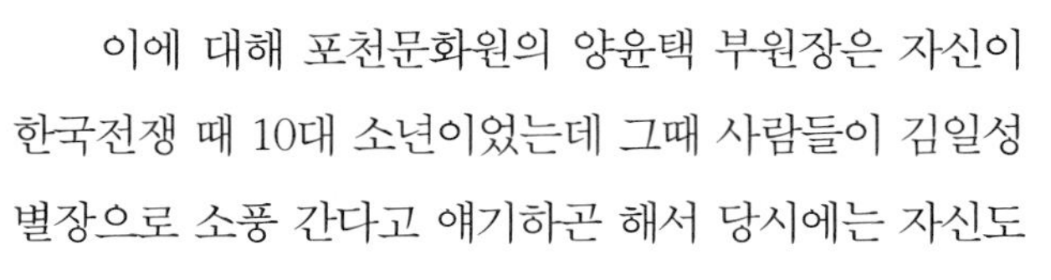

이에 대해 포천문화원의 양윤택 부원장은 자신이 한국전쟁 때 10대 소년이었는데 그때 사람들이 김일성 별장으로 소풍 간다고 얘기하곤 해서 당시에는 자신도 산정호수에 별장이 있었음을 믿었다고 했다. 그때는 산정리의 호수가 산정호수라는 말보다 김일성 별장으로 더 유명했다는 것이다. 하지만 나중에 자신이 조사해본 바로는 김일성 별장은 허구라는 것이다. 양 부원장은 애초에 별장 터도 없었고 건축공사를 시작하지도 못했다고 잘라 말했다. 그는 별장설이 왜 나왔는지에 대해 다음과 같이 말했다.

"산정리에서 이동면 쪽으로 넘어가는 고개가 여우고개인데 북측에서 전쟁 전에 남침준비의 일환으로 길을 냈어요. 그때 김일성이 직접 나와서 남침준비를 독려했지요. 김일성이 여우고개 위에 올라가서 산정호수 쪽을 내려다보니까 경치가 너무 좋아서 '여기다 별장 하나 만들었으면 좋겠다'고 했다는 거예요. 그 말이 나중에 별장이 있었다는 것으로 와전됐지요. 별장은 고사하고 여우고개의 길도 완성이 안 된 상태에서 남침을 감행했어요."

김영규 씨도 논문에서 철원~포천을 잇는 승일교, 운천~이동으로 연결되는 여우고개 도로, 철원~연천~전곡으로 통하는 철연도로 등이 모두 1948년 전후하여 집중적으로 건설되기 시작했다고 주장하고 있어 여우고개 도로공사와 관련해서는 두 사람의 주장이 일치한다. 여우고개는 옛날에 여우가 사람으로 변신했다가 다시 여우로 둔갑했다는 전설이 붙은 곳이라 김일성의 별장설도 꼬리 아홉 개의 여우처럼 둔갑을 하는 듯하다.

하지만 별장설의 진위가 어떻든 김일성이 전쟁준비를 위해 산정호수에 왔었다는 것은 사실인 듯하다. 전쟁준비 독려차 왔으니 수행했던 군 수뇌들과 작전회의도 했을 것이다. 경치가 좋은 곳이니 며칠 묵어갔는지도 모를 일이다. 아무튼 별장은 없어도 사람들은 별장을 만나러 산정호수에 간다. 관광객이 연간 100만 명을 넘으니 별장설은 누이 좋고 매부 좋은 관광상품이 된 셈이다.

활용 방안

포천에는 위에서 언급한 유적지 외에도 한국전쟁과 관련한 많은 유적지들이 산재해 있다. 하루 동안에는 다 돌아보기도 어려울 정도다.

고 문도원 중령 외 418위의 영령을 추모하는 '현충탑'(군내면 하성북리 산106), 6·25참전유공자들의 공적을 기리고 산화한 영령들의 넋을 추모하는 '6·25참전유공자 기념비'(영중면 양문리 920-22), 타일랜드군의 참전을 기념하며 1,296명의 전몰용사의 넋을 기리기 위하여 건립한 '타일랜드 참전기념비'(영북면 문암리 24-

2), 육사생도 1기 312명과 생도 2기 330명의 6 · 25참전을 기념하고 용감히 싸우다 산화한 영령들을 추모하기 위하여 건립한 '육사생도 6 · 25참전 기념비'(가산면 우금리 산 89-1), 유격대를 조직해 군번 없이 싸웠던 반공애국청년 63명의 공훈과 전사한 16명의 넋을 기리는 '독수리 유격대 전적비'(이동면 노곡2리 산146) 등의 많은 기념비와 충혼탑이 포천 각 지역에 흩어져 있다.

방치되고 있는 기지리 방어진지를 등록문화재로 지정, 각 지역의 현충시설과 연계해 견학코스를 개발하는 방안을 생각해 볼 수 있다.

| 도움말 주신 분 |

양윤택 포천문화원 부원장

| 참고자료 |

포천군지편찬위원회, 『포천군지』, 1984
『경기도 근대문화유산 조사 및 목록화 보고서』, 2004
『호국전몰용사공훈록 8』, 국방부, 1998
국방부 전사편찬위원회, 『한국전쟁사』제3권, 1970
국가기록원 http://contents.archives.go.kr

29부

하남

01
하남 가나안 농군학교

답사일 : 2009년 9월 22일

황무지에 세운 농군사관학교

하남시 풍산동 산 52-2 제1가나안농군학교 교정에서 가장 오래된 건물은 본관

제1가나안농군학교 본관 정면

이다. 담쟁이덩굴이 외벽을 덮고 있는 본관은 가나안농군학교의 설립자 일가 김용기一家 金容基 장로가 1954년 11월 17일 개척의 첫 삽을 꽂았던 장소이기도 하다. 김 장로는 이듬해 봄부터 흙벽돌을 손수 찍어 이 집을 지었다. 1955년 12월 5일 건평 80평 규모로 완공된 집은 처음에는 김 장로 가족의 살림집이었다가 후에 학교본부로 사용되고 있다. 건물 벽 안내판에는 이 집의 간략한 역사가 새겨져 있는데, 이런 구절이 눈에 띈다. '가나안 개척의 산물로 영구히 보전해야 할 값진 집이다.'

그러나 55년 역사를 지닌 하남 제1가나안농군학교는 영구보전은커녕 곧 사라질 지도 모르는 처지에 몰려 있다. 풍산동 일대가 미사지구 보금자리주택단지에 포함되었기 때문이다. 한국 근현대사의 소용돌이 속에서도 김용기 장로가 땀과 눈물로 일구어낸 자취들과 진정한 농군 정신을 계승하여 교육하는 장으로서 이곳 가나안농군학교가 걸어온 길이 개발의 논리 앞에서 한순간에 사라질 판이다. 미사지구 보금자리주택은 2009년 9월 말 현재 분양계획까지 발표된 상태다.

제1가나안농군학교에는 본관 건물 외에도 가나안 개척의 정신을 보여주는 건물들이 여럿 있다. 우선 1960년에 지어진 '생활관 2호'를 보자. 건평 40평 규모인 이 건물은 원래 축산으로 잘 사는 농촌을 만들어야 한다는 일가 선생의 뜻에 따라 앙고라토끼 3천 마리를 키우기 위한 양토장養兎場으로 세워졌다. 이 역시 선생과 그 가족들이 손수 흙벽돌로 지었다. 후일 외벽을 붉은 벽돌로 보완하였고, 현재는 생활관으로 쓰인다.

같은 해에 양계장으로 지어진 현 교육관도 마찬가지다. 120평 규모인 이 건물은 산란계 3천 마리를 기르던 곳이나 1969년 이후 우여곡절 끝에 교육장이 되었다. '생활관 1호'는 1964년에 지어졌다. 이 역시 두께가 한 자나 되는 흙벽돌집인데, 천장에는 톱밥을 넣어 추위와 더위에 견딜 수 있는 이상적 건물로 설계되었다. 건평 80평인 이 건물도 교육생 숙소다.

영양실(식당) 건물은 육군2군사령부가 지어서 헌납했다. 가나안농군학교는 일찍이 정신교육은 누구에게나 필요하다고 보고 군인들도 교육시켰다. 2군 사령관은 정신전력 강화훈련의 일환으로 이곳에서 교육을 받게 한 사병들의 정신과 생활이 크게 달라진데 탄복하여, 1975년 건평 80평 규모인 식당을 지어 학교에 기증하였다. '복민기념관' 또한 고합그룹 장치혁 회장과 뜻있는 교육생들이 후원금을 모아 지은 건물이다. 1971년 건립된 이 건물은 애초에는 가나안농군학교와 관련 있는 목사, 원로들의 휴양관으로 사용되다가 현재는 일가 선생의 자취를 기리는 기념관 겸 교육생 생활관, 주택 등으로 사용되고 있다.

본관 앞 개척종. 포스코에서 기증한 종

2007년에는 POSCO 광양제철소 직원들이 훌륭한 교육에 감사하는 뜻으로 본관 앞에 '개척종'을 만들어 기증했다. 가나안농군학교는 개척 당시부터 새벽 4시면 어김없이 종을 쳐서 모든 가족과 교육생을 깨우는 전통이 있다. 그런데 밥풀 한 톨을 낭비하지 않는 일가 선생의 뜻에 따라 종조차도 다 쓴 산소통을

예전 개척종. 다 쓴 산소통을 종으로 활용한 것이다.

가나안농군학교의 대표적 구절이 새겨진 표석

매달아 재활용해왔다. 이 산소통 종은 50년 넘는 세월이 흐르는 사이 두 차례나 깨져버렸다. 이 사실을 안 포스코 직원들이 자신들 제철소에서 생산되는 쇠로 종을 만들어 헌납한 것이다. 새 개척종 옆에는 전에 쓰던 산소통 종이 그대로 매달려 있다. 예전에 깨진 산소통 두 개는 복민기념관에 전시되어 있다. 학교 내 울타리에 같이 있는 가나안교회 예배당 두 곳도 각각 1959년과 1967년에 세워졌다.

이처럼 10여 개에 이르는 제1가나안농군학교 내 건물들은 제각기 사연을

본관 측면

농군학교 운동장

안고 있을 뿐만 아니라 현재도 연간 6,000~7,000명에 이르는 교육생들에게 '복민사상福民思想'을 몸으로 체득하게 해주는 장소로서 여전히 제 몫을 하고 있다. 지난 50여 년간 70만 명에 이르는 각계각층 사람들이 이곳 가나안농군학교에서 진정한 농군정신을 배워 갔다. 학교가 보금자리주택단지로 수용되면 그들이 여기서 흘린 눈물과 땀 또한 잊힐 가능성이 크다.

시대의 문제를 껴안은 농군학교

가나안농군학교의 교육과정은 성인반과 청소년반으로 나뉜다. 성인반은 4가지 코스가 있다. 1박, 1박 2일, 2박 3일, 3박 4일 과정이다. 주로 단체 중심이지만 개인도 등록할 수 있다. 청소년반은 방학기간 중 2박 3일 코스로 진행된다. 교육방침은 첫째, 효 사상을 바탕으로 정신적 자세 확립과 절제 있는 생활, 심신단련과 정신력 강화를 통해 인생관 생활관을 세우는 정신교육, 둘째, 규율 있는 단체생활을 통해 상부상조하는 자율적 인격 형성을 도모하는 공동체 교육, 배

우는 이들과 가르치는 이들이 인격적으로 만남으로써 지식과 행동을 일치시키는 전인교육, 급속한 사회 변화에 적응하도록 새로운 인생관을 정립하고 생활화시켜 사회지도자를 길러내는 지도자 교육으로 정해져 있다.

최근 다녀간 기업의 명단만 봐도 얼마나 다양한 분야의 교육생들이 거쳐 갔는지 알 수 있다. 우선 서울시, 인천시, 횡성군, 거제시 등 관공서, 포스코, 무역협회, 농촌공사 등 공기업, 현대자동차, 삼성전자, 대한항공 등 기업체, 우리은행, 농협중앙회, 대우증권 등 금융기관, 국민일보 등 언론기관, 삼성의료원, 양평길병원, 천안의료원 등 의료기관, 전남농업기술원, 함평군농업경영인연합회 등 농업계, 연세대, 한양대, 경인대 등 학교, 육군본부, 공군본부, 해병대사령부 등 군부대, 전국 각지의 교회, 체육인, 연예인, 탈북자 등 한국의 각계각층이 교육을 받았다. 지난 50년간 교육생을 합하면 웬만한 기관, 단체는 거의 망라될 듯하다.

이들이 받는 교육의 기본은 복민사상福民思想이다. 복민사상은 일가 김용기 장로가 정립한 사상으로서, 그 기원은 1930년대로 거슬러 올라간다. 복민사상을 문자 그대로 해석하면, '복음에 따라서 사는, 복 받은/받고 있는/받을 하나님의 백성의 삶을 말하는 사상'이다. 복민사상은 특히 실천을 앞세우는 사상인데, 일가는 그 모범을 보여준 분이다. 일가는 노동의 중요성을 한마디로 요약했다. "일하기 싫으면 먹지도 마라."

그는 근검절약을 철저하게 실천했다. 예를 들어 밥은 한 알을 남겨도 안 되고 반찬을 남겨도 안 되었다. 옷도 중국 인민군 옷 같은 복장 하나로 일할 때나 예배할 때나 통일을 하였으며, 신발은 고무신이나 겨울에는 싼 털신 같은 것을 신었다. 치약은 3mm 이상을 짜서는 안 되고 비누도 3번만 문지르고 세수를 하도록 하였다. 기독교의 영성과 이러한 근면, 근검의 정신이 복민사상의 요체다. 복민사상은 지난 근대화 시기 농촌 개혁과 새마을 정신의 근간을 제공했다.

교육관

"학교가 처음 문을 열 때는 농군을 길러내는 사관학교라는 의미를 가졌습니다. 육지에는 육군이 있고, 바다에는 해군이, 하늘에는 공군이 있다면, 농토에는 농군農軍이 있어서 빈곤과 기아를 막아내야 한다는 것이 설립자님의 뜻이었지요. 따라서 초기에는 농사기술을 전수하는 교육도 했습니다. 하지만 지금은 농사실습이 주는 아닙니다. 2박 3일 과정에서 한 강좌 2시간 정도 실습을 합니다. 땀 흘려 농사짓는 의미를 체득하자는 취지이지요. 농사실습보다는 정신교육과 생활교육 비중이 갈수록 늘어났다고 할 수 있습니다. 이렇게 바뀐 이유는 산업화가 진전되면서 실제 농사보다는 농군의 정신을 배우는 데 중점을 두자는 취지입니다. 교육 정신과 목표는 같지만, 교육방식은 시대에 발맞추어 변했다고 할 수 있지요."(김천명 제1가나안농군학교 기획실장)

김용기 장로가 이곳 풍산동(당시 지번은 광주군 동부면 풍산리 황산) 황무지 1만여 평을 사들여 '가나안 농장' 건설에 착수한 것은 1954년이지만, 가나안농군학

세면장

교가 문을 연 것은 1962년 2월 1일이다. 농군학교는 개척의 경험을 토대로 인근 농민 32명을 교육하여 제1회 졸업생을 배출했다. 이후 가나안농군학교는 홍보를 전혀 하지 않았지만 입에서 입으로 전해진 소문으로 교육을 받고자 하는 사람들이 전국에서 몰려들었다.

김용기 장로는 그러한 공로로 1966년 '막사이사이상 사회공익부문'을 수상했다. 농민의 사관학교는 1971년 100기 졸업생을 배출했다. 1973년에는 강원도 원성군 신림면 용암리 치악산 중턱 돌산 15만 평을 개간하여 제2가나안농군학교를 개교하였다. 김용기 장로는 1988년 80세를 일기로 소천하였으나 그 후손들은 유지를 이어받아 지금까지 농군 사관학교의 정신을 이어가고 있다.

현재 제1가나안농군학교에서는 새터민(탈북자) 관련 일도 한다. 본관 건물 교무실 옆에는 '평화통일 탈북인 연합회'와 관련된 업무를 하는 사무실이 있다. 새터민 사업은 현 교장인 김평일 교장이 시작했다. 새터민 교육기관인 하나원 소속 새터민들이 가나안농군학교에서 교육을 받은 인연을 이어가고 있는 것이다. "평화통일 탈북인 연합회 회원이 3천 명 정도 됩니다. 국내 탈북자 관련 단체로는 가장 크지요. 연합회 소속으로 축구단과 예술단이 있습니다. 해마다 추석과 송년 때 여기서 모여 운동회도 하고 모임을 가집니다. 우리 학교는 장소와 필요한 지원만 하고 프로그램은 연합회에서 직접 꾸려 갑니다." 김천명 기획실장의 설명은 시대에 따라 필요한 교육과 사업을 꾸준히 개척해온 '가나안 정신'을 잘 보여준다.

일가 김용기 장로의 삶

1966년 막사이사이상 수상자로 선정되었다는 소식을 들은 김용기 장로는 동대문시장을 찾아가 고운 삼베 두 필을 끊었다. 필리핀 수상식장에 입고 갈 옷을 짓기 위해서였다. 그러나 삼베로 양복을 만들어줄 양복점을 찾기 어려웠다. 하루 종일 뒤진 끝에 한 집을 찾아냈다. 김 장로는 이 삼베 양복에 고무신을 신은 채 김포공항에 나타났다. 한국 측 관계자들이 대경실색했다. "저 양반이 왜 저러는 거야? 나라 망신시키고 싶다는 건가? 고무신을 신고 어딜 가겠다는 거야?" 하지만 김 장로는 당당했다. "이보오, 젊은 양반. 나도 값비싼 양복과 구두가 좋다는 건 알고 있는 사람이오. 그러나 나는 국민소득이 65달러밖에 안 되는 가난한 나라의 국민으로서 고무신을 신고 삼베옷을 입을 처지밖에는 안 됩니다. 그리고 이 삼베옷이 어떻습니까?"

복민기념관 내 일가 김용기 장로 사진

필리핀에 도착해서 시상식장에 갈 때 두루마기를 입으려 하자 이번에는 주필리핀 한국대사가 만류했다. 그러자 김 장로

생활관 1호

생활관 2호

는 이렇게 대꾸했다. "이 두루마기는 우리나라 예복입니다. 우리나라에서는 조상님들의 제사를 지낼 때 두루마기를 입고, 정월 초하룻날 세배를 드릴 때에도 이 두루마기를 입습니다. 그런데 지금 대사님께서 입고 있는 새까만 옷이 우리나라 예복입니까? 그 옷은 영국 사람들이 만든 자기 나라 예복입니다. 우리나라 사람들은 그게 뭔지도 모르고 그걸 예복이라고 입고 다니니 참 큰일입니다." 셋째 아들 김평일 교장이 엮은 『일하기 싫으면 먹지도 마라-나의 아버지 김용기 장로』에는 이 일화가 고스란히 소개되어 있다. 김용기가 어떤 인물인지 가장 잘 보여주는 일화다.

김용기는 1909년 9월 5일 경기도 양주군 와부면 능내리 봉안 마을에서 아버지 김춘교金春教와 어머니 김공윤金公允 사이의 다섯 아들 가운데 넷째로 태어났다. 현재 남양주시 조안면 능내리 봉안마을에는 그가 살았던 집이 남아 있다.(남양주 봉안마을 편 참조) 일찍이 기독교를 접한 부친의 영향으로 기독교인이 되었다. 14세 되던 1922년 몽양 여운형夢陽 呂運亨이 자신의 향리에 세운 광동학교

영양실

효문화관

에 입학하여 18세 되던 1926년 졸업했다. 이해에 김봉희金鳳嬉와 결혼했다.

청년 김용기는 일제와 싸우겠다는 결심을 하고 만주로 갔으나, 서탑교회 이성락李成洛 목사로부터 "지금 당장 조선으로 돌아가서 네 힘으로 조국부터 지도하라."는 호통을 듣고 향리로 돌아왔다. 이후 장사도 해보고 금광에도 손을 대보는 등 허황한 꿈을 좇았으나, 1934년(26세) "꼭 훌륭한 농사꾼이 되라."는 부친의 유언을 가슴에 새기고 평생 농군의 길을 가기로 결심했다.

김용기가 처음 시도한 이상촌은 고향에 건설

고분처럼 생긴 물탱크

한 '봉안 십가촌'이다. 10명의 동지를 규합하여 버려진 산판을 개간하고 주생활, 식생활, 의생활을 개선하기 시작했다. 일제 말기 독립투사들이 이곳 '봉안 이상촌'에 은신했다는 일화가 전해진다. 광동학교 시절부터 인연을 맺은 몽양이 1945년 이 마을로 피신했다가 해방을 맞았다는 기록도 있다.

해방 후 김용기는 '농민동맹'을 조직하려 했으나 좌절되었다. '신탁통치 반대선언문' 사건의 주모자로 체포되어 군정재판에서 5년 형을 받았으나 변호인의 탄원으로 석방되기도 했다. 1946년(38세)에는 경기도 고양군 은평면 구기리(현재 서울 구기동)에 '삼각산 농장'을 개척하였다. '봉안 십가촌'에 이어 두 번째다. 이후 1952년(44세)에는 경기도 용인군 원삼면 사암리에 6만 평의 산판을 사 세 번째 개척지인 '에덴향' 건설에 착수했다. 그로부터 2년 후 풍산으로 와 '가나안 농장'을 만들었다. 당시 그가 풍산에 산 땅은 한강변에 버려진 땅으로서, 이름조차 황산荒山이었다.

"해방 후에 몽양이 설립자님을 찾아와서 함께 정치를 하자고 간곡하게 설득하셨다고 해요. 하지만 설립자님은 농사꾼이 되겠다는 결심을 굽히지 않으셨지요. 그런 확고한 결심이 있으셨기 때문에 황무지를 젖과 꿀이 흐르는 땅으로 만들겠다는 뜻을 실현하실 수 있었던 거지요." 김천명 기획실장은 몽양 외에 또 한 사람, 박정희 전 대통령과의 일화도 들려주었다.

"쿠데타로 집권한 박정희 최고위 의장이 '가나안 농장'을 찾아오셨대요. 그런데 설립자님은 이분에게 평소처럼 고구마 식단을 그대로 내놓고, 평소 하던 대로 식사 기도를 10분이나 하셨답니다. 또 '여기는 우리 집이므로 우리 집 방식으로 하겠다.'며 먼저 식사를 하셨답니다. 당황한 경호실장이 옆구리를 찔렀지만 태연하게 평소대로 하셨다는군요. 박 의장이 "'뭐 도와줄 것이 없느냐?'고 묻자 '안 도와주시는 게 도와주는 것'이라고 하셨대요. '다만 교육을 마음대로 할 수 있게 해 달라.'고 당부를 하셨는데, 그 덕인지 가나안농군학교는 계엄 하에서도 한 번도 문을 닫은 적이 없습니다. 만약 그때 도움을 받았다면 오늘과 같은 가나안농군학교는 없겠지요. 교육내용도 정부가 하라는 대로 해야 했겠지요." 훗날 박 대통령은 거꾸로 가나안농군학교의 교육내용을 벤치마킹해 전국적인 새마을운동으로 발전시켰다.

가나안농군학교의 교육은 수많은 사람의 인생을 바꿔 놓았다. 처음에는 김용기의 교육방식에 반항하던 군인, 범죄자, 학생들이 항상 앞장서서 몸으로 자신의 사상을 표현하는 그에게 감화되어 새사람이 되곤 했다. 복민기념관에 들어서면 사람을 해치는 데 쓰이던 갈고리와 흉기 몇 점이 눈에 띄게 전시되어 있다. 이 물건들을 가슴에 품고 교육에 마지못해 참여했다가 눈물로 참회하며 내놓고 간 교육생들의 것들이다.

2009년 9월 5일 가나안농군학교는 '일가 탄생 100주년 기념식'을 가졌다. 평생 앎과 삶이 둘이 아니었던 그가 남긴 저서들과 관련 자료들을 정리하여 DVD와 eBook을 제작하기도 했다. 일생 한 길을 간 김용기 장로는 영국 케임브리지 국제인명사전센터(INTERNATIONAL BIBLIOGRAPHIC CENTER)에서 발행한 『국제 인물사전』에 '인문학 박사 김용기'로 등재되어 있다. 그의 저서로는 다음과 같은 책들이 있다. 『참 살길 여기 있다』(1965), 『가나안으로 가는 길』(1968), 『이렇게 살 때가 아닌가』(1970), 『심은 대로 거두리라』(1973), 『이것이 가나안이다(박완 편저)』 『가나안농군학교』(1978), 『나의 한 길 60년』 『조국이여 안심하라』(1980), 『영광된 내일을 위하여』(1982). 한편, 일가의 정신 계승자에게 주어지는 일가기념상이 제정되어 1991년부터 시상되고 있다. 제1회 일가기념상 수상자는 잠롱 전 방콕시장(사회공익상), 주옥로 풀무학원 이사장(농업상), 윤창의 (주)광림기계 회장(산업상)이다.

복민기념관

제1가나안농군학교의 미래

학교 뒤편에는 김용기 장로가 손수 세운 교회가 있다. '가나안교회'의 구예배당은 59년 7월 19일 준공되었고, 신예배당은 67년 7월 17일 준공되었다. 구예배당은 "거처보다 예배당을 먼저 세워야 한다."는 그의 정신에 따라 천막교회로 시작하여, 개척이 어느 정도 정착되는 시점인 59년에 설립되었다. 붉은 벽돌로 지어진 구 예배당은 당시로써는 가장 최신의 건물이었을 것이다. 신예배당은 막사이사이 상 상금으로 지어졌다. 구 예배당은 현재 주중에 신도들이 찾아와

기도하는 장소로 이용된다.

현재 가나안교회 담임목사인 장은용 목사(원로목사는 김종일 목사)는 "두 예배당 모두 튼튼하게 지어졌다. 특히 입구 유아실을 비롯해서 강도상의 배치까지 생각을 많이 해서 지은 예배당"이라고 말했다. 두 예배당은 창문 하나까지 세심하게 배려한 흔적이 역력하다. 마치 가정집 창문처럼 권위를 전혀 강조하지 않으면서도 예배를 드리는 신성한 장소라는 것을 일깨우도록 설계되었다. 특히 구 예배당은 1950~60년대 교회 건축의 표본으로서 손색이 없다.

"초교파 교회지요. 예전에는 신도가 약 600명 정도 되었다고 들었습니다. 현재는 150명으로 줄었지요. 교회 신도는 이곳 풍산동 일대는 물론이고 인근 각지에서 많이 왔었다고 합니다. 하지만 풍산동이 그린벨트여서 주민들이 하나 둘 떠나면서 발길도 줄었습니다. 같은 울타리 안에 있긴 하지만 현재 교회와 학교는 별개로 운영됩니다. 재정이라든가 몇 가지 문제 때문이지요. 그렇다고 전혀 별개는 또 아닙니다. 김종일 목사님이 우리 교회 원로목사님이고, 김평일 학교장님은 현재 교회 원로장로님이시지요." 장은용 목사는 "가나안교회가 보금자리주택단지로 수용되면 이 자리에 종교 부지를 받을 수 있도록 기도하고 있다."고 말했다.

제1농군학교 김천명 기획실장도 애써 담담한 표정을 보였다. "저희로서도 설립자님의 뜻이 곳곳에 배어 있는 학교를 내놓는다는 게 가슴이 쓰립니다. 다만 개인의 이익을 위해, 조직의 이익을 위해 존재했던 학교가 아니고, 수익을 얻으려는 학교가 아니므로 정부의 정책이 불합리하더라도 일단은 따르려고 합니다. 정부에서 어떻게 나올지 모르지만 크게 불합리한 조건이 아니면 이전을 받아들여야 하지 않겠습니까?"

가나안교회 구예배당 정면

제1가나안농군학교는 주변 개발이 이뤄지면서 교육장으로서 갈수록 불리해지고 있는 것이 사실이다. 학교에서 서쪽 길 건너에 서울 강동1지구 아파트 8천 가구가 들어서면서 예기치 못했던 민원도 들어온다. 학교는 아침 5시에 '개척종'이 울리면 교육생이 모두 기상해 구보와 함성으로 일과를 시작하는데, 아파트가 입주한 다음에는 그 소리가 '시끄럽다'는 민원이 제기된 적도 있다고 한다. 더구나 강동2지구, 강동3지구가 각각 8천 가구 규모로 연달아 들어설 예정이어서 농군학교의 입지는 갈수록 좁아지고 있는 실정이다.

2009년 9월29일 김문수 경기도지사는 다음과 같은 내용의 기자회견을 한 것으로 보도되었다. "가나안농군학교는 근검절약 실천 교육에 기여한 유서 깊은 곳이다. 임대주택을 짓기 위해 옮기는 것은 무식한 행정이다."(경인일보 2009년 9월30일자 1면, 3면) 김 지사가 보금자리주택을 추진하고 있는 주공을 향해 강력한 질타를 날린 것이다. 제1가나안농군학교는 양평으로의 이전설이 제기되기도 하고, 경상북도 상주시가 '만약 이전해 온다면 전폭적으로 지원하겠다.'고 밝힌 상태다. 그러나 도지사가 보전의지를 천명한 만큼 제1가나안농군학교의 미래가 어떻게 될지 귀추가 주목된다. 경기도가 한국 근현대사의 중요한 산실 가운데 한 곳인 이곳 농군학교의 이전을 단순히 반대하는데 그치지 말고 바뀐 시대에 맞는 전향적인 보전방안을 제시하기를 기대한다.

| 도움말 주신 분 |

김평일 제1가나안농군학교 교장
김천명 제1가나안농군학교 기획실장
장은용 가나안 교회 목사

| 참고자료 |

김평일 엮음, 『일하기 싫으면 먹지도 마라』, 가나안문화사, 1994.
김평일, 『내리사랑 올리효도』, 가나안문화사, 2004.
남양주문화원, 『우리 고장 남양주』, 1999.
경기도, 『경기도 근대문화유산 조사 및 목록화 보고서』, 2004.
『일가 김용기 탄생 100주년 기념자료집』 영상자료.
http://www.kor-canaan.or.kr 가나안농군학교 홈페이지
『경인일보』 2009년 9월30일자

02
동성학교

답사일 : 2010년 10월 26일

학교 부지가 14만 평인 고등공민학교

하남시 광암동 산63번지(광암로 148번길 67) 동성학교 부지는 약 14만 평이다. 학교 뒷산인 금암산 앞자락 교정을 포함하여 산 너머까지 모두 학교 부지에 들어

동성학교 전경

최초의 학교(초등학교)가 있던 건물. 현 과학실

간다. 아름드리 거목과 숲, 드넓은 잔디밭 사이사이에 학교 관련 건물이 보일 듯 말 듯 자리 잡았다. 건물들은 대개 단층이며 3층을 넘지 않는다. 앞자락 학교 시설을 둘러보는 데만 30분은 족히 걸린다.

중학교 과정인 동성학교 전교생은 90명이 채 안 된다. 학년 당 정원이 30명인데, 약간의 결원이 있기 때문이다. 교사 11명을 합해도 100명을 넘지 않는다. 학생들은 전원 기숙사 생활을 한다. 교실보다 기숙사가 동성학교 교정에서는 가장 번듯한 건물이다. 100명이 14만 평 학교에서 생활하는 셈이다.

1967년 설립된 동성학교는 귀족형 사립 전원학교가 아니다. 대안학교도 아니다. 동성학교는 고등공민학교다. 고등공민학교는 전쟁 후 정규 학교만으로 감당하지 못하는 학생들을 모아 가르치던 중학과정 비정규학교다. 1970년대 초반 고등공민학교는 모두 사라졌다. 문교부가 초등과정인 공민학교와 중등과정인 고등공민학교를 대부분 폐쇄시키고, 학생들을 정규 학교로 편입학 시켰기

과학실 옆 옛 수도

때문이다.

하지만 동성학교는 고등공민학교로 남았다. "어떤 교육과정에도 얽매이지 않는다."는 설립자 만성 오정섭晩醒 吳貞燮(1915~2003) 이사장의 교육철학에 따른 것이다. 오정섭 이사장은 독실한 '제칠일 안식일 예수재림교'(안식교) 교인이었으나, 안식교의 교세 확장을 위한 수단으로서 동성고등공민학교를 설립한 것은 아니었다. 그는 교인이기 이전에 자신만의 확고한 교육이념과 교육방침을 실현하는 학교를 운영하고자 했다.

동성학교 교정에는 포장된 길이 없다. 아스팔트 포장이든, 돌 포장이든 존재하지 않는다. 모두 흙을 밟고 가는 길이다. 학생들은 흙을 밟고 자라야 한다는 설립자의 뜻에 따른 것이다. 또한 동성학교 교정 곳곳에는 '노작실습장'이 마련되어 있다. 학습과 일이 조화를 이룰 때 참다운 교육이 이뤄진다는 믿음을 실천하고 있는 것이다. 현재도 학생들은 주당 2시간씩 채마밭 노작 실습장에서 땀 흘려 일을 한다.

교실에서 제1생활관(남학생기숙사)로 올라가는 숲 속에 설립자의 교육철학을 담은 표석이 서 있다. "신의를 존중하고 성실을 자본으로 근검노력하면 만사형통하리라."(앞면) "고금달관 미래통찰 극기경각 확립정도 각인수다 불과언필 언이행난 극력실천."(뒷면) 동성학교의 교육강령에는 이런 구절도 보인다. "모든 학과의 성적을 합산하여 인간을 평가하거나, 우열에 대한 경쟁심을 조장하는 어떤 일도 도모하지 않는다."

안식교 교인 자녀만 동성학교에 입학할 수 있는 건 아니다. 거주지나 자격 제한은 없다. 다만 동성학교의 교육방침에 따른다는 약속만 하면 된다. 물론 교육방침에는 종교교육이 포함된다. "현재 안식교 교인 자녀는 30% 정도에 불과합니다." 조대연 교장의 말이다. 정규 중학교가 아닌 까닭에 이곳 졸업생은 검정고시를 거쳐야 고등학교에 진학할 수 있다. 그런데도 전국 각지에서 학생들이 지망해 온다고 한다. 동성학교의 검정고시 합격률은 100%다. 지금까지 40여 년간 1,000여 명이 동성학교를 졸업했다.

동성학교 설립 과정

동성학교는 1960년 광암리에 들어선 보육원을 모태로 한다. 설립자는 앞서 언급한 오정섭 선생이다. 1915년생인 오 선생은 우리나라 최초의 강재창호회사인 동방강건주식회사 회장으로 기업을 경영하면서 재산을 모았다. 그는 "신의성실을 자본으로 근검절약하여 이룬 소중한 재산을 장학기금으로 쾌척하여 사회사업에 투신한 이래, '오른손의 하는 일을 왼손이 모르게 하라!' 는 겸손하고 솔선수범하는 자세로" "2003년 향년 88세에 소천하시기까지 오직 한평생을 인재양성이란 한 길만을 사랑하는 남다른 생활철학으로" 살아간 분으로 소개되어 있다.

오 선생은 43세 되던 1959년에 동성회를 설립했다. 동성회는 인재들에게 장학금을 수여하는 사업을 하는 한편 갈 곳 없

는 어린이를 양육하는 보육원 설립에 들어갔다. 동성회와 보육원은 모두 부인 이재현李載賢 여사와 함께 한 일이었다. 오 선생은 1938년 경성사범을 졸업한 이 여사와 평생을 함께하면서 장학사업과 교육사업을 펼쳤다. 오 선생은 2003년 작고했으나 이 여사는 현 동성학교 교정 내 사택에서 살고 있다.

보육원은 현재 동성학교 자리에 있었다. 당시 이곳은 외진 곳이었으나 자연경관은 더할 나위 없었던 듯하다. 동성학교 홈페이지에는 다음과 같이 입지를 소개하고 있다. "처음 이곳에 보육원이 자리 잡을 시기에는 출입할 수 있는 길도 제대로 없었을 뿐만 아니라 각종 야생동물이 출현하기도 한 곳이었으며 아직까지도 우거진 산 속에선 노루, 오소리, 산토끼가 달아나고, 숲속엔 다람쥐가 뛰어놀고 다양한 나무 위엔 새들이 둥지를 트는 곳이며, 일급수 냇가 바위틈엔 가재들이 숨어 놀고 여름에는 반딧불이 어둠을 밝히는, 천혜의 자연환경을

음악실 옆 화장실. 1960년대 건물이다.

옛 고등공민학교 건물. 현재는 새단장하여 음악실로 쓴다.

예전 남자 기숙사. 1960년대 건물로 현재는 쓰지 않는다.

잘 보존하고 있는 곳이다."

오 선생과 이 여사는 보육원 아동들을 위한 학교가 필요하다는 사실을 곧 깨달았다. "그래서 초등학교를 설치했습니다. 서울 삼육초등학교 분교의 형태였지요. 그 자리가 지금 우리 학교 과학실 자리입니다. 보육원 아이들이 초등학교 과정을 마칠 때가 되니까 중학교가 필요했지요. 그래서 동성고등공민학교가 설립됐습니다. 고등공민학교 자리는 현재 우리 학교 음악실입니다."(조대연 교장)

과학실과 음악실은 현 교사校舍에서 금암산 쪽으로 100m 가량 올라가야 한다. 두 건물 모두 리모델링을 했기에 옛 모습을 찾아볼 수 없다. 단, 과학실 건물의 기단부는 예전 초등학교 분교 시절의 기단을 활용했다는 것을 확인할 수 있고, 두 건물 사이에 당시 급수대가 남아있으며, 음악실 옆으로 초창기 화장실 건물이 여전히 서 있다.

옛 모습이 사라져 아쉽지만 초기 고등공민학교 교실, 즉 음악실은 동성학

농장 관리사택. 이 역시 1960년대 건물이다.

교의 교육 여건과 질을 보여주는 증거이기도 하다. 음악실은 피아노가 각각 놓여 있는 개인 연습실 7~8개와 합주연습실이 갖추어져 있다. "우리 학생들은 모두 1인 1악기 교육을 합니다. 모든 학생이 피아노, 플룻, 첼로, 바이올린, 성악, 클라리넷 등을 배우지요. 졸업할 때쯤이면 누구나 악기를 다룰 줄 압니다." 동성학교 교과목 교사는 11명인데 비해 1인 1기 교육을 위한 음악 강사가 7명에 이른다.

초기의 건물들

과학실과 음악실 외에 동성학교 초기인 1960년대에 지어진 건물이 현재도 교정 곳곳에 남아 있다. 대표적 건물이 남자기숙사로 썼던 블록조 건물이다. 현 제1생활관 아래에 위치한 이 건물은 지금은 창고처럼 사용하지만 잘 지어진 건물이다. 동성학교 홈페이지에서는 이 건물을 이렇게 평가하고 있다. "지금 안목에는 보잘 것 없는 건물이지만 그 당시 우리나라 경제여건을 감안하면 뛰어난 수준이어서 가까이 주둔하던 미군이 숙소로 빌려달라고 할 정도였다."

같은 시기에 지어진 건물로는 농장관리실과 숲속 팔각정이 있다. 농장관리실은 현재의 교실에서 제1생활관 방향으로 가다가 오른쪽 '노작실습실' 바로 옆에 있는 건물이다. 팔각정은 더 위쪽 숲에 있는데, 조대연 교장에 따르면 후일 개축되기는 했으나 1960년대에도 있었다고 한다. 팔각정은 쉼터 구실을 했던 것으로 짐작된다.

동성학교 교회. 이 건물도 1960년대에 지어졌다.

조대연 교장은 1970년부터 1974년까지 동성고등공민학교에서 영어를 가르쳤다. 이후 미국유학과 삼육보건간호대학 학장을 거쳐 올해 9월 이 학교 교장으로 부임했다. 그런 경력으로 인해 조 교장은 초기 건물들에 대해 비교적 상세히 기억하고 있다.

예를 들어 정문을 들어서자마자 오른쪽으로 있는 건물은 초기에 설립자 오정섭 선생 부부가 살던 곳이었다고 한다. 현재는 독신교사를 위한 사택이다. 이 건물은 1층 블록조 위에 2층을 증축했다. 후일 증축한 2층은 붉은 벽돌로 마감했는데, 1층과 2층이 확연히 다르다. 1층 기존 건물에는 창고로 사용하던 부속 건물이 달려 있다. 또한 건물 옆으로도 창고가 한 동 더 있다. 이들 창고는 견고한 시멘트 건물이다.

1회졸업식 사진

이 사택 건너에 사택으로 쓰던 건물이 한 동 더 있다. 지금은 잡초가 무성하고 폐허처럼 보인다. 미니 3층 형식인 이 건물은 돌로 쌓은 부분과 블록

교정에서 바라본 금암산. 산 너머까지 모두 동성학교 부지다.

으로 올린 부분, 함석을 덧댄 부분이 혼합되어 있다. 지붕은 함석이다. "예전에는 괜찮았던 건물이에요. 저도 교사 시절 거기서 산 적이 있습니다."(조대연 교장)

현재의 학교 건물은 1970년대 초에 지어졌다. 남향 일자 건물에 상대적으

현재의 교사校舍

설립자 오정섭 선생 동상

로 길이가 짧은 서향 일자 건물이 붙어 있는 모양이다. 따라서 운동장에서 보면 비례가 잘 맞지 않는 기역자로 보인다. 이들 건물은 모두 단층이다.

"제가 초임 교사 시절 이 건물터를 학생들과 함께 닦았습니다." 조 교장의 기억이 맞다면 이 건물은 1970년에 세워진 것이다. 서향 건물 측면은 담쟁이덩굴로 뒤덮여 있다. 준공 초기 이 건물은 학교의 자립을 위한 빵 공장으로 운영되다가 교실로 바뀌었다. 조 교장의 증언에서 알 수 있는 또 한 가지 사실은 이 학교의 모든 일은 학생들과 교직원이 함께한다는 것이다. 이러한 전통은 지금까지도 계속되고 있다.

정규학교와 대안학교의 중간 위상

보육원 원아들의 초등교육을 위해 시작된 학교가 고등공민학교가 되었다면, 그 후 고등학교 설립의 꿈도 있지 않았을까? "물론 있었지요. 1970년 고등공민학교 제1회 졸업생이 배출되었습니다. 그러자 고등학교도 만들어야 하는 것 아니냐는 의논이 시작되었어요. 하지만 설립자의 교육이념을 잘 살려 나가자면 중학과정 학생들을 잘 가르치는데 전념하는 게 좋겠다는 결론을 내렸습니다." 이에 따라 대학교가 들어서도 손색없을 캠퍼스에 중학과정만 남게 되었다.

동성학교 학생들이 부담하는 교육비는 얼마나 될까? 조 교장은 직답을 하지는 않

초창기 설립자 사택 전경

초창기 교사 사택으로 쓰이던 건물

았다. "학교가 세워진 이래 재단보조금만 수십 억 원에 이릅니다. 현재도 매달 수천만 원을 재단에서 대지요. 그걸 감수하면서도 고등공민학교를 유지하는 이유는 설립자의 교육철학 실천을 위해서지요. 설립자는 학교 규모를 키우는 것도 원치 않으셨습니다. 그게 바로 찍어내기 식 교육이고 교육폐단을 낳는다고 보셨기 때문이지요."

동성학교는 그동안 학교 홍보도 별로 하지 않았다. 이 역시 설립자의 뜻이었다고 한다. 얼마나 학교 홍보를 소홀히 했는지 요즘도 동네 사람(하남 광암동) 가운데 학교에 우연히 들렀다가 우리 동네에 이런 학교가 있었느냐고 놀라는 경우도 있다고 한다. 그러나 전국

각지에서 알음알음으로 찾아오는 학생들은 꾸준히 이어졌다. 동성학교가 배출한 졸업생 1,000여 명은 현재 사회 각계각층에서 활약하고 있다.

"한때 대안학교로 전환하는 문제는 검토한 적이 있었습니다. 대안학교를 정부가 대폭 지원하던 시기쯤이었는데, 이 역시 현행 고등공민학교로 남는 걸로 했습니다. 사실 현재 우리 학교의 형태는 정규학교와 대안학교의 중간쯤 되는 위상이라고 할 수 있습니다." 조 교장은 "시대에 맞는 인재를 어떻게 키워야 할지를 계속 고민하고 있다."고 말했다.

| 도움말 주신 분 |

조대연 동성학교 교장
신여정 동성학교 국어 교사

| 참고자료 |

경기도, 『경기도 근대문화유산 조사 및 목록화 보고서』, 2004.
동성장학동문회, 『한길 사랑의 향기-만성 오정섭 선생 · 이재현 여사 송덕기념문집』, 2003.
http://www.idongsung.org 동성학교 홈페이지

03
하남 구산성당과 구산성지

답사일 : 2009년 9월 15일

“성 안토니오시여! 도와주소서!”

‘순교자들의 영혼이 살아 숨 쉬는 구산성당을 보전하는 것은 우리 후손들의 의

구산성당

성당 출입구

무입니다. 천주교 구산성당 보전대책위원회' 하남시 망월동 구산성당으로 들어가는 대로변에 붙은 플래카드다. 그 좌우엔 큰길을 따라 미사지구 보금자리주택 단지 조성을 반대하는 주민들의 항의 펼침막이 빽빽이 걸려 있다. 이들 플래카드는 서민을 위한 보금자리주택 공급을 위해 이곳에 대대로 터 잡고 살아온 주민들의 권리를 무시하는 당국을 격렬한 어조로 성토하고 있다. 하지만 구산성당 관계자들이 내건 펼침막은 '도대체 당국은 문화를 알기나 하는가.'라는 날카로운 질문을 점잖은 어조 속에 감추고 있다.

하남시 망월동 358-3 구산성당은 김성우 안토니오 성인(1795-1841)이 태어나서 자라고 순교한 마을에 세워졌다. 김 안토니오 성인은 기해박해(1839)의 뒤끝인 1841년 47세를 일기로 교수형을 당하신 분이다. 성인의 시신은 가족들에 의해 이곳 고향마을 선영에 안장되었다. 성인은 1925년 순교 복자로 추앙되었고, 1984년 성인의 반열에 올랐다. 한국 천주교회사 200여 년을 통틀어 고향 땅에서 나고 자라고 묻힌 순교자는 김 안토니오 성인 한 분 뿐이다.

하지만 불행히도 성인이 나고 자란 마을에 세워진 구산성당은 플래카드의 문구처럼 절체절명의 위기를 맞았다. 성인이 묻힌 구산성지는 2001년 하남시 향토유적 제4호로 지정된 덕에 미산지구 보금자리주택단지에서 제외될 수 있었지만, 성지와 한몸이나 다름없는 성당은 헐려 없어질 운명에 처한 것이다. 미사지구는 곧 분양에 들어가고 내년 초에는 공사에 착수할 예정이다.

"성지와 성당은 하나입니다. 어쩌면 구산성당이 있는 곳이 역사적으로는 더 의미가 있다고 할 수 있지요. 성당이 없어지면 구산성지도 그 빛을 잃습니다. 그런데도 성당을 보존할 수 없다는 당국을 도무지 이해할 수 없습니다." 구산성지 내에 있는 천주교 수원교구 수원교회사연구소 원재연 연구실장은 "어이가 없어 말이 안 나올 지경"이라고 했다. 구산성당 김도식 총회장 역시 연신 혀를 찼다. "구산성당과 성지, 그리고 인근 선사 유적을 묶으면 훌륭한 문화벨트가 됩니다. 미사지구를 개발하더라도 그런 문화벨트를 만들면 지구의 가치가 더 높아질 텐데, 정말 왜들 그러는지 이해를 못 하겠어요."

최창규 구산성지위원회 부위원장 또한 "답답하기 짝이 없다."고 했다. "관계 기관에 수도 없이 그 부당성을 지적했습니다. 그런데 아직도 답을 내놓지 않아요." 성당을 성지 옆으로 옮기는 방안, 성당만 보전하고 대부분의 성당부지는 수용하는 방안 등이 거론되고 있으나, 2009년 9월 중순 현재 관계 당국은 확답을 미루고만 있다. 보금자리주택 시범단지인 미사지구는 곧 분양

성당 측면

입구 쪽에서 본 제단

공고를 내고 내년에 착공에 들어가 2012년 후반기에는 입주를 시작한다는 일정표까지 나와 있다. 따라서 구산성당 측으로서는 속이 바싹바싹 타들어가지 않을 수 없을 것이다. 이곳 신도들은 안토니오 성인에게 간절한 기도를 올리는 게 고작이다.

객관적인 관점에서 판단해 보더라도 구산성당은 신도만이 아니라 경기도와 대한민국의 문화유산으로서 충분한 가치를 지닌다. 건축양식으로 보나, 성당이 자리한 마을의 역사성의 측면에서 보나 이대로 헐거나 이전한다는 것은 개발이익 외에는 눈에 보이는 게 없는 '현대적 야만'에 다름 아니다. 그 이유를 이제부터 살펴보기로 한다.

구산성당 약사

현재의 구산성당이 본당으로 승격한 시기는 1979년이다. 그 이전 구산성당은 공소(강당)로 사용되었다. 차기진 양업교회사연구소장이 쓴 논문 "구산 공소의

성당 마당에 설치된 성 김성우 안또니오 상

설정과 변모"(『구산천주교회의 역사-구산본당 창립 25주년 기념논집』)에 따르면 현 위치 구산성당 건립연대는 1956년이다. 공소가 비좁아 어려움을 겪던 신도들은 한국전쟁 이후 남의 논 9마지기를 빌려 농사지어 만든 기금으로 강당건립 자금을 마련하여, 현 위치(망월동 358-3) 땅을 매입하고, 신도들이 직접 자재를 나르고 손을 보태 시멘트 철골조인 현 성당을 1956년 6월 23일 준공하였다. 따라서 현 성당 건물은 2009년 9월 현재 53년 역사를 자랑한다.

그 이전에 쓰던 공소(망월동 322-11)는 1946년 11월 14일 지어진 건물로서, 현 성당 위치에서 북쪽으로 약간 떨어져 있다. 지금은 예전 흔적을 찾아볼 수 없고, 모 조명회사 건물로 사용된다. 그러나 이곳 구산교우촌 사람들은 이 강당을 "경당"이라고 기억한다. "경당"은 1946년 11월 지어졌는데, 당시 구산마을에서는 "꿈의 궁전"과도 같은 예배당으로 받아들여졌다. "저 어릴 적에 여기서 부활절과 크리스마스 연극 같은 것을 하던 기억이 생생합니다."(김도식 총회장) "경당"은 초가집 건물이었으므로, 새로운 철골 강당(현 성당)이 들어섰을 때 구산 신도들의 감회는 감격 그 자체였다고 한다.

구산 마을은 거의 180년 역사를 가진 교우촌이다. 김성우 안토니오 성인이 순교한 해(1841)로부터 따져도 거의 170년이므로, 성인의 집안이 천주교를 받아들인 시점으로부터 보자면 180년이 되기 때문이다. 따라서 공소의 역사도 그만큼 길다. '경당'이라는 강당을 가지기 전에도 예배 장소가 있었을 것이고, 천주교가 공인되기 전에는 비밀 예배장소들이 있었을 것이 틀림없다. 하지만 아쉽게도 '경당' 이전 예배장소는 남아있지 않다. 다만 김정호 당시 회장의 집에서 예배를 드렸다고 하는데, 이 자리에는 현재 '한채당'이라는 한정식집이 들어서 있다. 김정호의 집은 작은 한옥이었으나 지금은 큰 한옥으로 바뀌었다. '한채당' 자리는 옛 '경당' 자리에서 구산 쪽으로 조금 더 올라간 위치다. '한채당' 이전 예배장소는 알 수 없는 실정이다.

김 안토니오 성인의 정확한 생가 터 또한 현재 비정하기 어렵다. 구산마을 출신 역사학자 최완기 교수(이화여대)가 조사한 바에 따르면 망월동 323-1이 성인의 생가 자리라고 한다. 하지만 아쉽게도 최 교수는 작고했고, 후손 가운데는 정확한 터를 기억하는 이가 없다. " 아마도 경당 근처가 아닐까 추정합니다. 하지만, 현재 성당 자리도 넓은 의미에서 보자면 생가 터라고 할 수 있지요. 옛날에는 한 지번이 아주 넓었지 않습니까?" 김도식 총회장의 말이 일리가 있는 게, 한채당-경당-성당으로 이어지는 공소가 넓게 보면 모두 성인의 발길이 닿았던 곳이다.

구산마을이라는 동네명을 선사한 구산은 마을의 북쪽에 있다. 거북이(혹은 자라)가 한강으로 들어가려는 모양처럼 보인다 해서 구산龜山이다. 그런데, 거북의 머리가 지난 1980년대 중반에 날아가 버렸다. 올림픽을 앞두고 한강변 도로를 내면서 머리 부분을 아예 없애버렸기 때문이다. "참 무지막지한 시절이었지요. 그때도 아무 소리 못 하고 거북 머리가 날아가는 걸 지켜봐야 했는데, 이번에 다시 마을 전체가 날아가게 생겼으니……." 김도식 총회장이나, 최창규 구산성지 부위원장이나 모두 마을 토박이로서 화를 삭이기 힘들다고 했다.

예전 사제관. 지금은 비어 있다.

붉은 벽돌 건물 자리에 구산성당의 예전 공소(경당)가 있었다.

경당 이전 예배장소로 쓰였던 김교삼의 집. 작은 한옥을 헐고 지금은 큰 집을 지어 식당 영업을 한다.

오늘날의 망월동과 구산마을은 조정경기장과 미사리 카페촌이 멀지않은 한강변 풍광 좋은 곳이지만, 19세기에만 해도 서울 턱밑의 오지였다. 다시 말해, 북으로 한강을 끼고, 강변의 자연제방 안쪽의 구릉지대에 송림이 울창하여 외부에 노출이 잘 안 되는 곳이었다. 또한 당시 한강 수운 뱃길로 머지않은 곳에 정약용의 형제들이 살았던 마재馬峴가 있었다. 망월동 황포나루에서 배를 타고 조금 내려가면, 커다란 배 수리시설이 있었던 둔지이고, 다음이 한강 조운물산이 집결되던 창우리이며, 더 내려가면 마재다. 마재 출신으로서 천주교 전교에 힘쓰던 정하상丁夏祥(정약종의 둘째 아들) 성인과 이곳 출신 김성우 성인은 동갑내기다. 정 씨 집안과 김 씨 집안은 세교世交가 있었다고 한다. 그런 연유로 구산마을 경주 김 씨 집안인 김성우 성인은 일찌감치 천주교를 받아들였을 것으로 추정된다.(위에 언급한 논문집에 실린 최용규 한국교원대학교 교수의 논문 "기해박해의 여파와 김성우 안토니오" 참조.)

이처럼 유서 깊은 천주교 신앙공동체 마을이었던 구산마을의 공소는 1956년 번듯한 강당을 갖게 되었고, 이 강당은 1979년에 본당으로 승격하기에 이른다. 당시 구산공소의 본당이었던 신장성당 변기영卞基榮 베드로 신부가 "본당 유지가 어렵다"는 구산공소 신도들의 간청에도 불구하고 본당 승격을 추진한 결과다. 변 신부는 신장본당 주임신부로 있으면서, 이 일대 교회사에 큰 관심을 가졌고, 자신의 연구 결과 구산공소는 교회사적으로 중요하다는 결론을 내렸기 때문에 본당 승격을 추진했다고 한다. 변 신부는 1977년 당시 복자였던 김성우 성인의 묘역을 정비하고, 이듬해에는 구산마을 순교자인 최지현의 묘를 조성하는 등 성지의 터를 닦은 다음, 구산공소 본당 승격을 추진하였다. 이에 따라 구산공소는 본당이 되었고 1979년 길홍균 이냐시오 신부가 초대 주임신부로 부임하였다.

초기에 구산성당은 구산성지까지 관할 관리하였다. 그러다가 1984년 김성우 안토니오 복자가 한국 천주교회 200년을 기념하기 위해 방한한 교황 요한 바오로 2세에 의해 103위 성인 가운데 한 분으로 시성되면서, 김 성인의 묘역인 구산성지를 별도로 분리하려는 움직임이 태동하였다. 성당은 교적을 둔 교인들을 위한 장소임에 비해, 성지는 순례자들을 위한 장소였기 때문이다. 성당과 성지의 분리는 2000년 9월 구산성지 내에 별도의 성당이 세워짐으로써 이루어졌다. 이후 성지만 2001년 4월 하남시 향토유적 제4호로 지정되었다. 구산성당은 현재 이승희 라우렌시오 신부가 주임신부이고, 구산성지 성당은 정종득 바오로 신부가 주임신부이다. 2009년 9월 현재 구산성당에 교적을 둔 신도는 약 600명이며, 주일미사에는 180~200명가량이 참여한다고 한다.

구산성당의 미학

구산성당은 건축 연면적이 222㎡인 아담한 교회당이다. 성당으로 들어가는 현관은 종탑과 붙어 있다. 종탑은 현관 위로 솟아 있는 형태다. 6각 첨탑 형식의 종탑에는 1940년대 공소 시절부터 사용하던 종이 그대로 있다. "예전에는 꼭 하루 세 번 종을 쳤습니다. 삼종이지요." 김도식 총회장은 그 시절이 몹시 그립다고 했다. 종탑으로 올라가려면 성당 내부 2층을 통해 올라가야 한다. 종탑의 구조물은 원래 나무였으나 후에 쇠로 바꾸었다고 한다. "성당의 지붕은 세 번 바뀌었습니다. 처음에는 양철이었는데, 슬레이트로 바꾸었고, 다시 동(구리)으로 씌웠습니다. 그런데 예전 지붕을 걷어내고 새 지붕을 얹은 게 아니라, 예전 지붕 위에 새 지붕을 얹은 방식이어서 그 안에 예전 지붕이 그대로 남아 있습니다."

성당 안은 작은 규모지만 정갈하게 단장되어 있다. 우선 제단이 독특하다. 고목의 몸통을 다듬어 제단으로 삼았다. 제단 위의 의자들도 마찬가지로 고목 그루터기를 손질한 것들이다. 제단에서 특이한 점은 그 아래 성인의 유해를 일부 보관하고 있다는 점이다. 김도식 총회장은 그 사실에 대해 아는 바 없다고 말했으나, 최창규 부위원장은 "제단 아래에 성인의 유해를 일부 가져다가 대리석으로 봉인한 후 제단을 만들었다."고 증언했다. 성인의 유해를 작게 나누어 연고지에 두는 천주교회의 관례에 따랐다는 것이다. "요즘 일부 성당에서는 성인 유해가 잘 보이도록 제단에 창을 내고 모셔두는 곳도 있는데, 우리 성당에서는 일단 밑에 모셨다."고 했다. 최 부위원장 역시 이 마을 토박이(최지현 순교자의 손자)이므로 그의 기억을 신뢰해도 좋을 듯하다. (최 부위원장은 구산성지 사무실에 보관된 일부 유해를 보여주기도 했다.)

제단의 오른쪽 벽감에는 작은 성모 마리아 상이 있다. 구산성지에 있는 '우리의 도움이신 성모마리아 상'의 원형에 해당하는 환조丸彫다. 성지의 성모마리아 상을 창작한 김세중 교수(서울대 미대 학장)가 작업을 할 때 만든 모델 작품에

광주 수리조합이었던 건물

〈우리의 도움이신 성모마리아 상〉. 김세중 교수의 유작이다.

동을 씌운 것이다. "성지의 성모마리아 상은 김 교수님의 유작인 셈입니다. 그걸 만들고 2년 후에 돌아가셨거든요. 그런데 그 원형 모델이 바로 이것입니다. 김 교수의 부인인 김남조 시인이 남편 조각 작품의 원형상을 모두 간직하고 있는데, 이 작품만은 없다고 하시더군요." 김도식 총회장의 증언으로 알 수 있듯이, 성모마리아 상은 그러므로 성당과 성지가 분리할 수 없는 하나라는 강력한 물증이다.

성당의 내부는 단랑식이다. 신랑과 측랑을 나눌 정도의 공간이 되지 않을 뿐만 아니라 작은 공간을 정갈하면서도 신성하게 꾸미려는 의도로 해석된다. 제단에서 마주 보이는 입구 윗부분에 예전에는 성가대석 구실을 하는 2층 구조물이 있었다고 하는데, 없어졌다가 최근 2층 형식으로 다시 설치했다. 성당의 네 벽에는 예수의 수난을 상징하는 14처 형상을 릴리프한 작품이 빙 둘러 있다. 김세중 교수의 제자 이용덕 교수가 만든 작품이라 한다. 성당의 마당에도 똑같은 14처 형상 작품이 세워져 있다. 성모마리아 상과 14처 부조는 성당의 예술적 격조를 보여준다. 또한 성당 내 성수함과 성미함은 오지항아리로 되어 있다. 구석구석 작은 제구까지 신성성과 예술성에 더해 우리식 미학을 추구한 흔적이라고 하겠다.

성당의 마당은 의외로 넓다. 약 1,000평 정도 된다. "원래는 성당 옆 느티나무와 은행나무 자리까지가 성당 마당이었습니다. 그 옆으로는 밭이었는데, 주인이 성당에 기증했습니다."(김도식 총회장) 성당 맞은편으로는 사무실이 있고, 그 옆에 예전 사제관이 있다. 사제관은 너무 낡아 이제는 쓰지 않고, 성당 옆에 새로 지어진 예전 수녀원 자리를 현재 사제관으로 사용한다. 성당 마당은 정성껏 가꾸어져 있다.

"여기서 영화나 드라마를 많이 찍었습니다. 〈너는 내 운명〉, 〈아내의 유혹〉, 〈에덴의 동쪽〉 등을 촬영했지요. 일본 아주머니들이 여길 많이 찾아옵니다. 영화와 드라마에 출연한 한류 스타들의 자취를 찾아오는 것이지요. 올 여름에 방영한 〈혼〉도 여기서 찍었고, 곧 개봉예정인 영화 〈비밀에〉와 〈결혼 후에〉도 여기서 찍었지요. 청소년 영화 〈히어로〉도 촬영해 갔어요." 지윤호 구산성당 사무장은 구산성당이 배경이었던 영화와 드라마의 스냅사진이 붙은 사무실 앞 게시판을 자랑스럽게 가리켰다. "영화와 드라마를 촬영하러 찾아온다는 건 우리 성당이 얼마나 아름다우면서도 성스러운 분위기가 있는 곳인지를 말해줍니다. 그런데 이 자리를 다 없앤다니……." 지윤호 사무장은 또 한 번 고개를 가로저었다.

성인의 삶과 순교자들

구산마을은 몇 개 성씨가 모여 사는 마을이다. 우선 김성우 성인이 대표적인 경주 김 씨, 최지현 순교자 후손인 경주 최 씨, 제주 고 씨 등이다. 이 가운데 대대로 김 씨가 가장 많았다. 김성우 성인은 1795년 경주 김 씨 김영춘의 장남으로 태어났다. 신유박해(1801년)가 있기 6년 전이다. 앞서 언급했듯이 김성우 성인은 정하상과의 친교를 통해 천주교를 접하게 된 것으로 추정된다. 김 성인은 1831

년 조선교구가 설정된 후 1834년 입국한 유방제劉方濟 신부에게서 세례를 받았다. 유 신부는 로마 교황청으로부터 조선교구장의 보좌로 임명된 중국인 신부로서 원래 이름은 여항덕余恒德(세례명 파치피코)이며 조선에 입국하면서 이름을 바꾸었다.

유 신부에 이어 프랑스인 모방 신부(Pierr-Philibert Maubant, 羅伯多祿) 신부가 1836년 조선에 입국하게 된다. 모방 신부는 한양과 경기, 충청 일대를 돌며 사목 활동을 하였다. 이때 김성우 형제들을 만났다. 조선어에 서툴렀던 모방 신부는 김성우에게서 조선말을 열심히 배웠다고 한다. 김성우는 양반의 후손으로서 한양 마장안에도 집이 있었으므로, 모방 신부가 그 신세를 졌던 것으로 전해진다. 김 성인의 이름은 우집禹集이며 성우는 그의 자이고, 호는 안당이다. 김 성인에게는 만집萬集(자는 덕심, 세례명 아우구스티노), 문집文集(자는 윤심, 세례명 베드로)이라는 두 아우가 있었다. 이들 3형제 모두 천주교 신앙이 돈독했다. 모방 신부는 1836년 여름 김성우를 구산공소 초대 회장에 임명하고 그의 집에 머문 것으로 추정된다.

당시 정하상은 교황에게 성직자를 보내달라는 청원 편지를 보내는 등 신유박해 이후 조선 천주교를 새롭게 부흥시키려고 애쓰고 있었다. 이 과정에서 김성우는 후방에서 자금을 구하고 이들의 활동을 후원하는 역할을 했던 것으로 짐작된다. 달레(Claude Charles Dallet) 선교사가 남긴 『한국천주교회사』에 다음과 같이 서술되어 있다.

> 광주 고을의 구산 마을에 김 씨 성을 가진 가족이 있어 꽤 넉넉한 살림을 하는 3형제가 살았는데, 그들의 정직과 아량은 모든 사람의 존경을 받았었다.

김성우 안토니오 성인의 묘역

> 그들이 천주교 이야기를 들었을 때에 그중 2명이 즉시 입교하였고, 오래지 않아 은총이 계속 작용하여 셋째뿐 아니라 여러 친척과 친구와 이웃이 그들과 뜻을 같이하여 이 작은 마을이 열렬한 교우촌이 되기에 이르렀다. 유 파치피코 신부가 조선에 오자 3형제 중 맏이인 김 안토니오는 성사를 더 자주 받을 수 있기 위해 서울로 올라왔다. 그는 자기 집에 작은 경당까지 마련하여 나중에 모방 신부를 한여름 동안 그곳에 모셨다. 1839년 김 씨 형제들이 밀고를 당하였는데 맏형 안토니오는 제때에 귀띔을 받아 지방으로 가서 숨었으나, 구산에 남아 있던 그의 형제와 사촌 한 사람은 포졸들의 손에 붙잡혔다.(『구산 천주교회의 역사』, 63쪽에서 재인용.)

1839년 기해박해 때 아우 만집과 문집이 먼저 체포되었다. 만집은 감옥에서 고문의 상처가 심해지고 추위와 굶주림에 시달린 끝에 1841년 2월19일 옥사하였다. 막내아우 문집은 20년 가까이 옥살이를 하다가 1858년 석방되었으나 병인박해로 다시 붙잡혀 1868년 순교하였다. 만집의 시신은 손자 김교익이

구산성지 성당 쪽에서 본 순교자와 성인의 묘

몰래 숨겨두었다가 선영에 안장하였다. 김성우는 1840년 1월 사촌동생 주집冑集(자는 덕인, 세례명 스테파노)과 함께 체포되어 사학邪學 죄인 괴수로 지목되었다. 그러나 감옥에서도 그는 죄수들에게 전도 하였다고 한다. 당시 조선에서는 여러 해 가뭄이 계속되었으므로 천주교 신자들에 대한 공개처형을 중단하였으나 끝내 배교를 거부한 김성우를 1841년 4월29일 교수형에 처했다. 성인과 만집 아우의 시신도 선영에 안장되었다. 반면 사촌동생 주집은 1858년 풀려났는데, 석방 이후 구산 신앙공동체 재건에 힘썼을 것으로 추정되지만 말년 행적은 정확히 전해지지 않는다.

김 성인의 외아들 성희聖熙(자는 희백, 세례명 암브로시아)는 아버지가 순교한 후 구산 신앙공동체를 이끌었다. 그는 1868년 숙부 및 사촌, 육촌 형제들과 함께 붙잡혀 남한산성 옥에 갇혔다가 그해 2월15일 순교하였다. 성희의 시신은 남한산성 밖 개울에 버려졌으나 양자 교익이 몰래 거두어 숨겨두었다가 선영에 안장하였다. 김차희金次熙는 만집의 차남으로 자는 희선이며, 세례명은 전해지지 않는다. 그 역시 사촌 형 성희와 마찬가지로 2월15일 순교하였다. 그는 한의학에 밝았으며, 순교할 당시 40세였다. 그의 시신은 아들 교문이 몰래 찾아다가 안양 수리산에 안장하였다고 전해지나, 후손이 끊기면서 무덤을 잃어버리고 말았다.

문집의 외아들인 경희敬熙(자는 치선)는 1866년 병인박해를 피해 포천으로 피신하여 화를 면했으나 1868년 체포되어 사촌형제들과 함께 순교하였다. 그의 나이 46세 때였다. 그의 시신은 아들 교익이 몰래 거두어 숨겨두었다가 선영에 안장하였다. 윤희允熙는 김주집의 장남으로 그 역시 1866년엔 피신하여 살았으나, 1868년 순교하였다. 그의 아내는 절세미인으로서 포졸의 권유로 배교하고 그의 첩으로 들어갔으나 그는 배교하지 않았다고 전해진다. 순교할 당시 35세였던 그는 아무도 거두는 이가 없어 시신을 잃어버렸다고 한다.

최지현崔址鉉(1818~1868)은 부부가 모두 순교했다. 최지현의 자는 군실이고, 아내는 함열 남궁 씨였다. 이들은 구산마을에서 천주교를 접하고 열심히 신앙생활을 하다가 1860년 무렵 용인으로 잠시 이사 가서 살았다. 이들 부부는 이후 구산마을로 돌아왔으나 병인박해 때 다시 떠돌아다니다가 1868년 아내 남궁 씨가 먼저 체포되어 순교했다. 이어 붙잡힌 최지현은 참수형을 당했다. 그의 시신은 조카 최영서가 몰래 거두어 구산에 있는 자신의 산에 안장하였다. 심칠여沈七汝(1829~1868)는 구산마을 태생으로서 이웃 하일동에서 머슴살이를 하다가 천주교에 입교하였다. 그의 세례명은 아우구스티노인데, 1868년 체포되어 심문 과정에서 모진 형벌을 받아 40세의 나이에 순교하였다.

이상의 내용을 정리해 보면, 구산마을 출신으로서 순교를 한 분은 김 성인 외에 그의 형제, 아들, 조카가 6명, 최지현 부부 2명, 심칠여 등 모두 10분이다. (김 성인의 사위 홍희만(洪喜萬)의 경우 말년 행적이 확실치 않아 제외한다.) 이분들 가운데 김 성인과 최지현 순교자의 묘는 구산성지에 남아있고, 그 밖의 김 씨 집안 순교자 대부분은 집안 묘지에 안장되어 있거나 허묘의 형태로 남아 있다.

구산성지

1925년 로마교황청은 치도곤 60대를 맞고 교수형에 처해진 김성우 안토니오를 복자福者로 시복하였다. 1927년 명동성당은 망월동 387번지 선영에 묻혀 있던 그의 유해를 발굴하여 뱃길로 용산신학교로 옮겼다. 이 유해는 잠시 명동성당에 안치하였다가, 한국전쟁 후 절두산성당으로 옮겼다. "유해를 옮긴 것은 복자의 시신을 확인하기 위해서였다고 해요. 당시 발굴과 이동 기록들이 남아있습니다. 그렇다고 시신 모두를 다 옮겨간 것은 아니라고 알려져 있습니다. 여기 묘가 성인의 진묘이니까요."(최창규 부위원장)

성인의 묘가 있었던 387번지 일대는 경주 김 씨 문중 선영으로서 '큰 산소깟'이라고 불린다. 1927년 광주 수리조합이 설립되면서 산소들을 옮겨야 했는데, 그 과정에서 성인의 유해도 옮겨졌다. 문중에서는 280-4번지에 가족묘지를 만들고 이를 '작은 산소깟'이라 부르고 있다. '작은 산소깟'은 현재 구산성지 맞은편에 있는 묘를 일컫는다. '작은 산소깟'을 조성하는 데는 김교삼金教三(1867~1947)의 역할이 컸다. 김교삼은 성인의 방계 후손으로서 일본강점기 평안도 운산 금광의 책임자를 지냈다. 한 재산을 모은 김교삼은 1910년대 고향에 돌아와 320번지에 정착했고, 선영을 정비했다. 현재 구산성당 총회장인 김도식 씨는 그의 손자이며, 앞에서 언급한 예전 공소(한채당)는 김교삼의 집이었다.

1927년 발굴 이후 김 성인의 진묘는 다소 방치되어 있었던 듯하다. 후손들이나 신자들이 일제치하에서 이를 돌볼 능력이 없었기 때문이다. 단지 해방 이후 묘소를 단장하고 떼를 입힌 후에 앞에 화강석으로 두 자 반가량의 묘비('복자 김성우 안당의 묘')를 설치하였을 뿐이다. 구산성지가 본격적으로 조명되고 관리되기 시작한 것은 변기영 신부가 신장본당 주임신부로 부임한 1970년대 중반 이후다. 변 신부는 1977년 소송 이성숙(체칠리아)의 글씨로 김성우 순교 현양비를 세웠다. 또한, 뜻있는 신자들로부터 농토를 기증받아 2,100평가량의 부지를 확보했다. 1978년엔 망월동 279번지에 있던 최지현의 묘를 이장하여 김성우 묘지 옆에 새로이 조성하였고, 주변에 조경 수목을 심었다. 구산성당 초대 주임신부로 부임한 갈홍균 신부는 1980년 '작은 산소깟'에 있던 김만집 등의 무덤을 성지로 이전하고자 하였으나 문중의 동의를 얻지 못했다. 그해 11월 구산성지는 공식적으로 성지로 인정받았고, 김성우 안토니오 복자는 1984년 5월 103위 성인으로 시성되었다.

구산성지 성당 벽면의 모방 신부 릴리프

구산성지의 중심은 두말할 것 없이 김 성인의 묘소이다. 묘역은 4각의 둘레석에 봉분을 조성하고, 오른쪽에 정방형의 비좌 위에 비석을 세운 다음 다시 팔작지붕형의 옥개석을 얹은 묘비가 있다. 봉분 전면 좌측으로는 예배를 할 수 있는 제단이 마련되어 있다. 봉분의 둘레석에는 문양이 새겨져 있는데, 전통 문양이 천주교식으로 변형된 모습을 보여준다. 성인의 묘역 우측에는 최지현 순교자의 묘가 작은 규모로 세워져 있다. 최 순교자의 묘 옆에는 비좌 위에 옥개석 없이 비석만을 세웠다.

〈우리의 도움이신 성모마리아〉 상은 출입구에서 묘역으로 가기 전에 있다. 성모상의 모습은 갈홍균 신부가 꿈에서 알현한 성모마리아의 모습을 토대로 김세중 교수가 만들었다. 한 손에는 아기 예수를 안고, 한 손에는 홀을 든 모습이다. 이 조각상은 통돌로 만든 작품이다. 이 조각상의 원형 모델 상이 구산성당에 있다는 것은 이미 언급했다. 마리아상을 지나면 성인의 아호를 딴 '안당문'이 있고, 안당문 안에 묘소가 있다. '안당문'을 들어서면 오른쪽으로는 나무십자가 형상으로 된 14처가 있고, 구산성지 성당이 맞은편에 보인다. 성당의 앞면에는 성인과 인연이 깊은 모방 신부 부조浮彫가 있다.

성당 뒤로 돌아가면 옹기가마를 재현해 놓았다. "원래 망월동 지역에서 옹기를 굽지는 않았습니다. 그러나 박해 시절 천주교인들은 옹기장이로 불렸지요. 왜냐하면 깊은 산골에 은신하면서 옹기를 만들어 생업을 유지하면서, 옹기를 팔러 다닌다는 핑계로 외부의 정보를 얻고, 서로 소식을 전했기 때문이지요. 구산 마을에서 멀리 포천이나 강원도 산골로 피신한 분들은 거기서 옹기를 굽기도 했다고 해요. 성지에 옹기가마를 만들어 놓은 것은 당시의 그러한 생활상을 상징적으로 보여주자는 의미가 있습니다."(원재연 수원교회사연구소 연구실장)

옹기가마를 돌아가면 성인의 동상이 있고, 그 옆으로는 넓은 쉼터가 조성돼 있다. 성인의 동상으로 가기 위해서는 소용돌이 모양의 석축을 돌아가야 하는 데 그 석축도 조형미를 살려 쌓았다. 구산성지 안에는 수원교회사연구소가 있다. 현재 원재연 실장을 포함해 3명의 연구원이 근무한다. 소장은 구산성지 성당의 정종득 주임신부가 맡고 있다.

연간 20만~30만 명의 순례자들이 찾는다는 구산성지는 구산성당과 약 700미터가량 떨어져 있다. 하지만 최근 보금자리주택 단지 수용 문제가 불거지기 전까지 두 곳이 별개의 장소라고 생각한 관계자는 없다. "이 일대가 원래 그린벨트 아닙니까? 그래서 이곳 성지를 넓히는 과정에서도 애를 많이 먹었어요. 성지 사무실과 교회사연구소 건물은 속칭 딱지를 사서 지었지요. 예전에 시

옹기가마 정면

청에서 하도 그린벨트 단속을 나오길래 성지를 유적으로 승격시키는 일을 서둘렀습니다. 그러면 좀 덜하지 않을까 싶어서였지요. 지금처럼 성당 쪽을 수용할 거라는 생각은 당시엔 꿈에도 못 해봤습니다."(최창규 부위원장) 물론 성당과 성지가 갈라질 무렵 약간의 마찰은 있었다고 한다. 하지만 그래도 두 곳이 별개의 장소라고는 누구도 받아들이지 않았다는 것이다.

구산성지 성당

거북뫼(구산) 교우촌 사람들은 예전 약현성당(명동성당) 시절부터 헌신적인 사람들이었던 듯하다. 교회사를 보면 구산 사람들이 약현성당을 세울 때 정기적으로 가서 일했다는 기록이 있다. 이들은 여러 차례 본당 소속이 바뀌었지만 그때마다 본당 일에 열성을 보였다. "변 신부님이 천진암으로 가시고 나서도, 저희들이 가서 천진암 일도 많이 했습니다. 나무도 심고, 돌도 나르고."(김도식 총회장)

이처럼 순박한 거북뫼 사람들이건만 성당 수용과 관련해 의심의 눈길을 거두지 못하고 있다. 2009년 9월 현재 미사지구 보금자리주택단지 가운데서도 구산성당 자리는 노른자위로 꼽힌다. 왜냐하면 이 터에 아파트를 지으면 한강이 한눈에 내려다보이기 때문이다. 예봉산과 검단산이 만나 이루는 두미 골짜기까지 탁 트인 조망을 얻을 수 있다. 알려진 바로는 이 자리엔 중대형 아파트가 들어설 예정이라고 한다. 서민형 소형주택(보금자리)만을 만드는 것이 아니라 중대형 아파트를 노른자위 땅에 세워 개발이익을 얻겠다는 속셈인 셈이다.

그러나 이 글 서두에서 언급했듯이 구산 교우촌 사람들은 "문화벨트를 만

구산성지 길 건너에 있는 '작은 산소깟'

들면 단지의 가치가 더 높아지는 것 아니냐"며 "일을 추진하는 사람들이 한 번 만 와 보면 우리들의 진정한 바람이 무엇인지 알 수 있을 텐데, 와 보지도 않는다."고 안타까워하고 있다. 수용 예정인 땅 가운데는 예전 광주 수리조합 건물도 있다. 1927년 들어선 수리조합 건물은 현재 음식점으로 쓰이지만, 그 집 2층에는 일본강점기 흔적이 남아있다.

이보다 더 아쉬운 점은 순교자 만집의 후손이자 독립운동가인 김교영金敎永(1858~1923)의 집터도 수용예정지라는 사실이다. 망월리 구장이었던 김교영은 3.1운동 당시 지역의 만세운동을 주동했다는 혐의로 체포되어, 1923년 옥사한 분이다. 그에게는 1994년 건국훈장이 추서되었다. 하지만 개발 앞에서는 근현대 문화의 의미도, 독립운동가의 흔적도 소용이 없는 듯하다.

'작은 산소깟' 역시 보금자리주택 때문에 수용될 형편이다. "이 가운데 묘가 확실한 4분, 만집 문집 성희 경희 순교자들 묘만 성지로 옮겨오게 되겠지요. 지금 허묘 상태인 윤희 차희 심칠여 세 분은 허묘를 만들 건지 아닌지 결론이 나지 않았습니다. 그런데 문제는 시복 시성을 추진하고 있는 상황에서 이장하

는 일이 쉽지 않다는 겁니다. 교황청 절차가 아주 까다롭거든요. 참 어려운 문제입니다."(최창규 부위원장)

"현재 수원교구에서는 구산마을 순교자들의 시복 시성을 추진하고 있는데, 이분들 가운데 묘가 확실하고 행적이 뚜렷한 문집, 만집 형제를 우선 추진하는 것으로 알고 있습니다."(원재연 연구실장) 김 씨 선영 격인 '작은 산소깟' 이장 문제도 앞으로 보통 문제가 아닐 듯하다.

| 도움말 주신 분들 |

김도식 구산성당 총회장
지윤호 구산성당 사무장
원재연 수원교회사연구소 연구실장
최창규 구산성지위원회 부위원장
이종필 구산성지 사무소 사무장

| 참고자료 |

경기도 『경기도 근대문화유산 조사 및 목록화 보고서』, 2004
천주교 구산성당, 『구산천주교회의 역사-구산본당 창립 25주년 기념논집』, 2004
하남문화원, 『하남시사자료 5』, 2007

30부

화성

01
금산사金山祠

답사일 : 2009년 9월 22일

쇠미산 자락의 금산사와 창곡리

비봉에서 발안 방면으로 39번 국도를 따라가다 자연교를 지나면 얼마 가지 않

금산사 정면

금산사로 오르는 돌계단

도유사 박영근 송덕비

금산사 중건비

아 왼편에 장곡1리 진입로가 나온다. 이곳에 금산사金山祠가 있다. 창곡리昌谷里는 청요공업단지에 붙어있는 마을이어서 그런지 마을에 들어서자 마치 공단 한복판으로 들어온 것처럼 공장이 빼곡히 들어차 있었다. 금산사는 그 공장들을 지나쳐 마을 안쪽 끝 쇠미산 자락에 높게 들어앉아 있다.

금산사(화성시 팔탄면 창곡리 산14번지)는 1912년 김해金海 김 씨金氏들의 모금으로 선조인 신라新羅의 명장名將 김유신의 위업을 기리기 위해 건립된 사우祠宇로서 신라의 유학 진흥儒學振興과 국학國學 발전에 공헌한 설총, 최치원의 위패도 함께 배향配享, 봉사奉祀하고 있다.(화성군사) 1986년 5월 20일 화성시 향토유적 제7호로 지정되었으며 김해 김 씨 홍무왕공파 종중이 관리하고 있다.

창곡리는 김해 김씨 집성촌이다. 공장지대로 바뀌고 있는 탓에 고즈넉한 마을 풍경은 거의 잃어버렸지만, 마을 깊숙이 자리 잡은 고색창연한 사당은 변해가는 집성촌의 역사를 증언하고 있다. 아직도 창곡리에는 김 씨가 많이 살고 있다. 어릴 때 금산사에서 놀며 자랐다는 창곡리 주민 김범순 씨(73세)는 "예전에는 마을 규모가 50호 정도 됐었는데 공장이 들어오고 땅값이 오르면서 집들을 팔고 나갔다. 지금은 마을에 30호 정도만 남았다"며 개발에 밀려 작아져가는 마을을 안타까워했다. 수로왕의 77대손이라는 그는 금산사에서 제례가 있을 때마다 경기도 일대에서 모인 어르신들에게 술을 따라 드리고 제기도 닦으면서 청년 시절을 보냈다며 사당에 대한 깊은 애착을 보였다.

김해 김씨와 김유신 장군

김해 김씨는 시조 수로왕首露王의 제12대손 유신庾信을 중시조中始祖로 하여 대소 98파로 나뉜다. 신라와 고려시대를 통하여 많은 문무명신文武名臣을 배출한 삼한갑족三韓甲族에 속하며, 숱한 인물을 배출했다. 2000년 인구조사에는 129만5,080가구에 412만4,934명이 사는 것으로 집계됐으며 본관별 인구 순위는 1위를 차지하고 있다.

금산사에 위패가 모셔진 김유신(595~673)은 금관가야의 마지막 왕이었던 구해왕의 증손이고 어머니 만명 부인은 신라 지증왕의 증손녀였던 것으로 알려져 있다. 신라 진평왕 때부터 각종 전투에 참여하여 공을 세웠고 660년(무열왕 7년)에 상대등에 올라 백제 정벌과 고구려 정벌을 지휘하여 삼국을 통합하는데 성공했다. 673년(문무왕 13년)에 그가 죽자 문무왕은 금산원에 성대한 의장을 갖추어 장사지냈다. 무덤은 경주시 충효동 송화산 줄기가 남쪽으로 뻗은 옥녀봉

신라 태대각간 김유신장군 묘정비

자락에 위치하고 있다. 문무왕으로부터는 태대각간이라는 신라 최고의 관직을 받았고 후대에 와서는 흥덕왕으로부터 흥무대왕으로 추봉되어서 무덤의 크기가 왕릉처럼 조성되어있다.

김유신의 화랑정신과 삼국통일의 위업을 기리기 위해 건립된 사당인 금산사는 경주 금산의 지명을 따서 이름 붙여졌다. 그런데 금산사가 세워진 연도가 묘하다. 1912년에 건립된 것으로 알려져 있는데, 1910년 일제가 우리나라를 침략해 국권을 찬탈한 경술국치로부터 2년이 지난 해이다. 김해 김 씨 종중은 왜 하필 이때에 김유신이라는 조상의 사당을 이곳에 지었던 것일까. 나라를 빼앗기고 조선의 모든 지식인이 슬픔과 분노에 빠져있었던 바로 그때에 말이다. 그들에게는 나락으로 떨어진 조국을 구하기 위한 영웅이 필요했던 것은 아닐까? 그래서 조상의 사당을 짓는다는 명목으로 구국의 혼을 불러내려 했던 것은 아닐까?

설령 그런 의도에 따라 사당의 건립이 이루어졌다 하더라도 그것은 기록으로 남길 수 없는 무언의 합의였을 것이다. 그래서 사당의 건립 의도는 당시의 정황과 시대정신에 미루어 짐작할 수밖에 없는 일이다. 나라를 빼앗겼어도 혼을 잃을 수는 없다는 서슬 퍼런 유림들의 결기가 배어있는 듯한 금산사는 거의 한 세기에 걸쳐 끊임없이 화성의 작은 마을로 경기도의 유림들을 불러 모으고 있다. 금산사의 대문은 위국문爲國門이란 현액이 달린 솟을삼문이다. 나라를 위한 문이라는 그 말이 사당의 건립이유를 설명하고 있는 듯하다.

금산사 현황

금산사 입구 왼편에는 용화제龍華齋라는 단층 건물이 있다. 마을회관 형태의 이 건물은 금산사 관리인이 살던 집이다. 지금은 비어있다. 경주 김유신 장군 묘 아래쪽에 묘를 지키는 금산재金山齋가 있는 것처럼 관리사를 둔 것이다. 현재의 용화재는 마을회관 건물형식과 유사한 것으로 보아 초기에 지어진 것은 아니다. 마을 주민 김대진 씨(71세)는 용화재에 대해 이렇게 증언했다.

"마을에서 사당 관리를 위해 돈을 걷었었다. 예전에 관리할 사람에게 땅을 주면서 농사를 지어먹고 살면서 사당을 관리하라고 했다. 그 사람이 제사 준비도 했다. 돼지도 잡고 여러 가지 일을 많이 했다. 하지만 이제는 그런 사람을 구할 수 없어서 비어있다. 그래서 사당 관리는 후손 중에 두 사람이 맡고 있다. 김영건(72대손)과 김재문(76대손)이다. 전에 오래된 제기를 도난당한 후부터는 출입구를 잠가두고 열쇠는 관리자가 보관하고 있다."

용화제 앞에서 보면 60미터쯤 되는 돌계단 끝에 사당의 대문이 높다랗게 보이고 그 뒤에 쇠미산이 금산사를 끌어안고 있다. 쇠미산은 쇠가 나서 붙여진 이름이라고 한다. 돌에 쇠가 섞여서 돌에서 녹이 난다는 것. 예전에 채석장이 있었는데 돌에서 녹이 나서 써먹지 못했기 때문에 없어졌다고 한다.

돌계단을 중간쯤 오르다 보면 좌우에 비석 3개가 세워져 있다. 도유사 박영근 송덕비(좌측)와 금산사 중건비(중간), 신라 태대각간 김유신 장군 묘정비(우측)다.

묘정비廟庭碑에는 왼쪽에서 오른쪽으로 돌아가며 김유신의 공적을 칭송하는 글이 빼곡하게 새겨져 있다.

금산사 관리사인 용화재

금산사 대문인 위국문 현액

금산사 안내판

글의 내용은 후손 김정환金正煥과 김근배金根培 등이 사당을 건립하고 김유신 묘가 있는 경주 금산의 지명을 따서 금산사라 칭했으며 경주 서악서원西岳書院처럼 설총薛聰과 최치원崔致遠의 위패도 함께 모시게 되었음을 알리고 있다. 함경도 경성에 사는 후손 김용준金容俊이 모금해 중수했으며 화성군종친회원이 백미 한 말씩 갹출하여 위토位土를 마련했다는 내용과 안양에 사는 후손 김수복이 거금을 내놓아 묘정비를 건립했다는 것 등이 적혀있다. 이 비에는 건립과 중수 등의 연도 기록도 보이는데 화성군사華城郡史에 나타난 기록과는 다소

금산사 대문 왼쪽 나오는 문

안에서 본 금산사 대문

대문에서 높게 솟아있는 뜰

차이를 보이고 있다.

도유사 박영근 송덕비에는 유사有司(전통사회의 단체에서 사무를 맡은 직책)의 우두머리인 도유사 일을 오랫동안 맡은 박영근의 이력과 공로가 적혀있다. 송덕비에는 그가 2002년에 시로부터 보조금 9억1천만 원을 지원받아 금산사 진입로를 2차선으로 확포장하고 2003년 본당 옛 건물을 완전 철거하고 신축 건물로 중건했으며 계단 60미터를 새로 축조하고 주변 조경사업을 했다고 돼있다. 송덕비는 2009년 9월 7일에 세워졌다. 또 금산사 중건비에는 유공자 이름이 빼곡히 적혀있다.

금산사는 사당과 3칸의 솟을대문으로 이루어져

대문 앞 계단

있다. 삼문의 좌 · 우측에는 1985년 화강암으로 짓고 기와를 올린 담장이 사당 주위까지 둘러져 있다. 사당은 정면 9.1m, 측면 5.1m의 굴도리집으로 둥근 나무기둥이 세워져 있으며, 팔작지붕에 한식기와를 얹은 겹처마 건물이다. 위국문爲國門이란 현액이 달린 솟을삼문은 맞배지붕에 한식기와를 넣은 홑처마집으로 정면 5.87m, 측면 2.20m의 규모이다. 사당 밖에는 안내판이 세워져 있는데 그 내용으로 미루어 1912년 창건 이래 1935년과 1971년 두 차례에 걸쳐 중수했음을 알 수 있으며, 당초 8평 남짓한 건물을 2003년 15평 목조구조

금산사 본당

및 맞배지붕을 갖춘 사당으로 증 · 개축하였다.

현재 금산사 제향祭享은 김해 김 씨 문중과 경기도 유림이 중심이 되어 춘향제례, 추계봉행이 거행되고 있다. 음력 2월과 8월의 초정初丁에는 출표(청첩)를 하고 중정中丁때 제사를 지낸다. 제를 올릴 때는 200~300명가량 참석하며 제사 때는 익은 음식을 안올린다고 한다.

| 도움말 주신 분 |

김범순 팔탄면 창곡1리 노인회장
김대진 팔탄면 창곡1리 노인회 총무

| 참고자료 |

『화성군사』, 화성군사편찬위원회, 1990
『경기도 근대문화유산 조사 및 목록화 보고서』, 2004
http://www.hscity.net(화성시)
http://www.hscc.or.kr(화성문화원)

02
매향장로교회

답사일 : 2018년 9월 13일

평화의 사명을 성찰하게 하는 교회

화성시 우정읍 매향웃말길 15 매향장로교회로 들어가는 입구에는 포탄 탄피가 수북이 쌓여 있다. 인접한 매향리 평화역사관에서 수거해 쌓아둔 포탄 더미와

매향교회 구관 정면. 현재는 매향리 스튜디오로 사용되고 있다.

종탑

매향교회 옛 현판. 현재는 구관 안에 보관되고 있다.

작품의 일부다. 평화의 공간인 교회와 전혀 어울리지 않는 풍경이지만, 매향리라는 공간의 역사가 상징적으로 보여준다. 포탄 더미는 미군 사격장과 폭격장 인근에서 버텨온 세월이 어떠하고, 앞으로 더 열어가야 할 평화의 사명은 또 얼마나 큰지를 직감적으로 가늠하게 해 준다.

매향장로교회는 1956년 세워졌다. 정관영 담임목사에 따르면 그 해 3월 가정집에서 예배를 드린 게 시작이라고 한다. 예전 매향리 교인들은 조암까지 가서 예배를 드렸다. 하지만 조암은 거리가 너무 멀어 동네에서 예배를 드리자

현재 본당

는 의견이 나왔다. 그러나 매향교회의 예배당이 지어진 것은 12년이 지난 1968년이다. 지금은 '매향리 스튜디오'가 된 옛 예배당이 그 때 건축되었다. 매향교회 옛 예배당의 머릿돌은 1968년 4월 18일로 되어 있다. "교회가 지어지기까지 서울 성동교회가 도와주었다고 해요. 여기 매향리 출신인 전도사(이문숙)를 파송해 주었다고 들었습니다." 정관영 목사는 1992년에 매향교회에 부임했기에, 이전 역사는 들어서 알고 있다고 했다. 정 목사는 매향교회의 역사를 정리해 둔 문서들이 있지만, 보여줄 수는 없다고도 했다.

교회의 창립 시기와 예배당 건립 시기가 주목된다. 화성시 자료를 보면, 1956년이나 1968년은 미군 쿠니사격장이 들어서서 사격훈련과 폭격훈련이 본격적으로 이루어지던 시기이기 때문이다. 미군은 한국전쟁 중이던 1951년부터 매향리 앞바다 농섬을 표적으로 삼아 훈련을 시작했다. 마을이 있는 해안의 섬이어서 훈련 적소로 선택되었다는 이야기가 정설처럼 전해진다. 미군은 1954년 아예 매향리에 주둔했고, 1955년 쿠니사격장이 정식으로 설치되었다. 이로

매향교회 구관 안에 전시되고 있는 쿠니사격장 관련 사진

부터 육상의 사격장과 폭격기에 의한 폭격이 하루 평균 12시간씩 연 250일 진행되었다. 물론 전쟁 직후인 1950년대엔 이보다 더 했으면 더 했지 덜 하지는 않았다고 추정할 수밖에 없다. 고온항을 끼고 있는 어촌이자, 한적한 농촌이었던 매향리는 로켓포 기관포 기총 등 사격과 폭격의 소음이 끊이지 않는 지역이 되었다. 1950년대였기에 미군의 사격장이 인가가 적지 않은 곳에 들어올 수 있었다. 당시 한국 정부는 사격과 폭격으로 인한 피해는 얼마든지 감수해도 좋다고 여겼을 것이다. 매향 교회는 소음과 섬광 속에서 태어났다고 해도 과언이 아닌 셈이다.

매향교회 구관 머릿돌

매향 교회를 둘러싼 무성한 소문

이후 매향 교회를 둘러싼 다양한 이야기들이 생겨났다. 미군의 오폭으로 옛 예배당 지붕 일부가 무너졌다든가, 비행고도 때문에 종탑을 세우지 못했다는 세간의 이야기가 그러하다. 1980년대 후반부터 매향리의 아픔이 널리 알려지면서, 이 같은 이야기들은 진실처럼 받아들여졌다. 하지만 어느 이야기도 진상이 정확히 밝혀지지는 않았다. 정관영 목사의 증언은 다르다. “매향 교회 오폭은 사

매향교회 구관 내부 전면

실이 아닙니다. 그런 적이 없어요. 종탑을 세우지 못했다는 것도 과장되었습니다. 보세요. 예전 예배당 앞에 종탑이 있잖아요." 정 목사의 말도 일리가 있다. 예배당 규모로 볼 때 높은 종탑은 어울리지 않는다. 옛 예배당 앞에 아담한 종탑이 세워져 있다. 교회 규모로 미루어, 종탑이 더 높을 이유도 없다. 매향교회 옛 예배당이 오폭을 당하지 않았다고 주장한다고 해서, 사격장 때문에 종탑을 높이 올리지 못했다고 설명한다고 해서, 매향리의 아픔과 슬픔을 조금이라도 희석하려는 의도라고 볼 수는 없다. 매향교회가 실제로 겪은 일과 쿠니사격장의 피해를 일부러 연결하지 않아도, 매향리의 비극은 여전히 진하다.

정 목사는 매향리를 한 덩어리로 보는 사람들을 경계한다. "매향리는 다섯 개 리로 나뉩니다. 매향1리, 매향2리, 매향3리, 매향4리, 매향5리. 엄밀히 말하면 쿠니사격장으로 인한 피해는 매향1리에 집중되어 있습니다. 또, 매향1리니 매향5리니 해도, 이곳 주민들은 그런 행정리 명보다 고잔리, 웃말, 가로지, 논우물(놋우물이라고도 합니다) 같은 옛 마을 이름이 더 익숙하지요." '쿠니'라는 사격장 명

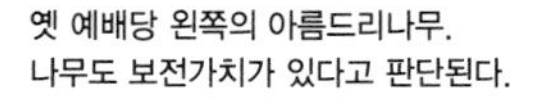

옛 예배당 왼쪽의 아름드리나무.
나무도 보전가치가 있다고 판단된다.

성채 형태 2층의 오른쪽 부분 입구

칭이 고은리라는 마을 이름을 미군들이 발음하기 어렵다 보니 쿠니가 되었다는 게 정설이고 보면, 매향리 전체를 하나의 마을로 봐서는 안 된다는 그의 말도 수긍할 만하다. 물론 매향 2~5리는 사격장의 피해에서 벗어나 있었다는 주장도 액면 그대로 받아들이기 어렵다. 다양한 직간접적 피해를 벗어나기 어려웠을 것이다. 정 목사는 1968년 교회 건립 당시 미군이 도와주었다는 점도 강조했다. 교회에서 사전에 요청하면 미군이 일요일과 부흥회 기간에 훈련을 하지 않았다고도 했다. "그동안 여러 보도기관에서 미군의 피해를 강조하면서, 매향교회도 그 사례로 집어넣었어요. 그런데 보도가 나오거나, 이런 보도를 검증해보지 않고 쓰는 블로그 글들이 인터넷에 떠돌면서 제가 교인들로부터 항의를 많이 받습니다. 목사님이 그렇게 얘기해 주어서 그런 것 아니냐고 말이지요." 쿠니사격장은 2005년 완전히 폐쇄되었고, 직접 피해 주민들은 어느 정도 보상을 받기도 했다. 하지만 미군의 폐해를 강조하는 쪽과 반미 의식을 경계하는 사람들의 불편한 심기 사이에는 간극이 존재한다. 진정한 평화는 이 간극을 좁히는 과정에서 이루어지지 않을까 하는 생각을 하게 만든다.

옛 예배당과 새 예배당

1968년 건축된 매향 교회 옛 예배당은 지상 2층 지하 1층 시멘트 벽돌로 지은 건물이다. 예배당 건평은 25평 정도다. 정면으로 좌우 양측에 4각 직육면체 성곽 망루 형태의 탑을 세웠고, 정면으로 현관을 두었다. 성곽 망루 형태라고 한 이유는 4면 모서리 상단에 성채에서 쉽게 볼 수 있는 뾰족 장식을 설치했기 때문이다. 현관문은 한 칸 정도 들여서 지었다. 망루로 올라갈 수도 있다. 망루의 1층과 2층은 모두 현재 창고로 쓰인다. 2층으로 올라가는 가파른 나무계단이 있다. 오른쪽 망루 2층으로 올라가서 밖으로 나가면 평평한 현관부 윗부분을 지나 왼쪽 망루로 통한다. 왼쪽 망루에는 성곽 망루처럼 밖을 내다볼 수 있는 직사각형 구멍이 있다. 구멍으로 내다보면 멀리 폭격훈련의 표적이었던 농섬이 보인다. 양쪽 망루 2층은 모두 지붕이 없다. 현관부 정면 상부에는 현재 '매향리 스튜디오'라는, 글자를 오려내어 붙인 간판이 있다. 현관부는 1층이고 망루는 2층이므로, 그 사이로 박공 형태의 예배당 지붕이 보인다. 박공 가운데에 십자가가 있다.

원래 색조는 알 수 없으나 외벽은 붉은색 도료로 칠해져 있다. 하지만 곳곳의 칠이 벗겨져 퇴락한 건물이라는 느낌을 준다. 매향리 스튜디오로 리모델링을 하면서도 외벽을 그대로 둔 이유는 건물의 역사적 상징성을 그대로 살리려는 의도가 작용한 것으로 보인다. 내부는 2016년부터 완전히 리모델링을 했기 때문에 본래 모습을 찾아보기 어렵다. 본디 강대 상이 있었던 단상의 상부는 시멘트 블록이 그대로 드러나 있어, 건물 전체가 같은 형태의 시멘트 블록으로 지어졌음을 알 수 있다. 천장 부분은 목재 트러스가 그대로 드러나 있다. 하지만 정관영 목사에 따르면 원래 반자가 있었으나, 리모델링 하면서 반자를 걷어내고, 목재 가운데 일부 상한 것들을 교체하거나 보강했다고 한다. 목재 지붕틀에서 수리한 부분은 얼마 되지 않는다고 정목사는 강조했다. 좌우 외벽에는 5개의 창문이 나 있다. 창문은 세로로 긴 직사각형 위에 이등변삼각형을 붙인 긴 오각 유리창문이다.

옛 예배당은 1984년 새로운 본당이 지어지면서 주일학교 등 교육용 건물이 되었다. 새 본당은 교회 입구에서 왼쪽으로 지어진 붉은 벽돌 건물이다. 1980년대 교회 건축 양식을 따라 지어졌다. 본당의 규모는 70평이다. 주목되는 점은 1980년대 중반 새 본당을 지어야 할 정도로 교회의 신도가 늘어났다는 점이다. 야간 훈련까지 벌어지는 미군 사격장 옆에 새 본당을 지어야 할 정도로 교인이 증가한 이유는 뭘까? "전체 가구 수가 꾸준히 늘어났기 때문입니다. 매향리는 원래 외부인이 들어올 만한 지역은 아닙니다. 기아자동차 사택들이 들어서면서 외지 인구가 인근에 상당히 유입되었지요. 제가 92년 부임하고 보니 세대수가 꽤 많았어요. 교인이 많을 때는 130명 정도로 늘었습니다. 여선교회를 3개 두어야 할 정도였지요. 그런데 기아차가 구조조정을 하면서 다시 인

임옥상 설치미술작품 〈매향리의 시간〉 정면. 각종 포탄 탄피가 전시되어 있다.

구가 빠져나가기 시작했습니다."(정 목사) 현재 매향 교회 재적 교인은 40명 선이다. 매향 교회가 자리 잡은 곳은 향후로도 당분간 개발의 여지가 크지 않아 보인다. 매향 교회가 옛 예배당을 경기창작센터에 매향리 스튜디오로 내준 것은 이 같은 교인 감소와 관련이 있다. 매향 교회의 선택은 호평을 받았다. 교회 소식을 전하는 매체에 매향 교회는 사라질 위기에서 예배당을 문화시설로 활용한 대표 사례로 소개되기도 했다.(《뉴스앤조이》, "없어질 위기 처한 낡은 예배당의 변신" 2018년 2월 28일)

매향리 관광안내도

매향리 스튜디오로

'매향리 스튜디오'는 경기만에코뮤지엄 사업의 일환이다. 2016년 경기창작센터는 매향 교회 옛 예배당을 기획전시와 영화상영 등 문화예술공간으로 활용하기로 하고, 매향 교회와 5년간 무상임대 계약을 맺었다.

고온항 군 초소 쪽에서 본 농섬

경기창작센터는 예배당을 완전히 리모델링하고 2017년 '1951~2005 겨울 이기일 전'을 시작으로 기획 전시 공간으로 활용하고 있다. 이기일 작가는 현재 '매향리 스튜디오'의 상주작가다. 경기만에코뮤지엄 화성지역 거점공간이 된 '매향리 스튜디오'는 청소년들과 함께 한 탐방 '우리들의 농섬'을 비롯 전시회 '한국적 모자이크'(미디어 아티스트 이용백) 등을 진행했다. 답사를 위해 찾아갔을 때도 옛 예배당 내부에는 매향리와 관련된 각종 그림, 사진, 문서 등이 전시되고 있었다. 매향리 스튜디오는 주민들의 아픔을 치유하고, 함께 평화를 이루어가는 공간을 지향한다. 예배당과 매향리의 기억, 평화의 미래를 두루 고려한 선택이라고 판단된다. 매향리 스튜디오로 변신하기까지 옛 예배당은 1984년부터 20여 년 간 매향 교회의 교육관이자 어린이들의 놀이터였으며, 외지 교회에서 수련회 등을 위해 찾는 이들의 숙소로 사용되었다.

옛 예배당 옆에는 예배당 높이의 두 배도 넘는 나무가 한 그루 서 있다. "68년에 예배당을 지을 때 장로님이 막대기를 하나 꽂아 놓으셨다는데, 그게 저렇게 컸다고 하네요." 막대기는 하는 말이고, 작은 묘목을 심었는데, 50년 사이에 높이 자랐다는 얘기다. 매향 교회와 역사를 같이 한 나무여서 앞으로도 잘 보존할 필요가 있겠다. 예배당 앞의 종탑은 녹이 많이 슬었다. 종탑 또한 옛 예배당과 연륜이 같다. 예배당 전면의 망루 높이와 비슷하게 올린 종탑에는 지금도 종이 달려 있다. 종탑 아랫부분은 세월이 흐르면서 삭아 지지대를 받치고 수

선한 흔적이 있다. "종각을 보전해 달라고 화성시에 요청을 한 적이 있습니다. 그런데 유선상으로는 안 되니 직접 시청에 와서 하라고 하더라고요. 짬을 낼 틈이 없어서 가지 못했습니다." 정 목사는 담담하게 얘기했지만, 서운한 기색이 느껴졌다. 매향 교회 옛 예배당과 종탑, 나무는 한국 근현대사의 한 측면을 보여주는 근대문화유산으로서 충분한 가치가 있다. 그렇다면 보존과 활용에 소극적인 행정 당국에 대해 담임목사가 섭섭함을 갖는 게 당연할 터이다.

매향리 평화 역사관

매향 교회를 답사하면서 '매향리 평화 역사관'을 빼놓아서는 안 될 것이다. 화성시 홈페이지에는 '매향리 역사관'으로 표시되는 이곳의 도로명 주소는 우정읍 기아자동차로 199다. 기아자동차로에서 평화 역사관을 만나자마자 매향 교회 쪽으로 갈라져 들어가는 도로가 매향웃말길이므로 매향 교회와 평화 역사관은 붙어있다고 해도 과장이 아니다. 매향리 평화역사관 마당에는 주민이 수거한 포탄이 무더기무더기 쌓여 있고, 포탄 등으로 제작한 작품들을 곳곳에 있다. 대표적인 작품이 임옥상林玉相 작가의 '매향리의 시간'이다. '매향리의 시간' 안내판에는 이렇게 쓰여 있다.

"푸줏간의 고기처럼 폭탄의 잔해를 진열한다./ 갈고리에 꿰어 피를 흘리며 걸려있는 살덩이처럼 폭탄을 걸어 진열한다./ 푸줏간이야말로 삶과 죽음을 가장 극명하게 보여주는 현장이기 때문이다./ 푸줏간에 오래 머물고 싶은 사람은 없다./ 그러나 매향리의 푸줏간은 탈출구가 없다. 미로다./ 자반사 유리로 탈출구는 혼돈되고 은폐된다./ 흥분해서 길길이 날뛴다고 길이 보일 수는 없다./ 흥불할수록 폭탄의 숲에 갇히고 만다. 미아가 된다. 성찰이 필요하다./ 자신의 참

모습을 찾아야 길이 보인다./ 찢어지고, 녹슬고, 그래도 살아야 한다고 여기에 따개비가 붙었던 폭탄의 잔해들, 시체들을 보며 우리는 우리의 시간을 찾을 수 있을 것이다./ 매향리의 현재의 시간은 곧 오늘의 우리 모두의 시간인 것이다."

평화 역사관 마당의 녹슨 한반도 모형 철판 조형물은 최병수 작가의 작품이다. 최 작가의 한반도는 한반도 전체가 매향리의 시간을 벗어났는지 묻고 있는 듯하다. 매향리의 비극은 주민들이 1989년 팀스피리트 훈련 기간에 3주간 육상과 농섬 사격장에서 점거 농성을 벌이고 나서야 세상에 알려졌다. 피해 주민들은 1994년 미군기지 앞에서 3개월 천막농성을 벌였고, 그제야 한미배상심의위원회는 3억 5,000만 원을 가옥 균열 피해 배상금으로 지급 결정했다. 2000년 5월 8일에는 주민 6명이 다치는 오폭 사고가 발생했고, 주민대책 위원회가 구성되었다. 대책 위원장이었던 전만규 씨는 폭격훈련 용 깃발을 찢었다는 이유로 구속되었다. 1950년대부터 매향리 주민들이 당한 고통은 심각하다. 임신 8개월의 임산부를 포함해 13명이 사망했고, 손목이 잘리는 등 부상을 입은 사람이 22명이다. 정신적 고통도 말할 수 없었다. 매향리의 자살자만 30명이 넘는다. 2007년 통계에 따르면, 매향리 주민 자살률이 다른 지역보다 2~7배 높다. 고도 우울증은 4배, 고도 불안과 외상후 스트레스 장애는 9배에 이른다. 매향리에서 사격과 폭격으로 인해 피해를 입은 주민은 모두 713가구에 4,000명을 헤아린다.

시민들의 격렬한 항의 끝에 육상 기총사격장은 2000년 8월 폐쇄되었다. 1998년부터 주민들은 국가를 상대로 손해배상 소송을 제기했고 2004년과 2005년 대법원에서 잇따라 승소 판결이 나왔다. 결국, 사격장은 2005년 8월 완전 폐쇄되었다. 주민들은 사격장 자리에 평화생태공원이 들어서기를 희망했지만, 진척은 더디다. 2016년 쿠니사격장이 있던 자리에 유소년 야구장인 드림파

쿠니사격장에서 수거해 쌓아놓은 탄피더미

크 조성사업이 시작되어 2017년 완공되었고, 매향리 평화생태공원은 폐쇄 이후 13년이 지난 아직도 완성을 보지 못했다. 숲이 우거져 농濃섬이라 했다는 섬은 주야를 가리지 않는 폭격 훈련으로 원래 크기의 3분의 1로 작아졌다. 농섬

사격연습 표적으로 쓰였을 것으로 추정되는 컨테이너박스

근처에 있었던 귀비섬은 원래 농섬만한 섬이었으나 폭격훈련으로 형체도 없이 사라지고 이제는 검은 바위 정도로 남았다. 그나마 위안이 되는 점은 사격장 폐쇄 후 10여 년이 흘러 멸종위기종인 새들이 돌아오기 시작했다는 것이다. 2016년 5월 멸종위기 2급인 검은머리물떼새가 농섬에 날아든 것이 확인되었다. 갯벌도 조금씩 살아나고 있다. 포탄 탄피와 불발탄을 완전히 제거하지 못한 상태이지만, 생명의 땅으로 매향리 앞바다가 변해가고 있다고 판단된다.

역사적 비극의 현장을 탐방하는 여행을 다크 투어리즘(dark tourism)이라고 한다면, 매향리 일대는 화성 지역에서 빼놓을 수 없는 다크 투어리즘의 현장이다. 매향 교회는 건너편 드림파크와 고온항, 농섬으로 가는 입구에 해당한다. 시작점에 50년 된 예배당이 남아 있다는 사실이 참으로 역설적이다. 매향교회 옛 예배당은 그러므로 평화의 기도를 올리는 공간으로 소중하게 보전하고 활용할 가치가 높다.

| 도움말 주신 분 |

정관영 매향교회 담임목사

| 참고자료 |

화성시청 홈페이지 http://www.hscity.go.kr/
"없어진 위기 처한 낡은 예배당의 변신", 뉴스앤조이, 2018. 02. 28
김희태, "매향교회는 왜 지붕이 없을까" 화성저널, 2018. 04. 29
"전쟁 공포 사라지고 매화 향기 가득~", 통일시대, Vol. 136(2018년 2월)

03
산안마을 - 화성 '산안마을'

답사일 : 2010년 11월 2일

"나, 모두와 함께 번영한다."

'산안마을'은 향남제약단지 서쪽 끝 부근에서 서해안고속도로 쪽으로 작은 도로를 따라가다 보면 만날 수 있다. 행정구역으로는 화성시 향남읍 구문천리 산 141-1. 산안마을 안내표지판은 특이하다. 큰 삼각기둥 표지판 한 면에 "야마기시즘사회 경향실현지"라고 쓰여 있다. 그 옆면에는 "돈이 필요 없는 사이좋은 즐

산안마을 양계장과 초지 전경

거운 마을", 또 다른 한 면에는 "나, 모두와 함께 번영한다"라고 큼지막하게 썼다. 앞의 구절은 '산안마을'의 회지會旨이고, 뒤 문구는 '산안마을'의 표어다.

'야마기시즘사회 경향 실현지'는 '산안마을'의 본디 명칭이다. 요즘은 '야마기시즘 생활 실현지'라고 한다. '야마기시즘(YAMAGISHISM)'은 야마기시 미요조山岸巳代藏씨(1901-1961)가 창시한 농법과 생활방식을 의미한다. '산안마을'이라는 이름도 그의 성姓인 야마기시山岸에서 유래한다. 야마기시는 새로운 삶을 고민하다가 자신만의 고유한 양계법과 농법을 고안했다. 최초의 야마기시회會는 1953년 창립되었고, 1958년엔 미에켄三重縣에 최초의 농장(실현지)이 건설되었다. 야마기시즘 홈페이지에 따르면 2007년 현재 아프리카를 제외한 각 대륙에 '야마기시즘 생활 실현지'가 200여 곳 있다고 한다. 한국에 야마기시즘이 소개된 것은 1960년대 중반이고, 화성 '산안마을'은 1984년 시작되었다.

화성 '산안마을'을 이해하려면 야마기시 미요조 씨가 새로운 양계법에 눈 뜬 과정부터 언급해야 할 듯하다. "야마기시 선생은 19살 무렵이던 1919년경부터 잘못된 세상을 바로잡을 고민에 빠졌습니다. 당시 일본은 모든 서양철학사조가 다 들어온 시기였지요. 정치는 군국주의로 치달았지만. 선생은 3개월간 두문불출하고 고민을 하다가 두 가지 진리를 터득했어요. 첫째, 진리는 하나다. 둘째, 이상

산안마을 주민이 함께 쓰는 거실

마을 주민이 누구나 필요한 물품을 가져다 쓸 수 있는 생필품 창고

은 방법만 옳으면 실현할 수 있다. 선생은 자신의 이상을 실현할 방법을 찾아 방방곡곡을 헤매고 다녔지요. 선생은 당시 일본 경찰로부터 불온한 인물로 여겨져서 미행과 감시를 당했습니다. 어느 날 선생이 미행을 따돌리려고 우연히 양계장에 숨었습니다. 거기서 마침 부화기에서 갓 깨어난 병아리를 보고 무언가를 깨달았습니다. 그래서 그 길로 부화기술을 배워서 자신의 고향인 시가현에서 실험을 한끝에 지금의 양계법, 자신만의 양계법을 고안했습니다." 화성 '산안마을'을 주도적으로 시작한 인물이자 현재 대표인 윤성열 씨가 들려준 이야기다.

공동 빨래방

'야마기시즘'은 독창적인 양계법에 국한되지 않는다. 순환농법에 바탕을 둔 '종합 유기적 일체 농업'과 독특한 양돈법 및 낙농법으로도 발전했다. 하

빨래방 앞 휘호

지만 더욱 중요한 점은 '전민적全民的 마을 만들기'를 지향한다는 데 있다. '야마기시즘 실현지'의 주요 특징은 다음과 같다. 첫째, 돈지갑 하나의 일체 경영이다. 마을 전체의 경제와 경영을 돈지갑 하나로 해나간다. 둘째, 급료도 분배도 없다. 전원 경영, 일체 경영이기 때문이다. 셋째, 우두머리나 관리직이 없기 때문에 명령이나 통제가 없고, 각자 자유의지에 따라 자각적으로 일을 한다. 넷째, 소유가 없고 공용公用한다. 실현지 내에 있는 모든 재산은 소유관이 없이 모두가 함께 쓰고 나눈다. 다섯째, 한 사람이 여러 가지 역할을 하지 않고, 전원 각자의 특기에 따라 전문적 분업을 한다. 여섯째, 모든 것을 연찬研鑽 방식으로 해나간다. 실현지 내의 크고 작은 일을 함께 모여 연구하고 논의해서 결정하고 집행한다. 일곱째, 생활 역시 각자 개인적으로 하지 않고 일체 생활을 추구한다.(『야마기시즘 농법』, 25~26쪽.)

산안마을 윤성열 대표

"우리는 공동체라는 말을 쓰지 않습니다. 모든 것이 일체이기 때문이지요. 넓게 보면 일체도 공동체 개념이겠지만, 공동체는 나누어진 개별적인 존재를 공동으로 묶는다는 뜻이지요. 우리가 볼 때는 만물은 원래 일체입니다." 윤성열 대표는 모든 문제가 소유 개념 때문에 발생한다는 게 야마기시즘의 출발이라고 설명한다. "자본주의든 공산주의든 사유와 공유 개념을 중심으로 하지요. 하지만 '야마기시즘'은 사유도 공유도 아니라고 봅니다. 무소유의 관점이지요. 그렇다고 종교적 색채를 가진 것은 아닙니다. 햇빛, 공기, 물은 누구의 소유도 아니지 않습니까? 사유든 공유든 소유는 지배욕을 채우려는 개념이고 조작입니다. 이 소유욕으로부터 소유가 제도화되는 것이지요. '야마기시즘'은 인간의 지혜는 언젠가 소유라는 개념을 넘어설 것이라고 믿습니다. 심지어 생각의 소유도 타인을 압박하고 피해를 줍니다. '야마기시즘'은 이를 평온한 가운데, 평화롭게 자각하자는 운동입니다. 우리는 인간이 소유라는 개념을 넘어설 때까지 쉬지 않고 전진한다는 철학을 갖고 있습니다. 이를 '무고정정진無固定精進이라고 하지요."

화성 '산안마을'은 현재 여섯 가구다. 1984년 시작할 때도 여섯 가구였다.

산안마을 주민들이 함께 식사하는 장소

"그 사이 몇 가구가 나가고, 몇 가구는 새로 들어왔습니다. 나가는 것도 자유의지고 들어오는 것도 자유의지입니다." 1만 평 규모로 시작했던 '산안마을'은 현재 5만 평으로 넓어졌다. 양계만이 아니라 유기농 채소 농사도 시도했다. 하지만 일반 판매도 했던 채소 부문은 접었다. 유기농 생산이라 비용도 많이 든데다 '야마기시즘' 양계에 전념하기 위해서였다. 그런 가운데서도 '하나의 돈지갑'으로 '일체 생활'을 한다는 정신은 줄곧 지켜왔다. 이제부터 한 세대 가까이 이어온 '무고정정진'의 자취를 따라가 보자. 가장 먼저 둘러보아야 할 곳은 '야마기시즘'의 모태인 계사鷄舍다.

"닭이 행복하면 인간이 행복하다."

'산안마을' 계사는 현재 18동이다. 마을 초기에 세운 10동과 후에 만든 10동을 합해 20개 동이었는데, 과거 계사 중에 쓰지 않는 곳이 2동 있다. 이들 계사에는 병아리를 포함해서 닭이 3만 마리가량 산다. '산안마을' 계사는 일반 양계장의 구조와 전혀 다르다. 보통 양계장은 산란계의 경우 알을 많이 낳도록 24시간 불을 켜 둔다. 닭은 알 낳는 일에만 전념하도록 '독방'에 갇혀 지낸다. 육계의 경우도 '가장 빠른 시간 내에 살을 찌워 출하해야 한다.'는 경제적 목표가 최우선 고려사항이다. 하지만 '산안마을' 계사는 닭이 편안한 양계법을 지향한다. '산안마을' 양계장에서는 산란계만을 기른다. 이들 산란계는 하루 평균 1만 개가량의 알을 낳는다.

"닭이 행복하면 좋은 알을 낳습니다. 따라서 닭을 행복하게 하는 방법이 바로 '기술'입니다. 야마기시 선생은 어떤 정신으로 닭을 기르느냐가 중요하다는 점을 중시했습니다. 닭이 행복하면 인간도 행복하다고 보았기 때문입니다.

행복한 닭이 낳는 알이 고급 유정란입니다. 유정란이라는 말은 우리 실현지에서 처음 국내에 소개했습니다. 유정有精이라는 말에는 두 가지 의미가 있습니다. 하나는 좋은 양계기술로 기른 행복한 닭이 낳은 종란이라는 뜻이고, 다른 하나는 좋은 정신으로 기른다는 뜻입니다. 즉, 수정이라고 할 때의 정과 정신이라고 할 때의 정이 다 유정이라는 말에 담겨 있습니다."(윤성열 대표)

'산안마을' 계사는 초기 계사나 나중 계사나 구조가 같다. 전 세계 '야마기시즘' 실현지의 계사는 거의 비슷하다. 야마기시즘 양계법의 공식은 '(기술 20+경영 30)×정신 50'이라고 표현된다. 그만큼 정신의 비중을 높이 본다. 실현지의 기상과 토지 조건, 사육자의 수준이 상이하지만 생산 실적이 거의 같은 것은 바로 이러한 정신의 공통점 때문이라고 설명된다. '야마기시즘' 계사는 사회식

사용하지 않는 계사를 이용해 만든 순환코너. 여기에 쓰지 않는 물건을 두면 누구나 가져다 재활용할 수 있다.

산안마을 안내판

함께 사용하는 옷장

계사라고 한다. 닭들이 그 안에서 나름의 '행복한 사회'를 꾸리고 살아가도록 설계되었다.

계사의 길이는 대략 100m이고, 한 동은 25개 칸 정도로 나누어진다. 한 칸에는 대략 수탉 4~5마리를 포함해 130마리가량의 닭이 산다. 정남향인 계사의 동과 동 사이는 충분한 공간을 둔다. 앞 동의 그늘이 뒷동으로 들어가는 햇볕을 가리는 일이 없도록 하기 위해서다. 닭들의 일조권이 절대 침해되지 않도록 하는 것이다. 또한 계사 지붕은 계사 안 어느 곳이나 1년 내내 태양 빛의 살균 작용이 미치도록 설계되어 있다. 햇볕은 소독 효과뿐만 아니라 계사 바닥의 미생물에 영향을 주므로 닭에게 이롭다. 또한, 여름에는 뜨거운 햇볕이 바로 계사로 들어가지 않도록 하고, 겨울에는 일조량을 충분히 받아들일 수 있도록 했다.

동과 동 사이 거리를 충분히 벌려 놓은 또 다른 이유는 대류에 의한 공기 순환이 잘 되도록 하기 위함이다. 맑은 공기는 영양가 높은 사료보다 훨씬 중요하다고 한다. 계사 바닥은 흙과 자갈 등을 잘 배합해 냄새가 전혀 나지 않는다. 이는 계사 후면의 들창문과 관련이 있다. 들창문은 들어 올리는 각도에 따라 여는 정도가 조절된다. 이렇듯 바닥 재료와 통풍에 세심한 신경을 썼기 때문에 계사 내 계분은 악취가 전혀 나지 않으며, 손으로 만져도 부슬부슬 좋은 감촉을 준다.

좋은 공기, 좋은 바람, 악취 없는 계사는 닭들에게 쾌적한 환경을 제공한다. 아울러 횃대의 배치나 산란통도 닭의 생태를 충분히 고려해 설치된다. 급수는 바닥에서 자연스럽게 올라오도록 설계되어 있다. "이곳 닭은 위장이 일반 닭보다 1m가량 길지요. 그만큼 건강하다는 겁니다. 일반 양계장이 인간을 위해 닭을 사육한다면 우리는 닭을 먼저 배려합니다." 윤 대표는 그동안 많은 사람이 '산안마을' 양계법을 배워갔지만, 실패하는 경우를 많이 보았다고 했다. 초기에는 이곳처럼 양계장을 만들고 이곳 방식대로 닭을 기르다가도 얼마 지나면 종전 방식으로 돌아가기 때문이라는 것이다. "경제적 이익 때문에 그런 모양인데, 생각을 먼저 바꾸지 않으면 성공할 수 없습니다."(윤성열 대표)

'산안마을'의 초기 계사와 나중 계사 사이에는 넓은 초지가 자리 잡고 있다. '야마기시즘' 양계법에서는 닭 3만 마리를 위해 약 6,000평의 초지가 필요하다고 본다. 농경지가 없는 축산 단독 경영이나 축산이 없는 농경은 이치에 어긋나는, 한쪽으로 치우친 경영이라고 간주하기 때문이다. 이것이 '야마기시즘'의 순환농법이다. 동물-식물-인간이 하나의 순환을 이루는 농법이야말로 환環의 농법, 화和의 농법으로 통한다고 본다. 초지에는 이탈리안 그라스가 자라고 있다. 늦가을에 파종해 봄에 수확하는 이 풀은 이곳 닭이 좋아하는 사료라고 한다. 이탈리안 그라스는 수확 후 비닐 멀칭을 해 두면 젖산발효가 되어 이른바 '풀김치'가 된다. 이를 다른 사료와 배합하여 닭에게 준다. 이탈리안 그라스가 자라는 '산안마을' 초지는 마을 안에 초지가 있는 게 아니라, 초지 안에 계사가 있고, 집이 있다고 표현해야 할 정도로 시원하게 펼쳐져 있다.

"우리 계사는 닭이 병에 걸리지 않고 튼튼히 자라는데 중점을 둡니다. 둘러보셨듯이 햇빛과 통풍과 쾌적한 공간이 갖추어져 있고, 예방접종을 철저히 해서 집단 폐사나 돌림병이 거의 발생하지 않습니다. 항생제도 쓰지 않습니다. 물론 전염병이 없지 않지만, 외부에서 균이 침입하지 않도록 조심하면 안에서 발생한 병은 약을 쓰지 않아도 자연스럽게 소멸되곤 하더군요."(윤성열 대표)

초지 외에 유기농 채소를 재배하는 밭도 있다. 하지만 이는 자급을 위한 재배일 따름이다. 행복한 닭이 낳은 유정란은 고정 유통망을 통해 공급한다. 초기에는 뜻을 같이 하는 식품업체와 손잡고 계란을 공급하기도 했다. 하지만 곧 서울 시내 곳곳을 발로 뛰면서 자체 판로를 개척했다. 처음부터 판매 목적으로 생산하지 않는다는 원칙 때문이다. 가격이나 원가를 걱정하지 않고 먹는 사람만을 생각하고 생산하여, 금전으로는 팔 수 없는 것을 만든다는 게 '야마기시즘' 농업의 정신이다. '산안마을' 유정란은 입소문으로 소비자 직거래가 늘어나면서 안정된 판로를 확보할 수 있었다. 지금도 중간 유통 단계는 전혀 없다. 가격은 시장가격에 상관없이 독자적으로 생산원가를 계산해서 결정한다. "도시와

산안마을 입구

농촌은 둘이 아닙니다. 도시 건강과 농촌 건강은 하나입니다. 야마기시즘은 도시와 농촌을 대립적으로 보지 않습니다."(윤성열 대표)

새로운 농촌 건설의 꿈

'산안마을' 개척의 역사는 윤성열 대표의 선친 시절로 거슬러 올라간다. 윤 대표의 선친 윤세식 씨는 평양 갑부의 넷째 아들이다. 청년 윤세식은 식민지 말기 학도병 징병을 피하려고 농장을 경영하기로 했다. 말하자면 위장 농장이었던 셈이다. 그는 충청남도 삽교에서 다른 사람이 개간하던 땅 16만 평을 사들여서 개간을 완성하고 경영을 하던 중에 해방을 맞았다. 학병에 끌려갈 일이 없어진 그는 서울로 가서 사업을 했다고 한다.

그런데, 한 번 농장과 인연을 맺은 그는 1965년 화성지역 청년 3명 등을 데리고 일본을 방문한다. 화성은 일제강점기부터 농촌계몽운동의 영향이 강한 곳이었다. 그 영향으로 4H 운동 등 농촌운동이 일찍 발달했다. 청년들을 중심으

초기 양계장. 계사와 계사 사이 충분한 공간을 두어 일조량을 확보하고 바람이 잘 통하도록 했다.

로 새로운 농촌을 건설하자는 꿈이 면면히 이어져 온 것이다. 그들이 방문한 곳은 미에 현의 야마기시회 가스가야마 실현지였다. 윤세식 씨는 한국으로 돌아와서 화성 청년들과 야마기시즘 특별강습연찬회를 조직했다. 특별강습연찬회는 1966년 1월 12일부터 1주일간 화성 황계리 농민회관에서 열렸다. 황계리는 현 수원 전투비행장 끝 동네다. 이 연찬회가 한국 '야마기시즘'의 출발이었다.

"선친과 일본을 함께 방문했던 분, 이 두 분이 한국에서 실현지를 만드는 작업을 시작했습니다. 선친과 함께 했던 한 분은 현재 자연농법 연구회 회장이신 조한규 씨입니다. 조 선생은 정자리, 지금의 수원 정자동 출신이지요. 그런데 선친께서 1966년에 그만 암으로 작고하셨어요. 당시에 저는 대학생이었지요. 선친과 선친의 친구 분(홍형의 교수) 영향으로 이상적 농촌 건설 꿈을 접하기는 했지만 사실 개인적으로는 졸업 후에 외국유학을 할 생각이었지요." 윤 대표는 1943년생이므로 당시 24세 청년이었다.

이후 조한규 씨와 구문천리 출신인 김병규 씨 등 3인이 현 발안산업단지하길리에 '화남협업농장'을 만들었다. 그러나 이 최초의 공동체 구상은 경제적 문제와 이견 등으로 성공하지 못했다. 그 무렵 발안지역에 10여 개 '야마기시즘' 실천 농장이 구상되었으나. 여건이 맞지 않아 어느 것 하나 실현되지 못했다. 윤 대표는 선친의 꿈을 이어볼 심산으로 1967년에서 68년에 걸쳐 1년간 선친이 다녀온 곳에 가서 머무르며 공부해보았다. "제가 돌아왔을 때는 협업농장이 모두 사라졌더군요. 10여 개나 되는 당시 협업농장 구상은 실험이라기보다는 살기 위한 발버둥에 가까웠다고 할 수 있습니다."

그는 일단 대학에 복학했다. 졸업 후에는 안성 등지를 돌아다니며 양계 보급 운동을 했다. 그러다가 생계의 방편으로 13년간 서울에서 교편을 잡았다. "그래도 야마기시즘을 실천하고 싶어서 동지들과 장소를 물색하다가 지금의 자리로 들어왔습니다. 그때는 출입로도 없는 맹지였습니다. 자동차는 다니지 못하고 우마차만 겨우 다녔지요. 전기도 들어오지 않았습니다. 그게 1984년입니다. 처음에 6가구가 야산 구릉지를 사서 계사를 짓고 개간을 시작했습니다. 처음 구입한 땅은 1만 평입니다. 버려지다시피 한 땅이어서 싸게 구입했습니다. 시작단계에서 면적이 넓어야 했던 까닭은 야마기시즘 양계법 상 풀이 많이 필요해서 그만한 재배지가 요구되기 때문입니다."

'산안마을' 출발이 다소 늦어지게 된 배경에는 정치적 이유도 있었다. "당시 박정희 정권이 야마기시즘 실현지를 북한의 협동농장과 같은 것으로 인식했습니다. 북의 협동농장은 완전히 다른 것인데도, 경찰과 정보부에서 실현지 관계자들을 데려다가 조사하고 때리고 그랬습니다. 저도 조사 받고 맞아본 적이 있습니다. 제가 일본에 가서 직접 보고 듣고 배워보니 공산주의와 야마기시즘은 본질적으로 달랐습니다. 우주관과 철학이 근본적으로 다르지요. 공산주

병아리동

의 운운하는 건 말도 안 되는 소리였지요. 야마기시 선생은 반공주의자입니다. 1953년에 북한은 가짜라고 선언했지요." 그럼에도 불구하고 '산안마을'에는 형사들이 정기적으로 찾아와 강습회를 감시하곤 했다고 한다.

"공동체가 아니라 일체"

'돈이 필요 없는 사이좋은 즐거운 마을'이라는 '산안마을' 모토를 가장 잘 보여주는 공간은 '물품창고'다. 이곳에는 생필품이 종류별로 진열돼 있다. 얼핏 보면 시골 마을 작은 가게 진열대 같다. 이 '물품창고'는 누구나 자유롭게 드나들면서 필요한 물건을 가져다 쓸 수 있다. '돈지갑은 하나'라는 원칙에 따른 것이다. "마을 안에는 경제적 벽이 없습니다. 단, 아이들 과자는 어른 승낙을 받고 가져다 먹게 합니다. 하지만 아이들도 습관이 돼서 필요 이상으로 먹지 않더군요."

'산안마을'은 식사도 공동으로 한다. 규칙적으로 시간을 맞추어 배식하고 모두 함께 먹는 식당이 아니다. '애화관愛和館'이라 이름 한 식당은 그냥 함께 먹는 곳이다. 끼니때가 되어 두 사람이 모이면 둘이 먹고, 좀 있다 열 명이 오면 열 명 상을 차려 준다. "함께 먹으면서 한 식구가 되는 공간일 뿐입니다. 거실도 마찬가지구요. 와서 티비 볼 사람은 티비 보고, 책을 읽거나 인터넷을 할 사람은 하고 싶은 대로 합니다. 담소를 할 사람은 이야기를 나누지요." 세탁실의 경우 각자가 빨랫감을 가져다가 분류해 놓으면, 담당자가 세탁해서 두고, 필요할 때 가져간다. 쓰지 않는 계사 한 곳을 이용한 '순환코너'도 같은 발상이다. 더 이상 사용하지 않는 물건을 이곳에 가져다 두면 필요한 사람이 알아서 가져간다.

"가족이 달라도 그런 생활이 가능합니다. 야마기시즘은 가능한 한 수성獸性을 축소하고 인간성을 배양하도록 하는데 목적이 있을 따름입니다. 그렇다고 우리가 은둔생활을 지향하는 것도 아니고 종교적 공동체는 더더욱 아닙니다."

'산안마을'은 마을 어린이만을 위한 교육을 따로 하지 않는다. 우주는 유기

계사 안의 닭들

마을 회관

체이기 때문에 함께 사는 법을 배워야 한다고 본다. 한때 자녀교육을 위해 대안 학교 성격의 학교를 마을 내에 설립하자는 논의가 있었다. 하지만 외부와 마을을 갈라놓는 것은 맞지 않는다 하여 포기했다. 오히려 학교를 설립하면 마을 아이들이 아니라 외부의 아이들이 와서 교육받게 하는 게 맞다는 게 '산안마을' 사람들의 결론이었다. 2세들이 꼭 마을에 남아야 한다는 규칙도 없다. 교육이든 거주든 자유로운 선택권이 있다. 윤 대표에게도 아들이 두 명 있는데, 큰아들은 일본의 실현지에서 살고, 둘째는 일본 무역회사에 다닌다. 직업 선택은 자유다.

'초록축제'는 '산안마을'이 은둔을 지향하는 공동체가 아니라는 걸 증명해 주는 행사다. 1986년 '산안농장의 봄축제'라는 이름으로 시작된 '초록축제'는 '산재散財축제', '거저의 축제', '야마기시즘사회축제'라고 명칭을 바꾸어가며 20여 년째 이어지고 있다. 회원만의 축제로 개최된 기간도 있었지만, 10년 전인 2001년부터는 화성지역 시민들의 적극적인 발원으로 지역축제의 성격을 띠게 되었다. 매년 5월 5일 치러지는 축제는 주최자 없는 축제, 술 없는 축제, 물품을 판매하지 않는 축제로 치러진다. 누구나 찾아와서 어울리며 함께 사는 삶의 기쁨을 맛볼 수 있다.

물론 '야마기시즘'이 무엇인지, '산안마을'에서의 삶이 어떠한 것인지 체험해보고 싶어 하는 외부인들을 위한 프로그램도 있다. 1개월간 '무소유 일체사회' 생활 체험 과정이 있고, 청년 회원들을 위한 특강과 연찬회도 마련되어 있다. 세계적인 '야마기시즘' 네트워크를 통해 중단기 국제캠프를 열기도 한다. 이에 관한 자세한 사항은 '산안마을' 홈페이지에 소개되어 있다. 하지만 이를 적극적으로 홍보하지는 않는다. "우리는 묵묵히 무고정정진을 계속할 뿐입니다." '야마기시즘' 연찬 안내 영문 팸플릿에는 다음과 같이 적혀 있다. 'I, a part of nature, do my best to prosper with all men, the sun and the soil.'

| 도움말 주신 분 |

윤성열 야마기시즘 생활 실현지(산안마을) 대표

| 참고자료 |

야마기시즘 실현지 출판부, 『자연과 인간이 하나가 되는 야마기시즘 농법』, 1999.
http://www.yamagishism.co.kr 야마기시즘 생활 경향실현지 홈페이지.

04
화성 수촌교회

답사일 : 2009년 9월 22일

수촌교회의 역사적 의미

우리는 1919년 기미 독립만세운동, 즉 3 · 1운동에 대해서 생각할 때 가장 먼저 유관순 열사와 제암리 학살사건을 떠올린다. 일본 군경이 제암교회에 사람들을 몰아넣고 사격을 가한 후 불을 질러 20여 명의 한국인을 살해한 그 끔찍한 사

화성시 장안면 수촌리 674번지에 있는 수촌교회 구관 앞면

건은 일제의 만행을 극명하게 보여주는 사례이기 때문이다. 하지만 당시에 화성에서는 제암교회 말고도 여러 곳에서 사람들이 살해되고 가옥에 불을 질러 많은 사람들이 죽음의 한계 상황으로 내몰려야 했다. 그중 한 곳이 수촌리와 수촌교회水村敎會 담임목사 한상국이다.

화성시 장안면 수촌리 674번지에 있는 수촌교회는 1905년에 창립된 교회로 한국기독교의 역사가 고스란히 배어있는 곳이다. 또한 일제강점기 민족수난사가 핏자국처럼 얼룩져있는 곳이기도 하다. 1백 년이 넘는 기간 동안 갖은 고초를 겪어오면서도 기독교정신과 민족의 얼을 길러내는 산실의 역할을 해온 수촌교회는 오랜 역사에도 불구하고 아직도 옛 모습을 오롯하게 간직하고 있다. 역사가 오랜 다른 교회처럼 대형화하지 않고 작은 교회로 남아있다. 예전에 교회로 쓰였던 초가가 복원돼 옛 교회의 풍경을 증언하고 있으며 1960년대에

1905년에 창립된 옛 수촌교회 뒷면

옛 수촌교회 지붕

옛 수촌교회 외부 벽면

지어진 현 교회도 당시의 정취를 물씬 풍기며 시골교회의 소박한 신앙공동체로 기능하고 있다.

이곳을 방문한 사람들은 기독교인이든 비기독교인이든 교회의 소박하고 수수한 자태에 탄성을 낸다. '아 이런 곳이 아름다운 교회'구나 싶은 생각이 절로 드는 것이다. '이런 초가집의 마룻바닥에서, 작고 아담한 교회에서 남녀노소의 마을사람들이 옹기중기 모여앉아 참된 신앙을 지켜왔구나' 하는 생각이 스쳐가고 일제의 만행에도 불구하고 교회를 중심으로 꿋꿋하게 민족의 자존심을 지켰던 작지만 강한 힘을 느낄 수 있다.

수촌교회는 제암교회와 함께 3 · 1운동 당시 격렬한 독립만세운동이 전개되었던 현장이지만 제암교회만큼 널리 알려지지 않았던 곳이다. 그러나 최근 화성군 우정 · 장안 지역을 중심으로 일어났던 3 · 1운동에 대한 연구가 활발해

지면서 새롭게 관심의 대상이 되고 있다.

수촌교회의 역사

수촌교회는 1905년 교인 김응태의 주도하에 창립되었다. 김응태는 1889년생으로 17세의 나이로 교회를 세웠고 이후 수촌교회의 발전에 크게 이바지한 인물이다. 교회가 없던 수촌리(갯마을)에 살던 김응태는 당시 군청소재지였던 남양으로 주일마다 예배를 보러 다녔다. 수촌에서 남양까지는 4시간 이상을 부지런히 걸어야 하는 거리였기 때문에 11시 예배를 보기 위해서는 새벽밥을 해먹고 출발을 해야 했고 예배를 본 후에는 이내 집으로 떠나야 저녁나절에 도착할 수 있을 정도였다고 한다.

김응태가 누구의 전도로 교인이 되었는지는 알 수 없다. 당시 남양과 삼괴지역에서 선교사들이 활동하고 있었던 것을 감안할 때 이들의 영향을 받은 것으로 추정된다. 그는 먼 길을 걸어 남양으로 교회를 다녔고 사람들에게 전도를 하기 시작했다. 마을의 아이들에게 성경 공부와 찬송가 부르기를 가르쳤고 기도와 예배 등 모든 교회생활에 대해 교육을 했다. 매일 저녁마다 동네아이들이 그의 집으로 몰려들었고 그에게서 배워서 부르는 색다른 노래, 즉 찬송가는 온마을에 퍼져 나갔다. 남양구역 수촌 속장이었던 김응태는 소년임에도 불구하고 자기보다 나이가 많은 사람들의 모임을 인도하며 남양교회에서 배운 성경을 가르쳤다. 그러면서 남양으로 예배를 드리기 위해 왕복하는 시간적 소모와 그로 인한 여러 가지 비효율을 해결하기 위해 교회를 만들 것을 결심했다.

외부 모서리 기둥

옛 수촌교회 대문

김응태는 먼저 교인이 되었던 정청하(1875년생)에게 집을 기도처로 빌려줄 것을 부탁했다. 그렇게 정창하의 집에서 장년 교인 7명이 모여 예배를 본 것이 수촌교회의 효시이다. 1905년 3월 5일 김응태 속장의 인도로 창립예배가 이루어졌다. 당시 본 교회인 남양교회의 구역 담당자는 이건숙 전도사였다. 하지만 대부분의 예배 인도는 김응태 속장이 했고 이건숙 전도사는 시찰 차원에서 1년에 몇 번씩 돌아보는 정도였다.

이후 김응태는 정식 신학 과정을 밟아 목사가 되었고 한국 감리교회의 대표성을 지니는 감독의 자리에도 올랐다. 그는 수촌교회의 예배 인도뿐만 아니라 교회의 유사(재무부장), 탁사(관리부장)의 역할도 맡았다. 따라서 교회는 그의 손에 의해서 모든 기능이 움직였다.

정창하의 집에서 창립예배가 이루어진 지 2년 뒤인 1907년 7월 3일, 수촌교회는 만 2년 4개월 동안 사용하던 예배당을 정창하의 집에서 새로운 곳으로 옮겼다. 큰말에 있는 초가 15칸을 시가 80원에 매입하여 개조, 수리하여 예배당으로 사용했다. 15칸이면 당시로써는 결코 작은 공간이 아니었다. 예배 외에 다른 활동도 할 수 있는 공간이었다. 하여 김응태는 지역 계몽사업의 일환으로 장진학교를 설립해 마을 사람들을 가르쳤다. 아이들에게는 성경, 국어, 음악, 미술, 체육을 가르쳤고 어른들에게는 지금의 비닐하우스의 원조라고 할 수 있는 고구마 온상 등의 새로운 영농법을 가르쳤다. 이런 일들로 인해 교회는 자연스럽게 지역사회의 중심으로 자리매김하게 되었다. 3 · 1 운동은 거국적인 독립운동이지만 유독 수촌리 지역과 사강, 남양 일원에서의 시위가 극렬했던 것은 지역민들의 교회를 중심으로 한 신앙과 결속이 강했기에 가능했을 것이다. 교회의 교육사업도 효과를 거둬 당시 수촌에는 4명의 배재학당 재학생이 있어 3 · 1 운동을 주도했다.(수촌교회100년사)

옛 수촌교회 외부 창호

1919년 4월 우정면, 장안면 지역의 주민들은 독립만세운동을 계획하고 장안면사무소와 우정면사무소, 그리고 당시 화수리에 설치되어 있던 주재소 등으로 몰려가 독립만세를 외치고 주재소를 습격해 불태웠다. 한편 일본인 순사를 살해

하는 등 일본의 식민통치에 격렬하게 저항했다. 그러자 얼마 후 일본 군대는 이 지역 일대를 포위하고 닥치는 대로 가옥에 불을 지르고 주민들을 살상하는 만행을 자행했다. 그 와중에 수촌교회 또한 방화의 대상이 되어 전소되었다.

그 후 1922년 4월 아펜젤러 선교사와 수원 삼일학원을 세우는데 지대한 역할을 한 노블 감리사의 도움으로 마을에 8칸의 초가를 건립하여 예배당으로 사용하게 되었으며 1932년 1월 수촌리의 큰말로 이전함으로써 현재의 위치에 자리 잡게 되었다. 이전하기까지 교회는 독립운동으로 인해 큰 시련을 겪었다. 교인 대부분이 일경에 의해 구금, 투옥, 도주, 행방불명되었고 수촌리는 불순마을로 찍혀 일제로부터 갖가지 불이익을 당했다. 현 수촌교회 한상국 목사의 사모인 권경숙 씨는 그때 가장말에서 큰말로 이전했다고 말했다. 이를 계기로 만세운동 이후 쇠락한 나머지 존폐의 위기까지 내몰렸던 수촌교회는 구사일생으로 회생했다. 이것이 현재 지방 사적지로 지정된 초가집 교회이다.

한국전쟁 중 인민군 1개 소대가 교회에 잠시 주둔하는 일이 있었지만 교회는 파괴되지 않고 무사히 전란을 넘겼다. 1955년 3월 9일 함석 목조 예배당(20평)을 건축해 교회를 이전했으며 1965년 6월 15일 교회 창립 60주년을 맞아 57평의 교회를 신축했다. 당시 총공사비 155만 원 중에 80만 원을 '리드'라는 미국인이 후원했다고 한다. 현재까지 이 건물이 예배당으로 사용되고 있다.

우정면 · 장안면의 3 · 1운동과 수촌리

우정면 · 장안면은 옛부터 삼귀三歸 또는 삼괴三槐라 불리웠는데, 수원에서 서남쪽으로 약 20km 떨어진 황해의 아산만과 남양만을 향해 돌출한 화수반도에 자리하고 있으며, 3 · 1 운동 당시에는 수원군 산하에 있었다. 이 지역에는 일찍이

성미통

동학이 전파되어 1910년에 8개의 전교실이 있었고, 기독교도 이 지역에 전파되어 1905년을 전후로 수촌리 · 장안리 · 제암리에 교회가 있었다.(《화성군 장안면·우정면 3·1운동》)

수촌리는 1919년 4월 3일 장안 · 우정면 사건의 주동적 역할을 한 지역 가운데 하나이다. 이 마을의 천도교, 기독교 교인들이 모두 참가하여 장안 · 우정

옛 수촌교회 천장

옛 수촌교회 마룻바닥

수촌교회 신관 종탑

수촌교회 신관 정면

면 사건을 일으켰는데, 그 동리의 지도자들은 천도교의 백낙열白樂烈 전교사와 감리교회의 김교철金教哲 전도사다.(《화성군사》)

시위는 4월 3일 아침부터 시작되었다. 아침 7시부터 주곡리에서는 차희식 · 장소진의 인솔하에, 석포리에서는 차병혁車炳赫(32세, 농업 고용인)과 구장 차병한車炳漢(36세, 농업 고용인)이 주민들을 집결시키며, "오늘 면내에서 조선을 독립시키기 위해 독립만세를 외칠 터이니 나와서 참가하라. 각 집마다 남자 1명 이상이 나오라."고 권유하여, 주민들은 열을 지어 수촌리로 나아갔다. 군중은 머리에 흰 띠를 두르고 손에 몽둥이를 들었다. 수촌리에 도착하자 수촌리 주민들도 머리에 흰 띠를 두르고 또한 손에 몽둥이를 들고 합류했다. 잠시 후 천도교 전교실에서 이봉구가 '조선 독립만세, 수원군 장안면 수촌리'라고 쓴 깃발을 들고 나오고, 수촌교회 교인이자 배재학당에 재학 중이던 차인범車仁範이 비밀리에 만든 태극기를 안고 나왔다. 태극기가 군중들에게 다 나누어지자 백낙렬의 선창으로 조선 독립만세를 소리 높여 삼창하고, 꽃밭에(수촌리) · 독정리 거묵골과 신촌 · 어은리 기림골을 차례차례 거치면서 500여 명의 시위대를 이루었고 사기는 더욱 높아졌다. 시위대는 장안면사무소와 쌍봉산, 우정면사무소를 거쳐 화수리 경찰관 주재소에 이르렀다. 연도의 주민들이 참여함에 따라 시위대는 2천 명으로 불어나 있었다. 주재소는 24평 남짓한 일본식 기와집으로 되어 있었는데, 순사보 3명이 먼저 도망쳐 나오고 얼마 안 되어 순사 가와바다川端豊太郎가 앞마당으로 달려 나와 총을 쏘아 3명을 쓰러뜨렸다. 이를 본 군중은 격분하여 달려들었다. 순사는 주재소 북쪽 언덕까지 달아나다 군중들에게 포위되었고, 몽둥이나 돌로 순사를 처단하였다. 군중은 돌과 몽둥이로 주재소를 두드려 부순 뒤 불을 놓아 주재소 건물을 태워버렸다. 누군가 소리쳤다. "이제부터는 묘포일도 할 것이 없고, 송충이도 잡을 필요가 없으며, 해안의 간석 공사도 하지 않아도 좋다."(〈화성군 장안면 · 우정면 3 · 1운동〉)

최초 시위군중의 집결지였던 수촌리 주민들은 화수리 항쟁에 적극적으로 참여했던 탓에 3~4차례에 걸쳐 일제의 탄압을 받아 큰 피해를 입기도 했다. 수촌리 참여자 가운데 방축골을 제외한 큰말, 가장말, 꽃밭에 등에 기독교 신자들이 다수 거주하고 있었다. 이들 기독교인의 지도자는 언급되고 있지 않으나 김교철이 그 중심인물이었다고 생각된다. 그는 당시 41세의 나이로 1910년에 기독교에 입교하여 1916년에는 남양교회 담임 전도사를 역임하였으며 3 · 1 운동 당시에는 수촌교회와 제암리교회의 담임 전도사를 맡고 있었다. 김교철은 4월 초 풍문을 통하여 만세운동이 전개되었음을 알고 있었다. 4월 2일 밤에 그는 교

수촌교회 뜰

회당에서 예배를 보았다. 이때 4월 3일의 만세운동에 대한 논의가 있지 않았나 생각된다.

김교철 전도사는 장안면사무소, 쌍봉산 만세운동, 우정면사무소, 화수리 항쟁 등에 참여했다. 그는 일제의 신문에서 화수리 주재소에서 순사가 살해당한 것을 보고 기도를 드렸다고 밝히고 있다. 이로 보아 그가 만세운동에 적극적으로 참여하였던 것을 알 수 있다. 그는 수촌리 기독교인들의 만세운동 참여에 큰 힘이 되었을 것이다. 수촌리 주민들 가운데 기독교인으로서 만세운동에 적극 참여한 인물로는 차인범, 김덕삼, 김종학, 김명우, 김응오, 김응식 등이다. 수촌리에서 만세운동에 참여한 인물은 대부분 30~50대로 집안의 가장들이었다. 체포된 주요 인물들은 김교철을 비롯하여 김홍삼, 김응오 등 수촌교회가 있던 가장말 사람들이 많았다.(〈수원군 우정면 화수리 3·1운동의 역사적 성격〉)

일본군의 보복 만행은 4월 5일부터 4차에 걸쳐 자행되었다. 4월 5일 새벽 3시 30분 아리다 중위가 이끄는 30명의 수비대가 수촌리를 포위하고 집집마다 불을 놓아 불바다를 만들고 불길을 피해 뛰쳐나오는 주민들에게 사정없이 총을 난사했다. 마을 전체를 불태워버린 것이다. 이로 인해 24채의 집이 전소되었다. 2차 보복은 발안장터 시위가 있은 4월 5일 저녁 70여 명의 주민들을 밧줄로 묶어 발안주재소로 끌고 가 악랄한 고문을 가했다. 4월 7일 제3차로 발안주재소장 사이다佐板와 아리다有田가 전 병력을 동원하여 수촌리 주변 마을 주민들을 집합시킨 다음 주민 130여 명을 무조건 포박하여 발안주재소로 끌고 가 갖은 고문을 가하고, 50여 명을 재판에 회부하였다. 수비대는 이에 그치지 않고 4월8일 제4차로 수촌리의 남은 가옥을 불태웠다. 그리하여 총 42채 가운데 38채가 잿더미가 되었다.

졸지에 집과 가장을 잃은 가족들은 갈 곳이 없었고 어떤 이는 일본도에 팔이 잘려나갔으며 또 어떤 이는 가슴을 찔렸지만, 치료도 못 받고 죽었다. 사람들은 끌려가 사정없이 매질을 당했고 골병이 들었지만 주변 마을로부터 아무런 도움도 받을 수 없었다. 일본경찰이 동정이나 협조를 하면 같은 처벌을 한다고 위협했기 때문이다.(고 김덕호 권사 증언, 수촌교회 100년사) 한편 수촌교회 교인으로 만세운동에 주도적으로 참여했던 차인범은 징역 10년형을 언도받고 복역 중 모진 고문에 못 이겨 22세의 젊은 나이로 옥사했다. 그의 묘소는 수촌교회에서 400m 떨어진 동산에 위치해 있다.

수촌교회 시설현황

수촌교회 입구에 들어서면 새로 지어진 현대식 교회가 먼저 눈에 들어온다. 붉은색 벽돌로 지어진 이 건물은 1965년 6월 15일 건립되어 예전의 수촌교회 건물을 대신하여 사용되고 있다. 신관은 지상 2층의 조적조 양식 건물로 연면적 587m^2, 건축면적 254m^2의 규모이다. 1965년 57평 규모로 건립되었으나 교인이 늘어나면서 1993년 제단부분에 20평을 증축했다. 초가형태의 구 수촌교회와 대조를 보이고 있는 신축 교회건물은 수직적인 형태를 강조하는 종탑이 있으며 변형된 고딕양식이다. 종탑은 1988년에 세워진 것이며 아직도 종을 울린다

수촌교회와 비슷한 나이를 가진 은행나무

수촌교회 구관과 신관

고 한다.

그 왼편에 소박하게 지어진 초가집이 문화재로 지정된 원래의 수촌교회이다. 앞마당에 세워진 안내판은 웬일인지 내용이 지워져 있다. 이곳은 1986년 6월 20일 향토유적 제9호로 지정되었다. 1922년에 지어질 때는 8칸이었던 것이 이후 6칸으로 축소되었다. 이 건물은 면적의 3분의 2에 해당하는 공간은 예배실로 사용하고 나머지 2칸은 교역자 사택으로 사용되었다. 이곳에서 나중에 수원성교회로 간 최용완 목사가 오래 살았다고 한다. 그때는 방이 있었으나 지금은 없앤 상태이다.

교회는 사람들이 많이 들어가야 20명가량이 예배를 볼 수 있는 크기이다. 1974년 양식 기와로 지붕개량을 하였으나 퇴락이 심하여 1987년 화성군의 지원을 받아 본래의 초가 형태로 다시 복원, 중건했다. 규모는 대지면적 331m^2, 건축면적 36m^2, 지상 1층, 정면 7.33m, 측면 4.93m이다. 건물의 내부 바닥은 장마루를 깔았고 천장은 연등천장으로 되어 있다. 현재는 교회 사무실로 사용하고 있다. 이곳에는 아주 낡은 풍금이 놓여 있어 옛 정취를 느끼게 한다. 또 한쪽 구석에는 초기교회 때부터 있었다는 손때 묻은 성미통이 남아있다. 목사 사모인 권경숙 씨는 일본군이 불을 질러 교회가 타고 있는데도 교인들이 불길을 뚫고 들어가 꺼내온 귀중한 물건이라고 했다. 그녀는 "제암리에서는 사람이 죽었고 여기는 동네 전체가 불탔다. 수촌리 사람들은 대부분 예나 지금이나 이 교회에 다닌다. 큰말이 수촌리의 중심 격이다. 현재 교인 수는 재적 150명에 출석 100명가량"이라고 교회를 소개했다.

교회 내 여타 다른 시설물의 경우 1979년에 120평의 교회 부지에 담장을 둘렀고 정문과 옆문을 만들었다. 교육관은 1955년에 지은 함석 목조 예배당을 헐고 1988년에 새로 지은 것이다. 사적지 주변 조경사업의 일환으로 지어진 교육관은 지상 2층 건평 80평 규모이다. 교회 뜰에는 90년 이상 된 은행나무 등이 초가교회와 어우러져 있으며 나뭇가지에 어린이 그네를 매달아 둔 모습이

수촌교회 신관 머릿돌

수촌교회 신관 건립을 후원한 미국인 리드부인을 기념하는 표석

시골교회의 아름다움을 더했다. 한편 수촌리 입구 언덕에는 3 · 1 운동 당시 격렬했던 독립만세운동의 정황이 새겨져 있는 3 · 1 운동기념비가 세워져 있다.

| 도움말 주신 분 |

권경숙 수촌교회 목사부인
홍영덕 화성문화원 사무국장
김숙이 화성문화원 사무과장
이덕규 화성 거주 시인

| 참고자료 |

『화성군사』, 화성군사편찬위원회, 1990
『경기도 근대문화유산 조사 및 목록화 보고서』, 2004
『수촌교회100년사』, 기독교 대한 감리회 수촌교회, 2005
『수원군 우정면 화수리 3 · 1운동의 역사적 성격』, 박환, 2004
『화성군 장안면 · 우정면 3 · 1운동』, 이정은, 1995
http://www.hscity.net(화성시)
http://www.hscc.or.kr(화성문화원)

경기도 근현대 생활문화 Ⅰ

경기도 근현대 생활문화 Ⅱ

경기그레이트북스 ⑳
경기도 근현대 생활문화 Ⅲ

초판 1쇄 발행 2019년 12월 23일

발 행 처 경기문화재단
(16614 경기도 수원시 권선구 서둔로 166 생생 1990)
기　　획 경기문화재단 경기학연구센터
집　　필 양훈도
편　　집 진디자인 (전화 031-256-3614)
인　　쇄 우리들행복나눔 인쇄사업단 (전화 031-442-0470)

ISBN 979-11-958557-5-9 04900
979-11-958557-1-1 (세트)